KB185670

어떤
패배의
기록

어떤 패배의 기록

전후 일본의 비평, 민주주의, 혁명

초판 1쇄 발행 / 2025년 2월 14일

지은이 / 김항
펴낸이 / 염종선
책임편집 / 박주용 김유경
조판 / 신혜원 박아경
펴낸곳 / (주)창비
등록 / 1986년 8월 5일 제85호
주소 / 10881 경기도 파주시 회동길 184
전화 / 031-955-3333
팩시밀리 / 영업 031-955-3399 편집 031-955-3400
홈페이지 / www.changbi.com
전자우편 / human@changbi.com

ISBN 978-89-364-8071-4 93150

창비
Changbi Publishers

책머리에

'하나의 패배', 한 철학자는 일본 전후민주주의를 중간 결산하는 자리에서 그렇게 표현했다. 일본 전후민주주의를 지탱해온 정치 규범이 민주주의와 입헌주의였다는 사실을 환기시키며 철학자는 운을 뗐다. 그에 따르면 전후 일본에서 두 규범은 그저 행복하게 동거한 것만은 아니다. 입헌주의가 주권자의 자의를 규제하는 이념이자 기술로 출발했음을 상기할 때, 민주주의와 입헌주의가 근원적으로는 상호 충돌하는 것임은 수긍이 가는 설명이었다. 주권자가 국민이든 군주든, 주권을 일정한 규범으로 규제하려는 것이 입헌주의이기 때문이다. 2010년대 중반에 접어들며 일본의 입헌주의와 민주주의 사이 균열은 본격화했다고 한다. 집권 세력이 민주주의의 이름으로 헌법이라는 근본 규범을 침범하기 시작했기 때문이다. 그리하여 개헌을 포함한 여러 정치 의제가 선거에서의 승리를 근거로, 즉 민의라는 미명 아래 규범과 절차를 무시하며 추진되었다. 입헌주의, 그러니까 전후민주주의를 지탱해 온 평화주의 헌법은 그야말로 풍전등화의 상황에 놓인 것이다.

개헌을 위해 온갖 편법을 동원하여 규칙을 바꾸려 한 집권 세력의 폭주는 멈출 수가 없었다. 민주주의를 전면에 내세운 포퓰리즘은 헌법으로 구현된 전후민주주의의 이념과 규범 따위는 무력한 말이나 상상으로 조소할 수 있었기에 그렇다. 선거를 통해 주권자로부터 위임된 통치 권한이기에 무엇을 해도 민주주의의 이름으로 정당화될 수 있다는 논리였다. 하지만 모름지기 주권자는 위임된 통치권 행사에 불복종할 수 있는 직접행동의 힘 또한 보유한다. 이때 그 힘은 헌법을 수호하려는 입헌주의의 의지를 담았고, 2015년 여름에 벌어진 대규모 시위로 표출되었다. 안타깝게도 뜨거웠던 가두시위마저 집권 세력을 멈출 수는 없었다. 1960년의 안보투쟁과 뒤이은 10년 동안의 신좌파 투쟁 이래 최대의 직접행동은 그렇게 서서히 힘을 잃어갔다. 입헌주의는 민주주의를 앞세운 집권 세력 앞에서 절체절명의 위기를 맞이했다.

그러나 포퓰리스트 집권 세력은 무지와 용맹으로 밀어붙이다가 끝내 개헌을 위한 문턱을 넘지 못했다. 국회에 개헌안을 상정하지도 못했고, 관련 여론조사에서는 언제나 뒤졌으며, 그런 탓에 동력은 서서히 약화되었다. 입헌주의가 가까스로 민주주의의 폭주를 막을 수 있었던 것이다. 어떻게 가능했을까? 바로 천황 덕분이었다. 아키히토 천황이 기회가 있을 때마다 개헌에 반대하는 뉘앙스를 표명한 탓에 집권 세력은 입헌주의에 마지막 일격을 가하지 못했다. 천황이 평화주의 헌법을 지켜낸 궁극의 수호자였던 셈이다. 이것이 바로 철학자가 말한 '패배'의 정체였다. 저 철학자는 입헌주의가 풍전등화의 상황을 극복하고 민주주의의 폭주를 멈춰 세운 듯 보이는 승리의 순간을 패배로 규정했다. 왜 그랬을까?

현재 일본 헌법 제1조는 국민통합의 상징으로서 천황을 규정하고 있다. 그리고 제9조에는 전쟁포기가 명시되어 있다. 두 조항의 관계는 상호 구성적이다. 지금까지의 해석에 따르면 제1조를 위해 제9조는 제정되었다. 천황이 평화와 인권이라는 인류 보편 이념을 체현하는 국민통합의 상징으로 거듭나기 위해 전쟁포기라는 실질적 조치를 헌법으로 규정할 필요가 있었기 때문이다. 하지만 관계는 역전되었다. 이제 제9조를 지키기 위해 제1조가 반드시 요청된다. 천황 없이 전후 헌법의 평화주의는 지탱될 수 없게 된 것이다. 하나의 패배다. 식민지배 및 침략전쟁, 즉 광신적 천황제 전체주의에 대한 반성을 주창하며 출발한 전후민주주의가 결국 국민이 아니라 천황의 의지로 지탱되었기 때문이다. 철학자의 토로가 깊고 무거웠던 까닭이다.

이 책의 여러 논의는 모두 이 패배에 관한 것이다. 여기서 전후 일본의 발자취는 비평, 민주주의, 혁명으로 분절되어 해부된다. 패배의 원인을 따지자는 것이 아니다. 오히려 패배는 이미 예견되어 있었던 듯하다. 1945년 8월 15일 이후 다양하게 겹치고 얽힌 여러 장치가 근대 일본을 존립 가능케 했던 근원적 폭력을 잔존시켰기 때문이다. 장치는 여러겹으로 난삽하게 서로 얽히며 예측 불가능한 방식으로 작동해왔다. 비평, 민주주의, 혁명으로 분절된 이 책의 여러 장면은 그 작동의 단면들에 관한 스케치다. 패배를 총괄하는 하나의 시선 같은 것을 기대할 수는 없다. 지금도 저 장치는 얽힘과 생성과 폐기를 반복하며 작동 중이기 때문이다.

근대 일본 비평의 세련된 언어는 이렇게 결합된 장치를 문제 삼을 수 없었다. 일본의 정체성을 문화적 전통이 아니라 일상의 생활 수행 속에서 찾았던 고바야시 히데오의 시선은 임박한 죽음을 묵묵히 받아들이는 전시의 생활자에서 궁극의 일본인을 발견한다. 하지만 내지의 일본인이 성전(聖戰) 이데올로기에 사로잡혀 있는 한, 죽음은 그 앞에서 고개 숙여야 할 하나의 사실이 아니었다. 이때 죽음은 적극적으로 의미화되어 죽음 이상의 무언가를 지시하는 의장(意匠)일 수밖에 없었기 때문이다. 고바야시의 시선이 가닿은 곳은 변방이었다. 식민지와 변방에서 고바야시는 임박한 죽음을 절대적 사실로 묵묵히 받아들이는 궁극의 일본인을 발견했던 것이다. 이렇듯 고바야시의 명민한 비평의 시선은 예외와 변방에서 근대 일본(인)에 관한 궁극의 물음에 다가갈 수 있었다.

그러나 그는 그 물음이 내장한 정치적 의미를 끝내 추궁하지 못했다. 그저 궁극의 일본(인)을 발견하고는 죽음(공습)이라는 절대적 사실을 운명처럼 받아들일 뿐이었다. 즉 강요된 죽음의 수긍만이 정치적 실존의 유일한 길이었던 식민주의의 비밀에 끝내 다가갈 수 없었던 것이다. 그리고 패전과 함께 모든 것은 망각의 늪으로 빠져버렸다. 예외(전쟁)와 변방(식민지)을 경유한 궁극의 물음이 더 깊게 파헤쳐지기는커녕 그 자체가 말소되는 상황, 그것이 전후 일본의 시작이었다. 그것은 식민주의가 제국주의에서 보편주의로 숙주를 바꾸어 존속하는 사태였다. 그러나 가라타니 고진에서 하나의 정점을 맞이하는 일본의 전후 비평이 식민주의의 비밀에 눈을 돌리는 일은 없었다. 그들이 식민주의에 무지하거나 무감했기 때문이 아니다. 전후민주주의 자체가 가라타니의 명민한 비평 의식의 한계 영역이었던 탓이다.

가라타니의 투명하고 자유로운 주체는 분명 일본(인)을 교통의 장소로 전이시키는 '트랜스크리틱'의 산물이다. 하지만 교통의 장소에는 누군가는 절대로 넘을 수 없는 문턱이 있다. 가라타니가 무지했던 이 절대적 문턱이야말로 전후민주주의가 보편주의와 연루하며 존속시킨 식민주의의 산물이라 할 수 있다. 그렇다면 전후민주주의는 어떤가? 다양한 기획이 있었다. 총괄하기는 불가능하다. 하지만 식민주의와 보편주의라는 장치에 어떤 식으로든 발목이 잡혀 있는 형국은 반복된다. 전후민주주의의 출발점에서 누구보다도 순수하고 고상한 이념을 내세운 난바라 시게루가 그랬다. 인류가 서로 창을 겨누는 일을 멈추고 도덕의 고양을 통해 평화롭게 살 수 있다는 꿈, 난바라가 꾼 꿈은 전후민주주의의 출발점에서 하나의 지평이었다. 하지만 그 꿈은 끔찍한 폭력에 눈감은 댓가였다. 전후민주주의는 인류의 평화에 뿌리를 두지만, 인류의 평화는 비인간을 궁극의 적으로 하는 끔찍한 섬멸전쟁에 뿌리를 두기 때문이다.

섬멸전쟁은 보편주의와 식민주의를 통해 수행된다. 인류를 유일한 주체로 삼는 보편주의는 비인간을 배제하고 말살하는 전쟁을 수행하면서 성립한다. 그리고 비인간은 항시 식민주의를 통해 식별되고 지시된다. 전후민주주의는 그렇게 보편주의와 식민주의의 굳건한 결합 위에서 평화를 지켜낸 셈이다. 영향은 강력했다. 누구보다도 한국의 민주화와 동북아시아의 공생을 꿈꾸었던 와다 하루키도 궁극에서 식민주의 비판을 말소한 평화국가론으로 전향한다. 이는 다른 양상으로도 발현된다. 사카모토 요시카즈는 현실적 이상주의를 기치 삼아 핵과 원자력을 시민의 일상감각으로 통제할 수 있다는 강력한 민주주의를 신봉했다. 하지만 그는 과학기술을 제어하는 담론이 과학기술의 전문성을 토대로 한 비민주적 전문가주의에서 비롯됨을 과소평가했다. 그 댓가는 민주주의가 핵과 원자력을 제어해야 한다는 이상주의였으며, 그 근원적 불가능성에서 기인한 항구적 파국은 곧 현실주의로부터의 회피였다. 전후민주주의에 대한 신뢰는 이렇듯 현실적 이상주의에서 현실의 계기를 박탈하고 말았던 것이다.

쉽사리 풀 수 없게 겹치고 얽힌 장치를 일거에 풀려는 시도가 있었다. 전체주의 시대를 목숨 걸고 버텨낸 일본공산당 투사들이 있었고, 권력화되어가는 일본공산당을 비판하며 등장한 신좌파 혁명가들이 있었다. 하지만 미국의 헤게모니 아래에서 혁명은 자본주의 대중문화의 스펙터클 속으로 융해될 운명이었다. 혁명의 진리와 정의는 역사철학이라는 시나리오에 따라 세계사 무대에 상연되는 것이 아니라, 스파이가 암약하는 정보전 스펙터클의 무대 배경으로 배치된다. 그렇게 구경거리가 된 혁명은 과격한 폭력 범죄로 범주화되어 진리와 정의를 상실해간다. 전후민주주의의 예견된 패배를 누구보다도 날카롭고 급진적으로 문제화한 이들은 이렇듯 정치가 아닌 범죄의 영역으로 유폐되어 수배 전단지의 흉악범으로 전락했다.

철학자가 말한 '패배'는 이런 장면들의 무수한 반복과 축적 속에서 준비된 사태였다. 민주주의와 입헌주의 사이의 긴장과 갈등은 현대의 정치생활을 전체주의로부터 방어하는 유일한 조건일 것이다. 결정이 국민의 의지로부터 비롯하되 헌법 가치를 존중하고 실현시켜야 한다는 조건. 물론 의지와 가치는 따로 떨어져 있지 않다. 칸트를 참조하자면, 의지 없는 가치는 공허하고, 가치 없는 의지는 맹목이다. 그런 의미에서 저 패배는 의지와 가치가 분리되어 공허와 맹목이 정치생활을 형해화한 결과이며, 천황은 분리와 형해화의 상징이라 할 수 있다. 여기까지가 이 책의 주제인, 보편주의와 식민주의의 결합으로 전후 일본에서 전개된 탈정치화의 대강이다.

『제국일본의 사상』을 출간한 뒤 전후 일본으로 눈을 돌려 작업을 이어가려 했다. 10년 가까이가 지났다. 지난 시간에 비해 초라하기 그지없는 결과물이라 부끄럽기도 하고 세상에 내놓기가 주저되기도 했다. 응답과 대화가 이어진다면 부끄러움과 주저함을 무릅쓴 보람이겠다.

2025년 2월

김항

차례

일러두기

- 일본어 외래어 및 고유명사는 국립국어원 외래어표기법을 따르되 일부 발음에 한해 현지 발음과 관용에 따라 표기했다(예: つ 발음을 '츠'로 표기).

1부 비평

1장 말기의 눈과 변경의 땅

고바야시 히데오의 비평과
만주 기행문

고바야시 히데오(小林秀雄)를 근대 일본 문학비평계에서 하나의 전설이라 부르는 데 이론을 제기할 사람은 없다. 전후 일본의 저명한 비평가 에토 준(江藤淳)은 다음과 같이 말하며 고바야시를 근대 일본 문학비평의 정점으로 평가한다. "그가 출현하기 전에는 길고 건강한 계몽기가 있었다. 그의 침묵과 동시에 출현한 것은 고바야시의 어휘를 이용할 줄 알게 된 쇠약한 계몽가들이었다. 즉 그는 비평을 시작하고 예술적 표현으로 승화시킴과 동시에 비평을 파괴한 것이다."[1] 또한 전후 정치사상계의 '천황' 마루야마 마사오(丸山眞男)는 근대 일본 사상계의 극한을 형성한 인물로 고바야시 히데오를 거론하며 사상적 대결을 시도했다. "고바야시 씨는 사상의 추상성이란 의미를 문학자의 입장에서 이해

1 江藤淳 『江藤淳著作集』 3, 講談社 1967, 5면.

한 몇 안 되는 사람 중 하나다. 나는 (…) 하나의 극한 형태로서 고바야시 씨를 인용했다."[2] 혹은 고바야시와 동시대인으로 근대 일본 문학계에서 이단의 광채를 내뿜는 사카구치 안고(坂口安吾)는 그를 "교조(敎祖)"라 칭하면서까지 일본 비평계에서 고바야시가 차지하는 위상을 표현한 바 있다.[3] 이렇듯 그는 근대 일본 지성계의 다양한 분야와 세대로부터 문학비평 및 사상의 극한 혹은 정점을 찍은 인물로 간주되어왔다.

물론 마루야마나 사카구치가 에토처럼 고바야시를 찬양하기 위해 '극한'이라든지 '교조'라는 수사를 사용한 것은 아니다. 두 사람은 고바야시를 비판함으로써 근대 일본의 사상적 태도를 근본에서 비판하려 했기 때문이다. 하지만 찬양을 하든 비판을 하든 고바야시가 근대 일본의 비평/사상계에서 정점의 자리를 차지한다는 평가에는 변함이 없다. 그런 의미에서 고바야시는 하나의 전설이다. 그와 동시대인이거나 그 뒤를 잇는 후배라면 머리를 조아려 경의를 표하거나 과감하게 싸움을 걸어 이겨야만 비평/사상계에서 확고한 지위를 얻을 수 있었기 때문이다.[4]

---

2 丸山眞男『日本の思想』, 岩波新書 1961, 191면.

3 坂口安吾「教祖の文学」,『坂口安吾全集』15, ちくま文庫 1991, 153면.

4 이에 관해서는 이지형,「고바야시 히데오 비평의 방법: 초기 비평을 중심으로」,『일본학연구』제27집, 2009, 383~85면 참고. 고바야시를 다룬 일본 문헌들의 특징은 본격적인 논문보다는 비평이나 저널리즘에서 활발한 재독해가 이뤄진다는 점이다. 이때 고바야시 히데오는 대부분의 경우 이른바 근대 일본의 '비평'이 어떤 성격을 가지고 전개되었는지를 가늠하는 '비평의 매트릭스'처럼 취급된다. 그것은 1950년대 이후의 고바야시를 다룬 문헌들이 공유하는 특징이라 할 수 있다. 최근 일본에서 진행된 고바야시 히데오 관련 비평/연구 가운데 중요한 것을 간추려 열거하면 다음과 같다. 전시기 고바야시를 종교적 심성을 바탕으로 한 개인주의자로 형상화한 연구로는 尾上新太郎『戦時下の小林秀雄に関する研究』, 和泉書院 2006; 발레리를 중심으로 고바야시 초기 비평을 다룬 본격

무엇이 고바야시를 이토록 전설적인 존재로 만든 걸까? 그의 본격적인 비평 활동이 1929년 「온갖 의장(様々なる意匠)」에서 시작되어 1942년 「무상이라는 것(無常という事)」으로 일단락된다고 할 때 고바야시를 전설로 만든 시대적 배경은 1930년대다. 그리고 일본뿐만 아니라 20세기의 세계 전체로 볼 때 1930년대가 사회과학에서 말하는 '결정적 국면', 즉 "그 이전의 분열을 어떤 식으로든 봉합하고 그 이후의 상황을 지속적으로 규정하는 유산(legacy)을 생성시킨 결정적 국면(critical juncture)"[5]이었음을 감안한다면, 그의 비평은 이 국면에서 누구도 범접하지 못할 빛을 발휘한 것으로 이해될 수 있다. 당시는 대공황이라는 글로벌한 위기에 과잉규정당한 뒤 만주사변과 중일전쟁으로 국면을 타개하려 했던 일본 정부의 폭주가 가속화한 시기였고, 이에 맞추어 메이지 유신 이래의 서구화와 근대화를 부정적으로 평가하면서 '일본회귀'라는 사상적 전회가 일어나던 시기였다. 고바야시는 이 정치의 폭주와 사상의 전회라는 국면 속에서 흔들림 없는 언어로 비평 자체를 구원한 인물로 간주된다. 에토가 '건강한 계몽'과 '쇠약한 계몽' 사이에, 즉 근대 일본 사상사의 변곡점에 고바야시를 자리매김한 까닭이 여기에 있다. 고바야시는 서구화와 일본회귀

적 연구로는 森本淳生 「批評言語と私-小説-論 ヴァレリーから小林秀雄へ」, 『言語社会』 5, 2011; 고바야시의 만주국 체험과 그에 대한 태도를 논한 것으로는 西田勝 「小林秀雄と「満洲国」」, 『すばる』, 37(2), 集英社 2015; 패전 후 고바야시의 무반성을 논한 것으로는 浜崎洋介 「歴史の反省」は可能か-小林秀雄はなぜ反省しなかったか」, 『文藝春秋 special』 9(2), 2015.

5 Ruth Berins Collier and David Collier, *Shaping the Political Arena: Critical Junctures, the Labor Movement, and Regime Dynamics in Latin America*, Princeton UP 1991, 29~31면.

사이에서 '근대 일본'의 고유성을 붙잡으려 했던 인물인 것이다.

이때 고바야시가 체현하는 정점이자 변곡점의 사상적 특질을 고바야시의 말에 따라 '리얼리스트의 시선'이라 부를 수 있다면, 1938년 10월과 11월 사이에 걸친 만주 기행에는 예외적 상황 속에서도 변하지 않는 그의 시선이 극명하게 나타난다.[6] 고바야시의 만주 기행기에는 '전쟁'과 '만주'라는 예외 상황과 극한 지역에서도 삶의 건강함을 읽어냄으로써, 삶의 나약함과 쇠약함을 지워버리려는 리얼리스트의 시선이 생생하게 드러나 있기 때문이다. 그런 의미에서 그의 만주 기행문은 고바야시 비평의 기본 태도와 그가 붙잡으려 했던 일본 혹은 일본인이 무엇인지를 읽어낼 수 있는 텍스트다. 이어지는 글에서는 고바야시 비평의 얼개와 1930년대라는 예외 상황의 의미를 살펴본 뒤 고바야시의 만주 기행문을 독해할 것이다. 그 과정을 통해 고바야시의 비평 원리가 도출하는 일본/일본인에 대한 규정이 하나의 '전도(轉倒)'를 내포한 것임을 밝히고, 그 '전도'가 만주/조선이라는 제국의 변경을 경유해야 비로소 드러날 수 있음을 논구하는 것이 이 장의 과제다.

---

6 이에 관해서는 이지형 「전시기 고바야시 히데오의 대륙여행기와 식민지」, 『일본학보』 제88집, 2011 참고. 이 논문은 고바야시 히데오의 조선/만주/대륙 기행기를 통해 전시기에 이르러 고바야시 비평이 파탄을 맞이함을 논증한다. 특히 고바야시의 비평이 일본이란 자기 정체성 속으로 흡수되어 무화되는 과정을 조선/만주/대륙에서의 타자 체험 속에서 찾아낸 것은 일독을 요하는 대목이라 할 수 있다. 다만 '안/바깥' 혹은 '중심/주변'의 대립 구도 속에서 고바야시 비평의 임계점을 읽어내는 이 논문과 달리 이 장에서의 논의는 고바야시 비평을 1930년대의 일본주의를 둘러싼 논쟁 속에 자리매김함으로써 보다 내재적인 독해를 시도하고자 한다.

실제와 사실: 고바야시 비평의 원리

1961년 대담에서 에토 준과 고바야시는 이런 대화를 나눴다.

에토 결국 우리 현대 지식인의 미에 대한 태도가 그렇게 얕다는 것이죠. (…) 생활이 언제나 정치의 과잉 속에 있기 때문에 소박한 체험이 정말로 어려워졌죠. 현대사회에서 어느 순간엔가 이데올로기랄까 관념이랄까 그러한 것에 속박되어 좀처럼 '모노(モノ)'[7]를 만질 수 없어요.

고바야시 그렇지요. 가령 기모노를 고르는 경우에 여성들은 다 완성되어 입었을 때를 상상하면서 고릅니다. 나는 그 관점이 자연스럽고 건강하다고 봅니다. (…) 미(美)를 조금도 사랑하지 않으면서 문화에는 미가 필요하다고 떠들어대는 부류가 있습니다. 그렇게 떠드는 말로만 미에 접근하죠. 그래서 뭐든지 엉망이 되어버리는 것이죠.

에토 제대로 생활하지 않기 때문일까요?

고바야시 지식 과잉이랄까, 언어 과잉이랄까. 미란 것은 바로 우리 옆에 있기 때문에 인간은 매우 자연스러운 태도를 취할 수 있습니다. 생활의 반려니까요.

하지만 현대 문화에서 미의 위치라는 식의 사고방식이 나오는 까닭은 미의 일상성에 관한 경험이 없기 때문이죠. 그래서 그런 생각으

---

7 여기서 '모노'란 사물 그 자체를 뜻한다. '사물' 대신에 '모노'라는 원어를 사용한 까닭은 가타카나로 표기된 '모노'가 '사물'보다 더 무관심과 무맥락의 사물 그 자체를 지시하는 뉘앙스를 갖기 때문이다. 이때 '모노'는 독일어 자혜(Sache)에 가까운 뜻이라 할 수 있다.

로부터 출발하게 됩니다. 이러면 말밖에는 남는 게 없죠.[8]

한쪽에는 추상적으로 미를 사유하는 이들이 있다. 다른 한쪽에는 '모노'를 눈과 손으로 가늠하는 이들이 있다. 두 대담자는 눈과 손으로 모노를 가늠하는 이들의 편을 들어준다. 고바야시 비평의 핵심은 이 구분과 편들기에 있다. "아름다운 꽃이 있다, 꽃의 아름다움 따위는 없다(美しい花がある、花の美しさという様なものはない)"[9]는 것이 고바야시 비평의 핵심이라면, 그것은 전제된 개념이나 논리를 제거하여 가능한 한 모노 자체에 다가가려는 시선이자 언어활동이라 할 수 있다. 여기서 중요한 점은 그렇다고 고바야시가 단순히 논리나 인식 대신에 모종의 직관(intuition)을 비평의 제1원리로 삼은 것은 아니라는 사실이다. 고바야시는 논리나 인식에 직관을 맞세우는 것이 아니라, 논리나 인식을 방법적 절차에 따라 제거해나가는 것을 비평 원리로 삼았기 때문이다.[10] 즉 직관으로 사물 자체를 파악하는 것이 아니라 사물을 휘감고 있는 역사적이고 사회적인 언어의 망을 걷어내는 것이 고바야시 비평의 본령이었던 셈이다.

---

8 『江藤淳著作集』 6, 184~85면.

9 『小林秀雄全集』 8, 15면.

10 이에 관해서는 金杭 『帝国日本の閾』, 岩波書店 2010, 10장 참고. 그런 의미에서 고바야시의 비평 원리를 '시작(詩作)'과 근접시키며 '직관'이나 '자의식'의 지평 속에서 파악하는 것은 다소 성급한 평가라 할 수 있다(이지형, 앞의 논문들 참고). 그의 비평은 어디까지나 존재하는 무언가를 대상으로 한다. '산문을 통한 시작'이라 평가되는 「무상이라는 것」도 얼핏 보기에는 대상 없는 비평처럼 읽히지만, 사실은 '전제'라는 개념 자체를 대상으로 한 비평이라 할 수 있다.

이러한 관점은 그의 데뷔작 「온갖 의장」에서부터 일관성 있게 유지된 비평 원리다. 그는 이 글에서 마르크스주의 비평을 논쟁의 적수로 삼아 당대 비평계를 비판했다. 논지는 명확하다. 우선 고바야시는 당대 비평계를 마르크스주의의 영향으로부터 해부한다. 그에 따르면 마르크스주의 비평이 일본에 도입된 이래 비평계의 논쟁은 마르크스주의자들이 논적을 부르주아지 혹은 자유주의자라며 비난하는 형식으로 점철되었는데, 사실 그렇게 비난받기 이전에 논적들은 스스로를 부르주아지나 자유주의자로 생각한 적이 없기에 논쟁이 허공을 맴돌아왔다. 따라서 당시 마르크스주의 비평이란 계급의식에 기초한 계급문학을 생산한 것이 아니라 논적에 딱지를 붙여 비난하는 논쟁 형식을 도입한 것에 지나지 않는다. 고바야시는 마르크스주의와 뒤이은 여러 '주의'를 '온갖 의장'이라 조소하면서, 비평의 임무는 '주의'라는 의장을 통해 편 가르기를 하는 일이라기보다 작품과 세계 사이의 간극과 조우를 가늠하는 일임을 주장했던 것이다. 그 간극과 조우에 고바야시는 '인간'을 위치시킨다.

> 예술의 성격은 이 세상과 동떨어진 미의 나라를, 이 세상과 동떨어진 진리의 세계를 우리에게 보여준다는 데 있지 않다. 예술에는 항상 인간의 열정이 가장 명료한 기호로 존재한다.[11]

---

11 『小林秀雄全集』 1, 19면.

고바야시의 주장은 명료하다. 그는 온갖 의장이 말하는 예술의 공리를 걷어치우라고 주문한다. 피안의 아름다움이나 진리를 예술가들이 체화하고 재현하는 것이 예술이 아니라, 아름다움이나 진리로 다가가는 작가 혹은 생활인의 열정을 언어화 혹은 표상화하는 것이 예술이라는 얘기다. 이를 마르크스주의를 염두에 두고 바꿔 말하자면, 프롤레타리아트의 계급적 진리를 표현하는 것이 예술이 아니라 프롤레타리아트의 실제세계 및 그것과 마주한 작가의 열정이야말로 예술이라는 이름에 값하는 무언가라는 주장인 셈이다. 그런 예술을 '주의'라는 의장 속에서 공리화하는 것이야말로 당대 일본 비평의 가장 큰 병리임을 고바야시는 데뷔작을 통해 선명하게 문제화했다.

고바야시의 비평 원리는 근대 일본 소설의 전형인 '사소설(私小說)' 비판에서도 일관된다. 사소설이란 작가의 내면이나 시선을 소설의 일인칭 주인공을 통해 재현하는 소설 형식을 말한다. 근대 일본 문학의 자연주의로 해석되어온 이 형식은 이른바 '사회적 시각'이 당대 일본 문학계의 비평 원리로 채택되면서부터 비판을 받아왔다. 소설이 지나치게 작가의 자연적 감상에 국한되어 외부 세계의 객관적인 넓이와 깊이를 재현하는 데 실패했다는 지적이다. 이러한 비판의 선봉에 나선 것이 마르크스주의 비평임은 말할 필요도 없다. 마르크스주의 비평은 사소설이 사회에 대한 객관적 시야를 결여한 소박하고 치졸한 자연주의 문학이라 비판하면서, 프롤레타리아트의 객관적 삶의 조건을 표현하기에 부적절한 형식임을 격렬한 언어로 비난했다.

고바야시는 이에 대해 「사소설론(私小說論)」이라는 글에서 간명한 원리로 응답한다. 그가 볼 때 마르크스주의 비평은 계급과 사회라는 '공리'에 갇혀, 주인공이나 작가가 모두 '나'라는 형태로 사회에 등장할 수밖에 없음을 간과했다. 다시 말해 주인공이든 작가든 소설과 연루된 인물들이 어떻게 사회와 만나는지를 마르크스주의자들은 보지 못했다는 것이다. 마르크스주의자들 입장에서 등장인물이나 작가는 일정 계급에 속하는 것 외에는 사회적인 의미를 획득할 수 없다. 그것이 계급문학론의 본질이다. 여기서 고바야시는 묻는다. 과연 '프롤레타리아트 계급에 속한 아무개'라는 형태로 소설이 시작될 수 있는가. 마르크스주의 비평이 그토록 중시하는 계급문학도 결국에는 '나'를 통해 특정 계급을 형상화할 수밖에 없는 것 아닌가. 한마디로 계급은 어떻게 해도 소설의 주인공이 될 수 없다는 주장인 셈이다. 그래서 고바야시는 말한다.

> 사소설은 망했지만 사람들은 '나'를 정복한 것일까? 사소설은 또 새로운 모습으로 나타날 것이다. 플로베르의 "마담 보바리는 나다"란 유명한 도식이 무너지기 전까지는.[12]

따라서 고바야시는 「온갖 의장」에서 펼친 주장을 여기서도 반복한다. 언어/표현과 실제 사이에 인간의 열정을 보면서 피안의

12 『小林秀雄全集』 3, 145면.

아름다움이나 진리 혹은 '주의'의 공리를 걷어낼 것을 요구한 것과 마찬가지로, 자연주의나 마르크스주의의 의장에 갇혀 '나'를 자연이나 계급 속으로 매몰시키는 일을 그만두라고 주장한 것이다. 그가 볼 때 '나'는 소설이 지속되는 한 무너지지 않는 것이며, 일본에서 그 '나'가 사회화되지 못했다는 동시대 비평가들의 말과 달리 근대 일본에서는 '나'가 사회화되는 고유한 회로가 있을 뿐이었다. 이 글이 원래 마르크스주의 비평 및 사소설 모두를 비판하고 작가에게도 사회에도 환원될 수 없는 순수소설의 세계가 필요함을 주장한 요코미츠 리이치(横光利一)의 「순수소설론」에 대한 반론임을 상기한다면, 고바야시의 의도는 '나'라는 "실험실"이야말로 요코미츠가 말하는 순수소설의 요체임을 말하려 했던 것이라 할 수 있다. 작가든 사회든 작가나 주인공을 매개로 하여 소설 속에서 언어를 통해 세계를 개시한다면, 거기에는 소설에 명시적으로 등장하든 등장하지 않든 '나'라는 매개 혹은 실험실이 필연적으로 내장되어 있다는 것이다.

이렇게 고바야시는 언어와 세계를 매개하는 인간의 열정을 비평 원리의 중심에 두었다. 이는 단순하고 소박한 인간중심론이나 실존주의가 아니다. 오히려 고바야시는 주체로도 이론으로도 환원되지 않는 인간과 사물 혹은 언어와 세계의 만남을 예술의 유일한 원리로 삼았다. 거기에는 미리 결정된 법칙이나 공리가 있을 수 없다. 오로지 인간이 사물을 만나고 언어가 세계를 전유할 때의 무질서하고 예측 불가능한 '실험'이 있을 뿐이다. 옷을 고르는 사람이 거울에 비친 모습을 보며 머릿속으로 옷 입은 자신을 상상하면서 자기를 실험하는 것과 같이, 예술은 이 실험을 통해 실제와 사실을 표상하는 생활의 실천인 셈이다.

이것이 고바야시의 비평 원리였다. 그런데 이런 일반론적인 측면과 더불어 「사소설론」이 발표된 해가 1935년임을 생각해보면 그 글이 겨냥하는 또 하나의 상황은 '전향'임을 알 수 있다. "최근의 전향 문제로 작가가 어떤 것을 쓸 것인지를 말할 단계는 아니다. 하지만 확실한 점은 문학적 현실과 마주했을 때 그들 스스로의 자질이 예전에 신봉한 비정한 사상을 어떻게 견딜 수 있었을까를 규명할 때가 왔다는 사실이다. 그들에게 새로운 자아 문제가 생겨난 셈이다. 이때 자신 속에 아직 정복하지 못한 '나'가 있다는 사실을 의심하지 않을 이가 그들 중에 있을까?"[13] 「사소설론」에 깊이 각인된 이 상황적 논리야말로 고바야시가 만주 기행을 통해 본인의 비평 원리를 극한으로 내세우게 된 계기였다. 이제 1930년대의 전향과 뒤이은 논쟁의 국면을 살펴본 뒤 만주 기행으로 이야기를 옮길 차례다.

전향과 불안: 1930년대 일본주의의 귀환과 현상 타파의 기획[14]

일본주의는 일종의 일본형 파시즘이다. 일본주의적 역사관에 대립

---

13 같은 책 같은 면.

14 이 절의 내용은 金杭 『帝国日本の閾』, 岩波書店 2010, 10장에서 상술한 일부 내용을 참고했다.

하는 것은 유물론에 의한, 즉 유물사관에 의한 과학적 연구와 기술일 수밖에 없다. 따라서 여기서도 알 수 있듯이 일본주의에 진정 대립하는 것은 자유주의가 아니라 유물론인 것이다. (…) 자유주의적 철학 내지 사상 중 어떤 것은 그대로 일본주의 철학으로 이행할 수 있다. (…) 지금 이 점에 주목하면 유물론의 사상으로서의 우월성이 자연스레 간접적으로 증명된다. —여기서 사상이란 다름 아닌 실제 문제의 실제적 해결을 위해, 그 논리를 수미일관하게 전개할 수 있는, 포괄적이고 통일적인 관념의 메커니즘이다.[15]

고바야시 히데오가 「사소설론」을 발표한 1935년, 교토학파의 일원이었으며 마르크스주의 철학에 투신한 도사카 준(戸坂潤)은 당대의 자유주의 비판을 '일본 이데올로기'라는 이름 아래 전개했다. 명백히 마르크스의 『독일 이데올로기』를 차용한 저 인용문에서 도사카는 마르크스주의자들의 '전향의 계절' 이후 담론계를 지배한 일본주의와 자유주의를 비판하면서 유물론적 역사 이해를 옹호하려 시도했다. 이를 통해 도사카는 비평과 사상의 영역에서 진지전을 지속하려 했던 것이다.

여기서 고바야시와 도사카가 각기 개입하려 했던 전향의 계절을 간략하게 짚고 넘어가보자. 1922년 비합법으로 결성된 일본공산당은 1924년에 일단 해산한 뒤 당 재건을 위해 노력하게 된다. 정부는 지하에서 활동하는 공산주의자/사회주의자를 표적으로

15 戸坂潤 「日本イデオロギー論」(1935), 『戸坂潤全集』 5, 勁草書房 1966, 232~35면.

삼아 1925년 치안유지법을 제정하여 이른바 '사상경찰'을 가동한다. 이후 1928년 3·15 사건과 1929년 4·16 사건으로 공산주의자들의 일제 검거가 성공을 거둔다. 검거된 공산주의자들은 경찰 및 검찰로부터 모진 고문과 정서적 회유("고향의 부모님이 울고 계신다")를 되풀이하여 받게 된다. 이렇게 하여 검거된 7만명 가운데 대다수가 전향한다. 끝내 전향하지 않은 194명이 고문으로 살해당했고, 1503명이 옥중에서 병사했으며, 2차대전 종결까지 전향하지 않은 도쿠다 규이치(徳田球一)와 미야모토 겐지(宮本顕治) 등이 '인민전사'라는 칭호로 불리며 전후 공산당을 주도하게 된다.

이런 맥락에서 두차례 대대적 검거가 일어난 뒤인 1930년대 초는 '전향의 계절'로 불린다. 특히 1933년 공산당 위원장이었던 사노 마나부(佐野学)와 당 간부 나베야마 사다치카(鍋山貞親)의 옥중 전향 성명은 사회를 떠들썩하게 한 사건이었다. 물론 당국의 의지에 따른 일이었지만, 두 지도자의 요란스러운 전향 성명은 옥중의 공산주의자만이 아니라 심정적으로 공산주의/사회주의에 동조하던 젊은 층까지 동요시키기에 충분했다. 그 성명 내용이 공산주의/사회주의를 저버린다는 것이 아니라 천황을 생활 속에서 경애하는 일본 민중의 마음에 맞게 운동을 전개하겠다는 것이었기 때문이다. 이는 본인들이 신봉해 마지않던 마르크스주의의 과학적 세계관이 아니라 천황주의에 바탕을 둔 공산주의/사회주의 운동을 목표로 활동하겠다는 선언이었다. 이것이 많은 지식인에게도 커다란 충격이었음은 말할 필요도 없다.[16]

1935년 발표된 고바야시와 도사카의 글은 맥락은 다르지만 이런 국면에서 등장했다. 「사소설론」의 고바야시는 계급과 과학으로 '나'를 매몰시킨 마르크스주의자들이 전향을 계기로 '나' 혹은 '자아'의 문제와 마주할 수밖에 없음을 설파했으며, 도사카는 전향을 계기로 유물사관이 폐기 처분되면서 자유주의와 일본주의가 담론계를 장악하는 상황을 타개하려 했다. 이때 고바야시는 마르크스주의의 무효함을 주장하기보다 '주의'라는 의장 뒤에 은폐되었던 '나'의 문제가 전향을 통해 문학의 중심 문제로 새삼 확인되었음을 지적했다. 하지만 도사카는 고바야시를 비롯한 자유주의자들이 권력에 힘입어 마르크스주의 유물사관을 비난하면서 자아에 매몰되거나 전통으로 회귀하고 있다고 비판한다. 즉 자유주의와 일본주의가 마르크스주의 탄압과 공모하여 사상의 진정한 자유를 훼손하고, 객관세계의 "실제 문제"를 "실제적으로 해결하는 사상"인 유물론을 폐기했다고 고발한 것이다. 그런데 여기서 도사카가 표적으로 삼은 이가 바로 고바야시 히데오였다.

> 고바야시에게 중요한 것은 자기뿐이다. 특히 자신의 이미지 세계, '꿈'의 세계가 이 값비싼 금붕어의 어항인 것이다. 객관적 세계는 아무래도 좋다. 유리를 통해 바깥을 보는 어항의 시각만 있으면 문제없다. 사실이나 실재는 자기 자신의 내면에만 있다. 역사를 말하고 사회를 말하고 정치를 말하고 자연을 말하지만, 그것들은 그에게 구성

16 이 같은 전향에 대해서는, 일본 근대 사상사를 '전향'이라는 테마로 접근한 전향 연구의 필독서 思想の科学研究会 編『転向』上·中·下, 平凡社 1966 참고.

력을 결여한 종이 위의 입장일 뿐이다. (…) 이 태만하고 둔감한 영상력/상상력은 사실 에둘러 가는 것을 대단히 싫어한다. 즉 객관적인 리얼리티뿐만이 아니라 주체적 리얼리티조차 통과하는 일을 주저하는 것이다. 그 대신 가장 쉬운 길이 무엇이냐 하면 바로 고바야시식의 역설이다. 그의 내용 없는 형식주의적 내용은 실재가, 객관적인 물질세계가 무서운 것이다. 여기서 그는 이 불안을 해소하기 위해 끊임없이 수다를 떤다. 물론 언어영상의 세계이기에 어떤 수다를 떨든 자기 마음대로다. 이 수다쟁이의 마술피리가 고바야시 특유의 역설이며, 그의 찬미자는 이 피리 소리에 따라 수다를 떨거나 춤을 추거나 하는 것이다.[17]

도사카에게 고바야시는 불안에 사로잡혀 벌벌 떨면서 피리나 부는 나약한 존재다. 고바야시가 아무리 작가와 실제, 언어와 세계의 만남 사이에 있는 '인간의 열정'을 붙잡으려 해도 도사카가 보기에 그것은 금붕어의 수다일 뿐이다. 그 언설이 객관적이거나 주체적인 리얼리티를 포착하는 일이 없기 때문이다. 물론 고바야시에 대한 이런 비판은「사소설론」이 발표되기 전의 것이지만, 고바야시가 아무리 '나'의 문제를 제기한다 한들 도사카는 흔들림이 없다. 고바야시의 열정이나 주체는 객관세계와 접촉면이 없는 어항 속 자아에 지나지 않기에 그렇다.

앞서 이야기한 고바야시의 비평 원리에 비춰볼 때 이러한 도사

17 戸坂潤「文芸評論家のイデオロギー」(1934), 大岡昇平他編,『論集·小林秀雄』1, 麦書房 1966, 20면.

카의 비판은 과도함을 넘어 오독에 가까운 것이라 할 수 있을 터다. 하지만 여기서 눈여겨볼 대목은, 도사카가 유물사관을 견지하면서 당대의 가혹한 상황에 개입하려 했을 때 다름 아닌 고바야시를 제물로 삼았다는 사실이다. 고바야시의 언설을 섬세하게 독해하는 것은 중요치 않았다. 그의 난해한 글이 자유주의의 의장을 뒤집어쓰고 일본주의를 조장하게 되는 상황을 비판하는 것이 도사카의 의도였기 때문이다.

여기서 도사카가 비판의 핵심으로 삼은 것은 고바야시의 '불안'이었다. 불안이란 1930년대 일본 사상계의 핵심어라 해도 과언이 아니다. 미키 기요시(三木清)의 '불안의 철학'에서 극명하게 나타나듯이 시대의 분위기는 불안으로 가득 차 있었다. 대공황 한가운데에서 노동자들은 실업과 생활고에 허덕이고 있었고,[18] 세계정세는 파시즘과 인민전선의 대결로 압축되는 정치적 격변의 시대였다. 일본의 경우에는 국제연맹 탈퇴와 만주사변으로 이어지는 당국의 정책 결정 속에서 국제적 고립이 시작되었으며,[19] 독일에서 나치즘이 등장함에 따라 영미 주도의 보편주의를 대신할 새로운 질서를 모색하는 '현상 타파'가 슬로건으로 등장하게 된 시기였다.[20] 이런 상황에서 전향의 계절을 거친 일본 사상계는

18 대공황 직후의 사회적 불안을 극명하게 나타낸 작품으로 저명한 마르크스주의자였던 아오노 스에키치(青野季吉)의 『샐러리맨 공포시대』를 참고할 수 있다(青野季吉 『サラリーマン恐怖時代』, 先進社 1930).

19 이 일련의 과정에 대해서는 酒井哲哉 「国際秩序論と近代日本研究」, 『近代日本の国際秩序論』, 岩波書店 2007 참고.

20 이에 대한 당대 일본의 대응을 탈보편주의적 국제질서의 모색을 중심으로 논한 것으로 김항 「'광역권'에서 '주체의 혁명'으로: 근대초극, 미완의 법기획, 그리고 한반도」, 『제국

그야말로 '불안의 계절'이었다. 도사카는 시대의 키워드인 불안을 지렛대로 삼아 고바야시의 비평을 비판했던 것이다. 그는 고바야시가 객관세계의 불안을 분석하고 해결하려 노력하는 대신, 불안을 어항 안에서 보는 금붕어의 시각으로 치환함으로써 현실세계와 사상/비평의 접점을 말소했다고 쏘아붙였다.

이에 대해 고바야시는 다음과 같이 응수했다. "말꼬리를 잡는 것은 좋지만, 하지 않은 말의 꼬리를 잡아 비난을 하고 상대를 해치운 양 의기양양한 것은 평자의 악덕이다."[21] 도사카는 고바야시를 두고 파시즘을 조장하는 위험인물이라 칭했는데, 고바야시는 이에 대해 "도대체 지금 세상에 좋은 뜻이든 나쁜 뜻이든 위험인물 따위가 있느냐"며 반문한다. 문학주의가 사회를 문학적으로 재단하면서 객관세계를 저버린다고 말꼬리 잡는 것까진 그럴 수 있다. 하지만 고바야시가 보기에 "사회 일반에 대한 해석을 문학자 입장에서 내리고 자만할 만큼 지금의 사회는 호락호락하지 않으며" "문학자는 문단적 전문화와 사상적 공식화로 빈곤해진 건전한 상식을 회복하고자 노력하고" 있을 뿐이다.[22] 이 말은 곧 당대의 상황이 말을 업으로 하는 이들의 언설로 사회를 해석하거나 바꿀 수 있을 만큼 호락호락하진 않다는 것, 문학자는 도사카처럼 사상의 과학성을 들먹이며 상황을 직시하지 못하게끔 하는 이들의 '주의=의장'을 걷어내려 할 뿐이라는 것이었다. 고바야시

일본의 사상』, 창비 2015, 3절 참고.

21 小林秀雄「戸坂潤氏へ」(1937), 『小林秀雄全集』 4, 184면.

22 같은 책 186~87면.

가 보기에 문학자가 회복하려 하는 '건전한 상식'이란 불안을 해소하는 것이 아니라 불안을 불안으로서 마주하여 근대적 삶의 조건으로 삼는 정신 태도를 뜻한다.

> 옛사람은 가만히 풍경을 보며 꿈꾸고 있었다. 눈앞에 있는 의연한 산하(山河)가 싫증나 마음속 풍경을 마음대로 바꾸어 그리고 있던 것이다. 오늘날에는 그 바뀐 풍경이 눈앞에 있다. 우리도 옛사람처럼 가만히 앉아 풍경을 보기는 본다. 옛사람보다 아마 더 가만히 앉아 있을 터인데, 이상하게도 앉아 있는 의자가 1초에 100미터의 속도로 움직인다. 창밖의 풍경은 현실임에 틀림없지만 사람은 꿈꾸는 것과 동일한 심리 상태가 아니면 어떻게 이 이상한 모습으로 변한 현실을 견딜 수 있을까? 묘수는 없다. 그래서 그는 그야말로 꿈을 꾸고 있는 것이다. 비행기에서 내리면 자동차에 타야 한다. 꿈에서 깰 순간 따위는 없는 것이다. (…) 덕분에 우리는 자기 힘으로 꿈을 창조하는 행복도 용기도 인내도 잃어버렸다.[23]

이것이 고바야시가 본 근대적 삶의 근본 조건이다. 현실을 꿈꾸듯 살아야만 하는 현대인에게 불안은 객관적 정세 변화에 따라 야기되는 것이 아니라 이미 삶의 근원 조건이라는 것이다. 고바야시는 도사카의 비판에 답하면서 정세에 좌지우지되는 불안에 맞서 현대적 삶의 근원적 조건으로서의 불안을 대립시킨다. 따라

---

23 小林秀雄「現代文学の不安」(1932),『林秀雄全集』1, 147면.

서 고바야시가 말하는 건전한 상식이란 도사카가 호들갑스럽게 조장하는 정세 불안에 일일이 대응하는 것이 아니라, 그러한 불안을 삶의 근원적 조건으로 받아들이고 꿈같은 현실을 감내하는 정신의 태도다. 마치 어지럽고 시끄럽기 그지없는 백화점에서 자기에게 꼭 맞는 옷을 침착하게 고르는 소비자와 같이, 근대적 삶을 살아내는 유일한 방법은 시시각각 변화하는 현실과 그에 따른 불안 속에서 실제와 생활을 견지하는 것이라는 주문인 셈이다.

1930년대의 전향과 뒤이은 논쟁의 국면 속에서 고바야시는 이렇게 객관세계의 변화를 설파하는 언설에 대항했다. '불안'의 철학에 뒤이은 '현상 타파'라는 슬로건에 대해서도 마찬가지였으며, 일본주의가 점점 더 파시즘적 색채를 더해가는 국면에서도 동일했다. 그의 눈은 언제나 꿈같은 현실 속에서도 살아남는 생활가의 태도를 중시한다. 이러한 태도가 극명하게 드러난 것이 1938년의 만주 기행이다. 만주사변 이래 발표된 글에서도 물론 일관성 있는 사유를 전개했지만, 만주 기행에서 일본인 이주자를 보는 그의 시선은 극한의 생활변화 속에서도 빛을 발하는 생활인의 건전함을 읽어낸다.

어른이라는 의장을 걷어내기: 고바야시의 만주 기행

1937년 일본은 중국 대륙의 전선을 전면전으로 확대시킨다. 동북부에 국한되었던 병력 전개를 중국 전체로 확장시킨 것이다.

전투는 이제 중국 동북부의 초원을 벗어나 남쪽으로 번져갔으며, 한반도와 대만을 포함하여 제국일본의 판도에 있던 모든 일상세계가 전장이 되었다. '총후(銃後)'라는 말이 주술처럼 퍼져나간 것도 이 시기였다. 비록 총탄이 오가는 전장은 아니지만 전쟁은 전선과 총후를 아우르는 '총력전'이라는 생각이 일상생활에 스며들어갔던 것이다. 바야흐로 '비상시(非常時)'의 전면화가 도래했다. 만주사변, 전향, 국체명징운동, 2·26 사건으로 이어지며 긴박하게 일상을 비상으로 몰아대던 정세가 전면적인 예외 상황의 도래를 선포한 것이다. 고바야시 히데오의 만주 방문은 이런 상황에서 실현되었다.[24]

고바야시의 만주 기행은 지인인 조각가 오카다 하루키치(岡田春吉)의 주선으로 성사되었다. 오카다의 친형이 만주국의 유력자였던 인연으로 만주국으로부터 초대받은 여행이었다. 고바야시는 우선 부산으로 가 열차로 흑룡강 만소 국경지대를 방문한 다음, 손오(孫呉)의 '만몽개척청소년의용대(滿蒙開拓青少年義勇隊)' 훈련소를 시찰한 뒤 열하를 거쳐 베이징을 방문하고 일본으로 돌아왔다. 한달여에 걸친 여정으로 1939년 초에 이때의 인상을 기록한 「만주의 인상」이라는 글을 발표한다. 여기서 그는 앞서 말한 비상시의 사유를 유감없이 발휘하여 기묘한 기행문을 완성하게 된다.

사실 근대 일본 문학자들의 만주 기행문은 하나의 장르라 할

---

24 고바야시의 조선/만주/대륙 방문 및 기행의 여정에 관해서는 이한정 「고바야시 히데오의 '아시아' 체험」, 『일어일문학연구』 32권, 1998 참고.

만큼 여러편 발표된 바 있다. 메이지 시기의 나츠메 소세키(夏目漱石)를 시작으로 조선을 거쳐 만주를 이동하여 중국에서 마무리되는 기행은 작가나 비평가의 통과의례였다 해도 과언이 아니다. 고바야시의 만주 기행에 동행한 저명한 전향 작가 하야시 후사오(林房雄)가 부산으로 가는 배 위에서 "나이 마흔여섯을 먹고서야 처음으로 조선을 구경하다니"라며 감회를 밝힌 것은 그런 사정을 염두에 둔 말이라 할 수 있다.

그런데 근대 일본 작가들에게 북방으로의 여행은 단순한 이국 체험이 아니었다. 그것은 제국주의적 침략과 식민으로 성립한 근대 일본의 발자취를 몸으로 확인하는 여정이었으며, 이국이지만 이국이 아닌, 동시에 일본이지만 일본이 아닌, 기묘한 회색지대로 진입하는 모험이었다. 어떤 이는 그 과정에서 근대 일본이 상실한 전근대적 생활상을 발견하고는 노스탤지어에 젖었고, 어떤 이는 이주 일본인의 강인한 생활력에 감탄하며 조국의 저력을 확인했으며, 어떤 이는 자만에 빠진 일본인이 현지인에게 자행하는 차별과 멸시를 부끄러워했다.[25]

특히 1930년대에 대대적으로 이뤄진 북방 기행은 방문자들로 하여금 어떤 형식으로든 역사의 분기점을 찾게 해주었는데, 그 대표적인 예로 일본낭만파의 리더 야스다 요주로(保田與重郎)의 『몽강(蒙疆)』(1937)과 시마키 겐사쿠(島木健作)의 『만주 기행』(1938)을 들 수 있다.[26] 『몽강』은 서양적 근대화의 종언을 주창하

25 제목은 전후 세대로 국한되어 있지만 전시기 만주 기행의 '오묘한' 의미에 대한 간략한 서술로는 安彦良和 「戦後世代の「満州」紀行」 『潮』 390호, 潮出版社 1991, 152~59면 참고.

며 일본회귀를 통해 사상적 쇄신을 기획하던 낭만적 시선을 이역의 식민지와 전장에 투영한 작품이며, 『만주 기행』은 만주로 이주한 일본인들의 고군분투를 사실적으로 묘사하면서 자립농업을 기치로 내건 이민 정책이 현지인에 대한 노동착취로 이뤄짐을 비판한 작품이다. 물론 정치적인 지향에서도 비평적 시선에서도 공통점이 없지만 두 작품은 만주에 미래의 일본을 투영한다는 점에서 접점을 보인다. 즉 만주를 소재로 삼아 당대의 비상 상황이 전혀 다른 미래를 향한 실험이자 고난의 과정임을 두 작품 모두 기저음으로 삼고 있는 것이다. 그 안에는 국가 주도로 서양적 근대화를 추진한 메이지 이래의 일본과 달리, 척박한 땅에서 자기 손으로 삶을 일구며 살아가는 이주 일본인들의 모습이 그려져 있으며, 서양 제국주의의 인종적 위계질서에서 해방되어 '오족협화(五族協和)'라는 새로운 공존 질서를 모색하는 만주국의 실험을 낭만적으로 바라보는 시선이 관통한다. 즉 당대 일본열도를 지배하게 될 '근대의 초극(超克)'이라는 표어가 만주 기행에 선취되어 있는 것이다.

하지만 고바야시 히데오의 만주 기행은 이와는 내실을 달리한다. 그가 만주에서 확인하는 것은 전쟁에 대처하는 일본 국민의 '건전한 상식'이다. 여기서도 고바야시는 일본 사상/비평계의 '온갖 의장'을 걷어내려고 열심이다. 그는 러만 국경지대에서 현지인과 러시아인을 이해할 수단이 없음을 한탄하다가, 그렇다면

26 保田與重郎『蒙彊』, 新学社 2000; 島木健作『島木健作全集13: 満州紀行』, 国書刊行会 1980.

과연 일본인은 일본인을 제대로 이해해왔는지를 되묻는다. 즉 이국의 인민들을 이해 못 하는 것 이전에, 아무런 의문 없이 '우리'라고 한데 묶어 당연시해온 일본인이란 무엇인지를 묻는 것이다.[27]

일본의 인텔리겐치아여 일본으로 돌아가라, 이런 외침에도 일말의 정당성이 있다고 생각하지만, 나는 일종의 공포스러움을 느끼지 않을 수 없다. 예전 우리의 서양 숭배 뒤에 어떤 서양 공포가 있었는지 모두가 잘 알 것이라 생각한다. 인텔리겐치아뿐만 아니라 누구에게라도 어딘가로 돌아가라고 하면 현재 있는 자기 자신 외에 돌아갈 곳은 없다. 그리고 현재의 자기 자신이 누구인지 말하기에는 일본인들은 얼마나 혀가 짧은가.

나는 한번도 일본인임을 멈춘 적이 없다. 때때로 멈춘 적이 있다고 느꼈을 뿐이다. 자유주의라든가 마르크스주의라든가 하는 사상은 서양의 사상이지만 그런 주의든 사상이든, 오늘날 되돌아보면 우리는 얼마나 일본인답게 수용해왔는가. 주의를 이해하는 일은 용이하지만 이해 방식이 전형적으로 일본인다웠다고 깨닫는 데는 시간이 걸리는 법이다. 남의 것을 배우고 외운 주의나 사상이 인간을 근본적으로 변화시킬 힘 따위를 갖지는 못하지만, 그 근저에 변하지 않는 일본인의 모습이 있음을 우리는 오늘날 포착하지 못하고 있다.[28]

---

27 '내셔널 아이덴티티' 관련 고바야시의 시사비평에 대한 꼼꼼하고 깊이 있는 분석으로 이한정 「고바야시 히데오의 사회시평」, 『일본어문학』 제4집, 1998 참고.

28 『小林秀雄全集』 7, 15면.

기행문 앞부분을 차지하는 이 구절에 고바야시의 입장은 압축되어 있다. 그는 만주라는 이역이자 이역 아닌 공간에서 일본인이 무엇인지를 생각한다. 그런데 그의 물음은 야스다 요주로와 같이 전통으로 회귀하는 낭만주의로도, 시마키 겐사쿠와 같이 자본주의적 사회관계를 뛰어넘는 이상주의로도 귀속되지 않는다. 야스다와 시마키가 모두 '현상 타파'라는 슬로건을 공유한다면, 고바야시는 현상을 포장하는 일본회귀나 근대초극이라는 의장의 타파를 내세우기 때문이다. 그래서 그는 단순한 서양 비판이나 새로운 역사단계로의 진입에 동조하지 않는다. 어디까지나 그는 서양 문물의 수용 태도 속에서 찾아낼 수 있는 일본인다움을 고집하기 때문이다. 이는 계급이나 자아에 귀속되지 않는 '나'가 근대소설의 근원에 내재한다는 「사소설론」의 입장과 형식적으로 동일한 것이다. 그렇다고 해서 '불변하는 일본인다움' 따위가 초역사적으로 존재한다는 본질주의를 설파하는 것은 아니다. 고바야시는 어디까지나 일회적 역사에서 읽어낼 수 있는, 이 경우라면 서양 문물의 수용 속에서 읽어낼 수 있는 '일회적이고 고유한' 일본인다움을 돌아갈 유일한 곳으로 상정하기에 그렇다. 만주에서 방문한 손오의 '만몽개척청소년의용대' 훈련소에서 이런 그의 시선은 극명하게 드러난다.

소년들이 지금 어떤 이야기를 듣고 싶은지는 너무나 잘 알고 있었다. 도쿄로부터 온 낯선 사내의, 자기들 생활에는 직접적으로 아무 관련도 없는 강화 따위가 아니다. 제군의 이상, 제군의 임무라는 말을 그들은 내지의 훈련소 이래 몇번이나 들었을 터다. 하지만 지금은 그런 이야기를 듣고 싶은 것이 아니다. 언제 방한 신발이 지급되는지, 언제 손을 감싸는 장갑을 주는지, 알고 싶은 것은 그런 정도의 사정이다. 그 점에서 청년들은 모두 예민한 리얼리스트다. 둔감한 리얼리즘은 옳은 흉내나 내는 청년의 악습이거나 어른임을 과시하는 어른의 특권이다.[29]

만몽개척청소년의용대는 일본 내지의 16~19세 청소년을 만주국에 개척민으로 보내는 제도였으며, 만몽개척단으로 대표되는 만주개척민 송출 사업의 1930년대 후반기 주요 사업 형태였다. 1937년 「만몽개척청소년의용군 편성에 관한 건백서」가 각료회의에서 논의된 후 사업이 시작되었는데, 이는 성인 이민이 한계에 부딪힌 상황에서 하나의 타개책으로 각광을 받았다. 1938년에는 모집이 시작되어 부모 동의를 받고, 소학교를 졸업한 16~19세 남성이라면 누구든 지원이 가능했다. 이 사업은 당초 성공리에 전개되었는데 중국 전선의 최전방을 책임지는 조국의 일꾼이라는 군국주의적 선전이 효과를 발휘한 덕에 소/중학교의 성적 우수자들이 지원했기 때문이었다. 예전의 성인 이민이 빈농 중심이었던 것과는 전혀 다른 계층 구성이었던 셈이다.

각 현마다 선발된 청소년은 300명을 기준으로 중대 편성되었으며, 이바라기현 우치하라의 만몽개척청소년의용군 훈련소에서

---

29 같은 책 24면.

3개월의 학습과 만주 현지 훈련소를 거쳐 의용군 개척단으로 만주 각지에 파견되었다. 이 청소년의용군은 1938년부터 1945년까지 8년 동안 8만 6000명을 배출했으며, 이는 만주개척민 송출 사업의 30퍼센트를 차지했다. 하지만 그 실태를 보면 청소년으로만 구성된 탓에 장년 간부들의 자의적 통제로 운영된 폐단이 있었고, 만주 내 파견 지역도 가혹한 조건의 지역이 많아 폭력 사건이나 일탈 행위 등 수많은 문제를 낳았다.[30]

고바야시는 파견 초창기에 만주 내 훈련소 중 한곳을 방문했다. 거기서 그는 온갖 슬로건으로 가득 찬 광경을 보고 어른들의 이야기를 들었다. 하지만 슬로건과 어른들의 이야기를 모두 깡그리 내던져버리고 훈련생들의 표정에 집중한다. 그렇게 하여 고바야시는 비상시의 '건전한 상식'을 만주의 척박한 훈련소에서 확인하게 된다.

> 소년들의 표정은 기묘한 것이었다. 힘차게 보이는가 하면 축 처져 보이기도 했다. 가라앉아 보이는가 하면 쾌활하게도 보였다. 처음 그 느낌이 뭔지 잡아낼 수가 없었지만 머지않아 분명히 이해했다. 그리고 말로 표현할 수 없는 일종의 동정심을 느꼈다. 소년들의 얼굴에는 아무런 난해함이 없었던 것이다. 보는 내 마음이 어지러웠던 것뿐이다. 그들의 얼굴은 그저 어린아이의 얼굴에 불과했다. 진정 어려운 경우에 처했을 때 나타나는 어린아이의 마음과 얼굴 그 자체였던 것이다.

---

30 이상의 설명은 浅田喬二 「満州農業移民と農業·土地問題」, 『岩波講座 近代日本と植民地』 3, 岩波書店 1993 참고.

소년에게는 어른처럼 곤란에 대처하는 의지가 없다. 그 대신 곤란을 곤란으로 느끼지 않는 젊은 에너지가 있다. 희망 속에 사는 재능을 가지지 않는 대신 절망이라는 관념적인 것을 만들어내는 재능도 없다. 그 천진난만함을 소년들의 얼굴에서 분명히 읽었을 때 나는 가슴이 뻥 뚫린 느낌을 받았다. 아마 그들의 반항도 복종도 천진난만한 것이었으리라. 그와 달리 지도자들은 소년들을 지도하기는커녕 소년들에게 이끌려 다닌다. 결핍도 하나의 훈련이라는 어른의 낭만주의를 어린아이의 천진난만함은 결코 이해하지 않는다.[31]

여기에 어떤 이론이나 정세에도 흔들리지 않는 실제와 생활을 보려는 고바야시의 눈이 극명하게 드러나 있다. 결핍이나 곤란을 슬로건으로 이겨내려는 어른의 낭만주의를 이해하지 못하는, 아니 이해하지 않으려는 어린아이의 천진난만함이 이 훈련생들의 생존을 규정하고 있다는 것이다. 따라서 고바야시는 여기서도 자신의 비평 원리를 관통시키고 있다. 여타의 만주 기행과 달리 고바야시의 기행은 역사의 분기점을 확인하고 미래의 일본상을 투영하는 방식이 아니라, 현재 일본의 상황을 만들고 이해해온 논리적·지적·도덕적 전제들을 효력 정지시키는 방식으로 만주를 기록한다. 그것은 고바야시에게 1930년대 후반의 폭주하는 비상 상황을 견디는 하나의 방법이었다.

31 『小林秀雄全集』 7, 26~27면.

> 오늘날 지도 이론이 없다는 불평도 아니고 비난도 아닌 목소리를 때때로 듣는다. 도대체 지도 이론이란 어떤 의미인가. 미리 어떤 이론이 있고 그대로 틀림없이 일이 진행되면 결코 실패할 걱정이 없다는 이론일 터다. 그렇다면 그런 이론이 오늘날 없는 것은 자명한 사실 아닌가. 있다면 비상시가 아닐 것이기에 그렇다.[32]

고바야시가 만주에서 본 의용대 훈련소는 이러한 비상시의 삶이 온전한 형태로 전개되는 곳이었다. 훈련소로 대표되는 만주 전체가 고바야시에게는 그렇게 비쳤을 것이다. 그것은 미리 정해진 길이나 규범 따위가 성립할 수 없는, 마치 어두운 동굴에서 출구를 더듬더듬 찾아나가는 것과 같은 과정이었다. 그가 데카르트나 폴 발레리를 읽으면서 코기토나 기하학 같은 결론이 아니라 그곳으로 가는 방법적 여정에 천착한 까닭이 여기에 있다. 그가 말하는 근대소설의 실험적 '나', 혹은 서양 문물 자체가 아니라 그것을 수용한 '일본인다운' 방법은 이렇게 만주에서 혹독한 시련을 겪는 청소년들의 천진난만함 속에 재발견되는 표정이었다. 고바야시의 만주는 일본이 근대라는 시련 속을 걸어온 여정을 보여주는 근대 수용의 파노라마였던 셈이다.

그가 서구화와 일본회귀의 변곡점에서, 1930년대라는 예외적 비상 상황 속에서, 만주라는 이역의 훈련소에서, 스스로의 비평적 방법을 통해 붙잡으려 했던 '일본'의 모습은 이런 리얼리스트의

32 小林秀雄, 「事変の新しさ」(1937), 『小林秀雄全集』 7, 128면.

태도였다. 외부의 온갖 시련과 급변하는 상황에도 흔들리지 않는 리얼리스트의 태도야말로 고바야시에게는 근대 일본의 서양 수용 과정에서 드러난 '일본인다운' 태도였던 것이다. 이런 리얼리스트의 태도는 태평양전쟁 발발 와중에도 흔들림 없이 지속된다.

태평양전쟁이라는 상쾌한 소식

1941년 12월 8일, 제국일본의 해군이 진주만을 기습 공격함으로써 '대동아 성전(聖戰)'이 시작된다. 곧이어 수많은 지식인이 열광했다. 만주사변 이후 10여년 세월 동안 일본 비평계와 사상계는 메이지유신 이래의 서구적 근대화가 막다른 골목에 다다랐다는 인식을 공유했지만, 일본이 채택한 근대화 패러다임을 대신할 명쾌한 길이 제시되지는 못했다. 마르크스주의의 부상과 탄압과 전향을 거쳐 일본주의에 이르는 시대적 전환 속에서, 우익 아나키스트들의 천황 친위 쿠데타, 동아협동체의 사회주의적 구상, 그리고 일본낭만파의 데카당스 등 백가쟁명을 방불케 하는 현상타파의 기획과 사유가 분출되었음에도 무엇 하나 새로운 질서를 명료하게 각인시키지는 못했던 것이다.

진주만 공습은 이런 지지부진함을 일소하는 계기였다. 지식인들은 아무리 노력해도 중일전쟁에 새로운 질서를 위한 성전이라는 의미를 부여하지 못했다. 서양 열강의 간섭이 일본의 대륙 이익을 침해한다는 명분은 있었지만, 어디까지나 실제 전투를 벌이는 대상은 중국군이었다. 그런 한에서 이 전쟁을 아무리 미사여구로 치장해도 서구적 근대를 극복하기 위한 것으로 자리매김하기는 불가능했다. 그러나 진주만 공습은 완전히 다른 국면을 여는 사건이었다. 그것은 서구적 근대의 '낡은' 질서를 대변하는 미국과 영국을 상대로 일으킨 전쟁이었기 때문이다. 10여년에 걸쳐 암중모색 중이던 일본의 비평계와 사상계에, 공습은 한줄기 빛처럼 느껴졌다. 훗날 누구보다도 날카롭게 태평양전쟁 비판을 전개한 저명한 중국 문학 연구자 다케우치 요시미(竹内好)조차도 다음과 같이 환호했다.

> 역사는 창조되었다. 세계는 하룻밤 사이에 변모했다. 우리는 그것을 눈으로 똑똑히 보았다. 감동으로 어지러움을 느끼며 무지개처럼 흐르는 한줄기 빛의 향방을 목도했다. (…) 지금까지의 무지를 부끄럽게 생각한다. 우리는 이른바 성전의 의의를 망각해왔기 때문이다. 동아 건설이라는 미명 아래 약한 자를 괴롭히는 것이 아닌가 하고 의심해왔던 것이다. 우리 일본은 강한 자를 두려워한 것이 아니었다. 저 추상과 같은 행동의 발로가 모든 것을 증명하고 있다.[33]

현대 중국 문학 연구자였던 다케우치 요시미는 중일전쟁을 착잡한 심정으로 바라보고 있었다. 겉으로는 서구 제국주의에 맞선 동아 해방전쟁을 자처하면서, 사실상 일본을 포함한 열강에게 유

---

33 竹内好「大東亜戦争と吾等の決意(宣言)」〔1942〕(松本健一「解題」,『近代の超克』, 冨山房百科文庫 1979, viii면에서 재인용).

린당한 뒤 몰락과 혼란에서 깨어나지 못하는 중국을 적으로 삼아 수행하는 전쟁을 무턱대고 긍정하거나 의미 부여할 수는 없었기 때문이다. 그 와중에 감행된 진주만 공습은 다케우치에게 하나의 탈출구를 제공했다. 이제 "약한 자를 괴롭히는 것이 아닌가" 하는 의구심에서 해방될 수 있었기 때문이다.

그간의 지지부진한 상황과 불투명한 시야를 일거에 불식시킨 "한줄기 빛"은 다케우치만의 감상이 아니었다. 당대 일본의 일급 지식인들이 모여 개최한 '근대의 초극' 좌담회(1942)에서 주최자인 가와카미 데츠타로(河上徹太郎)는 "개전 1년 사이의 지적 전율"이 좌담회를 개최하게 한 원동력이라 말하며, 그 의의를 "우리의 지적 활동에서 진정한 원동력이었던 일본인의 피와, 그것을 폭력적으로 체계화해온 서구 지성의 상극"을 문제화하고 앞으로 나아갈 방향을 모색하는 것이라 말했다.[34] 그래서 그는 좌담 첫머리에 "저 12월 8일 이래 우리의 감정이 현처럼 팽팽하게 하나의 고정된 틀로 모아졌는데", 그것을 언어로 표현하면 "근대의 초극"이라고 발언했다.[35] 즉 당대 일본 지식인들은 모두 진주만 공습을 통해 '동아 해방'과 '동아 건설'의 명료한 의지와 전망을 얻을 수 있었고, 그것을 '근대의 초극'이라는 통일된 사상적 슬로건으로 표현했던 것이다.

고바야시 히데오도 예외는 아니었다. 그는 1942년 1월에 발표한 짧은 글에서 태평양전쟁 개전을 알리는 방송을 들은 소감을

34 河上徹太郎「〈近代の超克〉結語」,『近代の超克』, 166면.
35『近代の超克』, 171~72면.

밝혔다. 거기서 그는 “제국 육해군은 금 8일 미명 서태평양에서 미국·영국군과 전투 상태에 진입했다”는 개전 방송을 듣고 그때까지의 애매한 상황이 모두 “운산무소(雲散霧消)”되었다며 소회를 드러낸다. 그러면서 고바야시는 청명한 마음으로 도쿄 거리를 거닐며 다음과 같은 생각을 한다.

> 우리는 모두 머리를 숙여 똑바로 서 있었다. 눈시울은 뜨거웠고 마음은 평온했다. 감히 말하건대 경청하면서 비할 데 없는 아름다움을 느꼈다. 역시 우리에게는 일본 국민이라는 자신감이 제일 크고 강하다. 그것은 일상에서 얻거나 잃을 수 있는 여러 종류의 자신감과는 전혀 성질이 다른 무엇이다. 얻거나 잃을 수 있기에는 너무나도 크고 당연한 자신감이며, 또 평상시에는 딱히 신경 쓰지 않는 자신감이다. 나는 상쾌한 기분으로 그런 생각을 하면서 거리를 걸었다.[36]

다케우치 요시미와 가와카미 데츠타로를 비롯한 여러 지식인과 마찬가지로 고바야시는 진주만 공습을 환영했다. 그것은 한줄기 빛이었고 지적 전율이었으며 구름과 안개를 걷어내는 쾌청한 소식이었다. 따라서 고바야시가 태평양전쟁 시기에 일본인의 내셔널 아이덴티티를 고양시키며 적극적으로 전쟁에 협력했음은 부인할 수 없는 사실이다. 하지만 고바야시는 패전 직후 열린 좌담회에서 자신의 전쟁 협력을 반성할 뜻이 없음을 강한 어조로 설

36 小林秀雄「三つの放送」,『現地報告』, 1942.1(전문은 http://homepage2.nifty.com/yarimizu2/kobayashiwar1.html에서 읽을 수 있다).

파한다.

저는 정치적으로는 무지한 한 국민으로 사변에 대처했습니다. 입을 다물고 그랬죠. 아무런 후회도 없어요. 대사변이 끝나면 반드시 만약 이러저러했다면 사변은 일어나지 않았을 거야, 사변은 이렇게는 안 됐을 거야 따위의 논의가 이뤄집니다. 그것은 필연이라는 것에 대한 인간의 복수입니다. 허무한 복수죠. 이 대전쟁은 몇몇 사람의 무지와 야심에서 일어났을까요? 그것이 없었으면 일어나지 않았을까요? 나는 도저히 그런 경박한 역사관을 가질 수는 없습니다. 나는 역사의 필연성이란 더 공포스러운 것이라 생각합니다. 나는 무지하니까 반성 따윈 하지 않겠습니다. 영리한 녀석들은 많이들 반성하라고 하세요.[37]

태평양전쟁 발발 소식에 상쾌한 기분으로 거리를 거닐 수 있었고 이후 지면을 통해 전쟁을 치르는 일본인으로서의 자세를 설파한 저명한 비평가의 후안무치임은 틀림없다. 하지만 고바야시의 후안무치는 저 파국적 전쟁을 패전 후에도 '옹호'하고 '미화'하면서 무반성의 태도를 보이는 데서 비롯하는 것이 아니다. 오히려 고바야시의 후안무치는 자신의 비평 원리에서 도출된 역사의식을 통해 전쟁을 '미학화'한 데서 비롯한다. 앞서 인용한 「세개의 방송(三つの放送)」에서 고바야시는 태평양전쟁을 "명인의 지예(名人の至芸)" 즉 '명작'이라 일컫는데, 그는 전쟁을 위대한 예

37 「コメディ・リテレール 小林秀雄を囲んで」, 『近代文学』, 1946.2(인용은 『新潮』 2001.4, 130면).

술 작품으로 간주하고 이때 인간이 어떤 태도를 취해야 하는지를 다음과 같이 말한다.

> 걸작은 시대에 굴복하지 않지만 동시에 시대를 뛰어넘지도 않습니다. 일종의 정태적 긴장관계에 있죠. 이런 입장에서 생각해보면 역사를 항상 변화라 생각하고 진보라 생각하는 것은 매우 잘못된 관점이 아닐까 싶습니다. 언제나 동일한 것이 있고 언제나 인간은 이 동일한 것과 싸우고 있습니다. 이런 동일한 일을 끝까지 한 사람이 영원한 겁니다.[38]

그래서 '명작/걸작'인 태평양전쟁은 "필연"이며 인간은 그것과 마주했을 때 입 다물고 조용히 대처하는 일 말고는 아무것도 할 수 없다. 즉 인간은 '영원'(이 경우에는 전쟁)과 "정태적 긴장관계"에 있는 것이다. 따라서 전쟁을 놓고 이랬으면 좋았겠다, 저랬으면 어땠을까 하면서 사념을 늘어놓는 일은 "영리한 녀석들"이나 하는 짓이다. 왜냐하면 그들은 "구체적 보편 따위의 애매한 말"[39]을 늘어놓는 지식인들이며, 이들이야말로 고바야시가 비평활동 초기부터 비판의 표적으로 삼았던 '의장'에 사로잡힌 관념주의자들이기 때문이다. 그들과 달리 국민들은 "입 다물고 조용

---

38 『近代の超克』, 220면.

39 같은 책 230면. 여기서 '구체적 보편'이란 당대 최고의 철학자로 손꼽히던 니시다 기타로(西田幾太郎)의 개념이다. 고바야시는 1930년 이후의 국면을 구체적 보편 따위의 개념으로 파악하여 난해한 말을 늘어놓은 교토학파를 여기서 비꼬고 있는 것이다.

히 사변에 대처"[40]했으며, 그 "무지한" 태도야말로 '영원'과의 긴장 속에서 삶을 영위할 수 있는 위대한 리얼리스트의 태도다. 고바야시가 만주의 황폐한 훈련소에서 혹독한 환경을 견디는 청년들을 통해 확인한 리얼리스트는 이렇게 걸작을 만들어낸 명인, 그것과 조용히 마주하는 비평적 리얼리스트, 그리고 전쟁에 입 다물고 대처한 국민과 중첩되며 고바야시의 비평 원리의 일관성을 지탱해준다. 이제 이 일관성이 내포한 하나의 전도를 고바야시의 조선 기행 속에서 확인하고, 그 함의를 살펴보면서 논의를 마무리하려 한다.

말기의 눈과 죽음의 코기토

고바야시는 끝까지 자신의 비평 원리를 저버리지 않았다. 그는 전쟁이라는 '절대적 사태'를 의미화하거나 치장하는 데에 끝까지 반대했다. 다른 이들이 모두 전쟁 속에서 문명의 전환을 찾아내며 온갖 '아름다운' 이념을 덧붙여 국민을 고무하는 와중에, 그는 전쟁을 묵묵히 견뎌내는 국민의 태도야말로 '아름답다'고 본다. 꽃의 아름다움이 아니라 아름다운 꽃이 있는 것처럼, 전쟁/국민의 아름다움이 아니라 아름다운 전쟁/국민이 눈앞에 있을 뿐이었다.

40 『小林秀雄全集』 7, 68면.

가라타니 고진(柄谷行人)은 이러한 고바야시의 태도에 대해 "전쟁에서 죽어갈 수밖에 없는 사람들의 입장에 서서 어떻게든 그로부터 '자유'를 찾아내려 했다"[41]고 평가한다. 다시 말해 죽음을 아름다운 이념으로 의미화하거나 미화하는 것이 아니라, 죽는다는 일회적 사실 자체를 궁극의 아름다움으로 간주하면서 리얼한 일상을 긍정한다는 것이다. 그런 의미에서 고바야시에게 전쟁 속에서의 자유란 자신의 죽음을 의장 즉 이념이나 의미로 전유당하는 것이 아니라, 죽음을 죽음 그 자체로 견디는 일이었다. 가라타니가 이런 고바야시의 시선을 "말기의 눈"이라 부른 까닭이 여기에 있다.[42] 그리고 이것이야말로 고바야시에게는 궁극의 '일본'이었다. 죽음을 죽음으로 경험함으로써 일본인은 가능한 것이다. 그는 이런 확증에 이미 다다른 바 있었다. 앞서 살펴본 만주 기행에서 말이다.

> 나는 조선을 여행했을 때 총독부 육군병 지원자 훈련소를 견학했다. (…) 나를 놀라게 한 것은 훈련생들의 실로 발랄한 표정이었다. 그것은 조선에서 본 유일한 아름다운 표정이었다.[43]

조선의 육군병 지원은 일본인이면서도 일본인이 아닌 조선인이 완전한 일본인이 될 수 있는 방법이었다.[44] 고바야시가 조선

---

41 柄谷行人「近代の超克」,『〈戰前〉の思考』, 文藝春秋 1994, 116면.
42 같은 책 같은 면.
43『小林秀雄全集』7, 25~26면.
44 이에 관해서는 金杭『帝国日本の閾』, 11장 참고. 전사하는 것이 유일하게 조선인이 일

의 훈련소에서 "발랄한" "아름다운 표정"을 본 것은 우연이나 감상 때문이 아니다. 고바야시는 죽음으로써 비로소 일본인이 될 수 있는 조선인 지원병의 표정에서 '진정한 일본인'의 모습을 보았던 것이다. 따라서 죽음을 죽음으로써 맞이하는 일본인의 아름다움이란 사실 죽음으로써 비로소 일본인이 될 수 있다는 원리를 근원적으로 내포한다. 즉 일본인이 죽음을 담담하게 받아들이는 민족인 것이 아니라, 죽음을 아무런 의미화 없이 묵묵히 받아들일 때 일본인이 존재할 수 있는 것이다.

이것이 그의 비평 원리에 내장된 전도다. 고바야시가 데카르트를 인용하며 비평이란 "자신의 '생활의 그림'을 펼쳐 보이는 일"이라 말할 때, 코기토는 회의 끝에 다다른 자명한 의식이라기보다는 회의의 여정 그 자체라 할 수 있다. 그것은 의식을 현혹시키는 온갖 기존의 상식이나 지식이나 환상(즉 '의장')을 걷어내는 과정이지 그 과정 끝에 잡을 수 있는 확실성이 아닌 것이다. 전쟁이라는 절대적 사실과 마주하기 위해 고바야시는 교토학파나 일본낭만파나 군부 이데올로그들이 발설하는 모든 의장을 걷어내고 묵묵하게 '무지'의 국민이고자 했다. 죽음을 전유당하는 것이 아니라 죽음을 죽는다는 절대적 사실로써 마주하려 했던 것이다.

그런 의미에서 고바야시의 코기토는 결국 죽음으로 귀결된다.

본인이 될 수 있는 길이었음을 증좌하는 것은 야스쿠니의 논리다. 야스쿠니 신사는 패전 후 조선인 위패의 분리/반환을 거부했는데 그때의 논거가 바로 "일본인으로서 죽었다"는 것이었다. 즉 전사한 조선인은 일본인인 셈인데, 살아서 일본 땅에 남은 자이니치들은 일본인의 규정에서 추방당했음을 염두에 두면, 전사야말로 유일하게 일본인이 될 수 있는 길이었음이 명백하다.

비상시에도 지속되는 일상생활과 그 일상을 묵묵히 사는 리얼리스트들의 여정을 언어로 전유하는 비평은, 죽음이라는 코기토와 일치한다. 그가 조선인 지원병의 발랄하고 아름다운 표정을 "모든 것이 청결하고 조리 있게 정돈되어 있다"[45]는 '일상생활' 속에서 읽어낸 것은 이 때문이다. 조선인 지원병들의 잘 정돈된 일상이 죽음을 묵묵히 준비하는 한, 그들은 아름다운 일본인이라는 얘기다. 고바야시의 비평은 이렇게 "말기의 눈"으로 "죽음의 코기토"를 추출한다. 그리고 그렇게 추출된 '일본'은 자연적 공동체라기보다는 죽음을 묵묵히 받아들이는 일상생활 속에서 발현하는 것이다.

그래서 고바야시에게 문학자란 스스로의 말처럼 전쟁에서 무력한 존재가 아니다. 오히려 문학자는 전쟁에서 궁극의 언어와 세계를 발견한다. 고바야시는 패전 후에 자신이 무력한 문학자이자 무지한 국민으로 지냈다고 고백했지만 사태는 거꾸로다. 그는 누구보다도 강력한 문학자로, 영리한 국민으로 지냈다. 그도 그럴 것이 전쟁을 통해 궁극의 코기토인 죽음을 영원의 아름다움으로 전유할 수 있었고, 그것을 화려한 의장이 아니라 입 다물고 일상을 사는 국민들 속에서 발견할 수 있었기 때문이다. 조선과 만주 기행은 그런 고바야시의 비평적 '전도'를 포착하게끔 해주는 중요한 텍스트다. 이 일본이면서도 일본이 아닌 '비(非)식별역'에서 그는 자신의 비평 원리에 충실하게 일본/일본인의 모습을 드러낼

---

45 같은 책 25면.

수 있었다. 그런 의미에서 고바야시의 비평은 중심의 시선이 주변을 위계적으로 배제하면서 스스로의 정체성을 획득한다는 범용한 식민주의의 사례가 아니라, 주변에서야말로 중심의 비밀이 드러난다는 식민주의 고유의 전도를 보여준다.

패전이란 이 식민주의의 전도를 의식으로부터 말소하는 계기였다. 이른바 '근대초극'이라는 틀로 일본(인)의 자기 정체성을 문제화한 전시 일본의 지식인들은 모두 저마다의 방법으로 예외(비상시)와 변경(식민지)에서 그 답을 모색했지만 패전은 일거에 물음을 봉쇄해버린다. 생각과 언어가 온통 국가/민족의 재건으로 빨려 들어갈 때 일본(인)의 자기 정체성은 물음의 대상이 아니라 모든 물음의 전제가 되어버리기 때문이다. 이것을 전후 일본의 원풍경이라 할 수 있을 것이다. 비평이 궁극의 물음을 상실한 곳에서 전후 일본은 출발한 셈이다. 다케우치 요시미가 '근대초극' 담론을 재검토하면서 그 물음을 재생시켜야 함을 조심스레 제안한 까닭이 여기에 있다.[46] 다케우치는 '근대초극' 담론 속에서 식민주의를 문제화할 계기가 있었음을 평가하는 한편, 전쟁까지를 아우르는 식민주의 비판을 기획함으로써 비평의 정치성을 재탈환하려 했던 것이다.

하지만 전후 일본의 비평이 다케우치의 제안을 받아안는 일은 끝내 일어나지 않았다. 고바야시가 온갖 의장을 걷어내며 도달한 식민주의의 전도는 패전 후 그 정치적 의미를 묻는 일 없이 망

46 竹内好 『近代の超克』(1959), 筑摩書房 2016 참조.

각되고 말았던 셈이다. 그리하여 비평의 언어는 일본(인)을 문제화하는 대신 자명한 것으로 전제한 위에서 영위되었다. 가라타니 고진의 비평은 이 자연적 전제를 문제화하는 데서 출발한다. 모두가 당연하다고 여기는 의미를 되묻는 지점에서 말이다. 그리하여 그가 도달한 곳은 자연적인 전제를 되묻는 '트랜스크리틱'한 장소였다. 하지만 가라타니가 명민한 비평 의식을 통해 도달한 그 장소는 전후의 원풍경이 재연된 또다른 무대였다. 이제 전후 비평이 도달한 하나의 정점에서 어떻게 식민주의의 말소가 반복되는지 확인해보자.

2장 현대 일본의 비평과 그 임계점

가라타니 고진 『마르크스 그 가능성의 중심』

1975년 일본 『경찰백서』 7장 「공안유지」는 '극좌' 세력의 폭력 행위가 질적으로 변화했음을 지적한다. 경찰이 우려하는 폭력 행위는 크게 두가지로, 극좌 조직 사이의 폭력 사태인 '우치게바(内ゲバ)'[1]와 일반 기업을 대상으로 감행된 폭탄테러였다. "1974년도 경찰이 파악한 우치게바는 286건으로, 사망자 11명, 부상자 607명, 검거자 428명이었다. (…) 과거 우치게바는 집회의 주도권을 둘러싸고 벌어졌으나 (…) 1973년부터는 개인 테러로 변질되어 1974년엔 그 경향이 가속화되었다. 사용하는 흉기도 쇠파이프·쇠지렛대·도끼·칼 따위로 과격해졌다." 그리고 폭탄테러가 다음과 같이 언급된다. "과거에는 대중투쟁의 고양 등 객관 정세를 배경으로 이런 사건이 발생하는 경향이 있었다. 하지만

---

1 안쪽을 뜻하는 '우치(内)'와 폭력을 뜻하는 독일어 '게발트'(Gewalt)의 합성축약어.

1974년의 사건은 객관정세와 무관하게 발생했고 폭탄 자체도 대형화/고성능화했을뿐더러 민간의 대표 기업이 목표가 되었다는 점에 문제의 심각성이 있다."[2] 한마디로 맥락 없는 폭력 행위가 급속히 과격화되고 있다는 평가라 할 수 있다.

이런 평가는 이전 공안 조직이 '극좌파'의 혁명 전략을 '이론적'으로 분석하던 시각에서 벗어난 것이다. '연합적군 사건'(1972)[3]을 다룬 1973년 백서에서도 로자 룩셈부르크나 트로츠키의 이름이 등장하는 데서 알 수 있듯, 경찰은 '극좌파'의 역사철학이나 사상 계보를 정세 인식과 혁명 전략 이해를 위해 중요시했다. 그러나 1973년 이래 극좌파에 대한 언급은 과격화하는 폭력 행위에 관한 것으로 점철되며, 극좌파는 사상과 이론으로 무장한 혁명세력이라기보다는 맥락 없이 자가 발전할 뿐인 과격한 테러 조직으로 자리매김된다. 1974년 급증한 우치게바와 일반 기업을 상대로 감행된 '폭탄테러'는 극좌파에 대한 이런 인식을 뒷받침하는 사건으로 간주되었다. 극좌파의 폭력은 웅장한 역사철학, 강철 같은 신념, 민중에 대한 사랑으로부터 유리되어 혁명이 아니라 범죄 혹은 병리 현상으로 범주화되기 시작한 것이다.

'극좌파'란 용어에서 알 수 있듯 이 모든 내러티브는 경찰의 것이다. 이를 근거로 극좌파, 즉 신좌파(신사요쿠, ニューレフト, new left)를 그저 테러리스트일 뿐이라고 단정 지을 수는 없다. 일본적

---

2 www.npa.go.jp/hakusyo/s50/s50index01.html(2022.1.22. 방문).

3 이른바 '아사마 산장 사건'으로 '연합적군파'가 산속 군사캠프를 경찰에게 적발당한 뒤 총격전 끝에 전원 검거당했다. 이 총격전의 양상이 TV로 생중계되었으며, 정신개조 명목으로 동료에게 린치를 가하고 살해한 사실이 드러나 큰 충격을 주었다.

군파나 동아시아무장전선 등 경찰이 테러리스트로 지목한 이들은 모두 저마다의 철학·신념·정의를 내세우고 있었기 때문이다. 하지만 신좌파를 어떻게 볼 것이냐를 떠나, 1974년 『경찰백서』는 신좌파를 정치범이 아니라 단순한 폭력범죄자로 간주할 수 있다는 자신감의 발로였다. 신좌파는 기존 법 체제를 전면에서 부정하고 새로운 정의를 내세우는 저항자라기보다는, 그저 공익과 안전을 해치는 범죄자에 지나지 않는다고 말이다. 그런데 이런 자신감에는 배경이 있기 마련이다. 그 배경이란 이른바 고도경제성장기를 거치면서 풍요와 안전을 최우선 가치로 삼는 일상이었다.[4] 경찰이 정치적 탄압을 자행한다며 지탄받을 부담 없이, 신좌파를 테러리스트로 낙인찍어도 괜찮은 사회 분위기가 마련되었던 것이다.

"내가 1974년 『군조(群像)』에 마르크스론 연재를 시작한 것은 1970년대 초반에 신좌파가 붕괴하여 '마르크스는 이제 끝났어'라고 말할 때였다."[5] 1978년 『마르크스 그 가능성의 중심(マルクスその可能性の中心)』으로 출간될 가라타니 고진의 작업이 이뤄진 것은 바로 이런 상황에서였다. "왜 이제 와서 마르크스?"라는 주변의 의문도 당연한 일이었다.[6] 하지만 이런 의문이 '마르크스주의'는 이제 수명을 다했다는 의미에서 제기된 것이라면 가라타니에

---

4 이 흐름에 대한 가장 포괄적이고 날카로운 비판은 후지따 쇼오조오 「안락을 향한 전체주의」(1985), 『전체주의의 시대경험』, 이홍락 옮김, 창비 2014 참고.

5 柄谷行人 「学術文庫版へのあとがき」(1990), 『マルクスその可能性の中心』, 講談社学術文庫 1990, 238면. 이하 이 책으로부터의 인용은 본문 안 괄호로 면수만 표기한다.

6 柄谷行人 『政治と思想: 1960-2011』, 平凡社 2012, 34면.

게는 아무런 의미가 없었다. 그는 이미 1972년 「맥베스론: 의미에 사로잡힌 인간」을 통해 모든 '주의'(ism)를 포함한 '의미' 자체를 회의했기 때문이다.

이 에세이의 핵심 주제는 다음과 같다. "인간이 관념을 붙잡는 것이 아니라, 관념이 인간을 사로잡는다. 인간이 관념을 먹어치우는 것이 아니라 관념이 인간을 먹어치우는 것이다."[7] 가라타니는 맥베스가 자신의 행위(주군을 살해하고 왕위를 찬탈한 행위)를 의미화하기를 단념한 자라 평가하면서, 세계를 질서화하고 그 안의 자아를 발견하려는 강박을 '의미라는 질병'으로 정의한다. 이를 통해 가라타니는 맥베스의 광기를 비극의 문법 속에서 이해하는 대신, 의미를 단념한 맥베스를 통해 셰익스피어가 당대 현실의 혼란 그 자체를 직시하려 했다는 해석을 제시한다. 여기서 중요한 논점은 셰익스피어가 행한 현실에 대한 직시란 자명한 의식의 회복이 아니라는 점이다. 인간의 세계관은 의미로 가득 차 있으며, 자명한 것이란 이미 언제나 의미를 통한 해석일 뿐이다. 따라서 현실을 직시하기 위해서는 의미를 벗어나야 한다. 인간이 의미를 붙잡아 현실을 해석하기에 의미를 제거하고 원래 인식을 회복해야 하는 것이 아니라, 인간의 현실인식이란 이미 언제나 의미를 통과한 것이기에 의미로부터 벗어나는 '도약' 혹은 '용기'가 요청되는 것이다.

중요한 점은 그가 이 에세이를 "연합적군 사건을 염두에 두고

---

7 柄谷行人「マクベス論ー意味に憑かれた人間」(1972), 『意味という病』, 講談社学芸文庫 1989, 54면.

썼다"[8]는 사실이다. 가라타니는 연합적군 사건 속에서 '의미라는 질병'의 극한 사례를 봤다. 그들에게 세계는 이념을 통해서만 만날 수 있었던 것이기에, 곁에 있는 존재마저도 고유한 시간을 함께한 동료라기보다는 이념을 통해 평가하고 단죄해야 하는 대상에 지나지 않았다. 가라타니는 여기서 현실의 혼돈, 즉 동료를 포함한 인간과 변혁 대상인 세계의 예측 불가능한 복잡함을 한치도 허용하지 않겠다는 강박적인 의미의 질병을 본 셈이다. 『마르크스 그 가능성의 중심』은 이 연장선상에서 쓰인 작품이다. 이는 신좌파의 마르크스주의가 오류였고 진실된 마르크스주의를 찾겠다는 의도에서 비롯된 것이 아니다. 오히려 가라타니는 일본의 신좌파가 모두 지독한 의미, 즉 마르크스주의라는 질병에 사로잡혔다는 사실을 문제화하고자 했다.

그렇다고 이 시도가 마르크스주의를 고발하는 범박한 이데올로기 비판인 것은 아니다. (나중에 이야기하겠지만) 가라타니가 마르크스주의를 의미라는 질병으로 독해한 장소가 다름 아닌 '비평'이기 때문이다. 그는 비평이라는 장소를 확보함으로써 신좌파의 자기파멸과 함께 그것을 단순히 범죄화하는 당대의 사회 분위기 또한 비판하고자 했다.

이 장에서는 그가 『마르크스 그 가능성의 중심』에서 신좌파 붕괴 이후 사회비판의 가능성을 어떻게 타진했는지를 살펴볼 것이다. 이를 통해 이 작품이 현대 일본 지성사에서 독특한 계보를 드

8 『政治と思想: 1960-2011』, 52면.

러낸다는 사실을 확인할 것이며, 그 위치가 갇혀 있는 한계 영역을 현대 일본의 마르크스주의 비판을 추적하면서 논의하고자 한다. 우선 『마르크스 그 가능성의 중심』을 관통하는 가라타니의 방법적 의식을 확인하는 데서 시작해보자.

마르크스를 읽는다는 일

1978년에 출간된 『마르크스 그 가능성의 중심』에는 마르크스론과 함께 「역사에 관하여: 다케다 다이준(武田泰淳)」 「계급에 관하여: 소세키(漱石) 시론 I」 「문학에 관하여: 소세키 시론 II」가 함께 포함되어 있다. 『자본』 독해를 주요 내용으로 하는 철학적 논문과 함께 일본 근대문학 비평이 한 책으로 엮여 있는 것이다. 다소 억지스럽고 기묘해 보이는 구성에 대해 가라타니 스스로는 후기에서 다음과 같이 말한다. "이 책에는 마르크스론과 함께 일본문학에 관한 에세이가 포함되어 있다. 나는 그것을 전혀 구별하지 않는다. 문학은 애매하고 철학은 엄밀하다는 따위의 생각은 성립하지 않는다. 철학도 결국은 문학, 즉 말에 지나지 않기 때문이다"(235면).

다소 난폭해 보이는 이 발언은 자기변명처럼 간주될 수도 있다. 철학과 문학이 모두 말일 뿐이라는 언명이 마르크스론과 일본 문학을 한데 엮은 충분한 이유라고 납득하기에는 무리가 따를 터이기에 그렇다. 하지만 그런 개연성 있는 혐의에도 가라타니의 자기주장은 본인의 작업이 어디에 위치하는지를 표명하는 굳은 의지의 산물이다. 바꿔 말하자면 가라타니는 철학과 문학이 모두 말일뿐이라고 선언함으로써, 학문 분과나 시대나 지역이나 장르로 분할되기 십상인 학계 혹은 비평계의 관습과 다른 어딘가에 스스로의 작업을 자리매김하고자 한 것이다.

> 나는 마르크스를 읽듯 소세키를 읽었다. 즉 마르크스도 소세키도 내가 '연구 대상'으로 선택한 것이 아니다. (…) 그것들을 '읽는다'는 일 외에 내 '사상' 따위는 있을 수 없다. 하지만 왜 그 텍스트들이 특권적 위치를 차지할까? 모르겠다. 내가 그것을 선택한 것이 아니라 그것을 선택한 것이 '나'일 터이기에.[9]

> 『군조』에 「마르크스 그 가능성의 중심」을 연재한 것은 (…) 행운이었습니다. 그때까지 문예지에서는 있을 수 없는 일이었으니까요. 하지만 난 이런 것이 문학비평이라고 생각했습니다. 나는 마르크스주의적 문학이론에는 전혀 관심이 없었습니다. 내가 하고 싶었던 일은 마르크스를 읽는 일, 『자본』을 읽는 일이었습니다. 그것이 문학비평이라 생각합니다.[10]

그리고 이런 생각은 오랜 시간이 흐른 뒤에도 되풀이된다.

---

9 같은 책 236면.
10 『政治と思想: 1960-2011』, 53면.

이 책은 1992년부터 일본의 계간 문예지 『군조』에 쓰기 시작한 연재 에세이에서 출발했고 소설과 나란히 게재되었다. 즉 나는 이것을 아카데미즘 속에서 쓴 것이 아니다. 오히려 전문적인 지식이 없는 공중을 향해 쓴 셈이다. 학문적인 글쓰기로, 예를 들어 마르크스나 칸트에 대해 역사적 의의를 인정하고 그 한계를 지적한 뒤 자기주장을 전개할 수 있다. 하지만 나는 그런 일을 위해 일부러 책 따위를 쓰고 싶지 않다. (…) 나는 칸트나 마르크스를 가능한 한 '가능성의 중심'에서 읽으려고 했을 뿐이다.[11]

이렇듯 가라타니가 자신의 작업을 학계와 비평계 바깥에 위치시킨 것은 다분히 의식적인 일이었다. 물론 학계나 비평계와 완전히 구분되는 제3의 지대 같은 것을 확보하려는 시도는 아니었다. 철학도 문학도 말일뿐이라는, 그래서 마르크스를 읽듯 소세키를 읽었다는 것은 학계와 비평계의 '의미' 혹은 '제도'를 탈구축(deconstruction)하면서 텍스트 자체와 마주하겠다는 주장이기 때문이다. 다시 말해 학계나 비평계와 전혀 다른 독해 방법을 발명하는 것이 아니라, 텍스트를 읽음으로써 학계와 비평계를 지배해온 (동시에 온갖 경계로 내외부를 구분해온) 의미와 제도를 걷어내겠다는 주장인 셈이다.

한 사람의 사상가를 논하는 것은 그의 작품을 논하는 일이다. 자명

11 柄谷行人 『定本 柄谷行人集 3: トランスクリティークーカントとマルクスー』, 岩波書店 2004, 11~12면.

> 해 보이지만 그렇지만은 않다. 예를 들어 마르크스를 이해하기 위해서는 『자본』을 읽으면 된다. 하지만 사람들은 사적 유물론이라든가 변증법적 유물론이라는 외재적인 이데올로기를 통해, 그저 그것들을 확인하기 위해서만 『자본』을 읽는다. 그건 읽는 일이 아니다. '작품' 바깥에 어떤 철학도 작가의 의도도 전제하지 않고 읽는 일, 그것이 내가 작품을 읽는다고 할 때 의미하는 바다. (9면)

『마르크스 그 가능성의 중심』 첫머리를 장식하는 이 선언은 작업의 목적과 방법을 더할 나위 없이 간결하게 표현한다. 그러나 좌고우면하지 않고 작품을 읽겠다는 의지의 표현은 외재적 이데올로기라든지, 확인할 길 없는 작가의 의도 따위와 분리된 작품의 진정한 의미를 독해하겠다는 의지를 뜻하지 않는다. 오히려 사태는 거꾸로다. 외재적 이데올로기나 작가의 의도 따위로 작품을 환원할 때, 작품의 진정한 의미와 같은 허상이 생기기 때문이다. "문제는 교의를 비판하는 일이 아니다. 교의는 모두 '단편'으로서의 텍스트를 투명한 것으로 만드는 '전체'로서의 의미이기 때문이다"(16면).

여기서 그는 마르크스주의라는 '교의'를 문제 삼고 있다. 하지만 그것은 교의를 비판하여 또다른 교의를 찾는 일, 즉 진정한 마르크스주의나 마르크스의 진의를 찾는 작업이 아니다. 교의가 여러 텍스트를 투명하고 일관된 것으로 만들어 단편으로서의 성격을 지워버리는 일이라면, 중요한 것은 여러 텍스트에 단편으로서의 성격을 되돌려주는 일이기 때문이다. 그래서 교의를 비판하는 일은 중요하지 않다. “『자본』이란 고전경제학 텍스트에 대한 마르크스의 독해이지 그 이상도 그 이하도 아니다. 즉 그 바깥에서 마르크스의 ‘사상’을 찾아도 헛수고인 셈이다. 혹은 이렇게 말해도 된다. 그런 독해 방법이야말로 마르크스의 ‘사상’이라고 말이다”(16면).

그래서 가라타니에게 마르크스를 읽는다는 것은, 마르크스의 텍스트를 마르크스의 방식으로 읽는 일이라고 할 수 있다. 교의를 전제하거나 교의를 증명하거나 새로운 교의를 만들어내는 것이 아니라, 또한 마르크스가 오랜 기간에 걸쳐 썼던 수많은 단편적 텍스트를 전체화하여 일관된 체계로 재정리하는 것이 아니라, 『자본』을 비롯한 마르크스의 방대한 텍스트를 마르크스가 고전경제학 텍스트를 읽었던 방법으로 읽는 일, 그것이 가라타니에게 마르크스를 가능성의 중심에서 읽는 일이었다. 다시 말해 마르크스의 텍스트를 읽음으로써 교의로 가득한 마르크스주의를 내파하는 일, 그것이 가라타니의 기획이었던 셈이다.

그런 의미에서 가라타니는 동시대 네오마르크스주의의 여러 시도와 전혀 다른 자리에서 자기만의 마르크스 읽기를 전개했다. 그리고 그 자리야말로 다름 아닌 비평이다.

‘비판’이라는 말은 일본어에서 ‘비평’과 구분되어 있지만 쇼와(昭和) 초기 정도까지는 니시다 기타로(西田幾太郎)도 ‘칸트의 비평철학’이라는 말을 썼으니 ‘크리틱’(critic)을 ‘비평’이라고도 했었던 셈이죠. ‘비평철학’이 ‘비판철학’으로 바뀐 데에는 문예비평의 영향이 있다고 봅니다. 특히 고바야시 히데오 같은 이들이 등장했기 때문에 '비평'과 구분해야 했으니까요. (…) '비평'과 '비판'이 일본에서는 직업적으로 구별되어왔지만 고바야시 히데오가 한 일은 어떤 의미에서 '비판'이었습니다. 거꾸로 철학에서의 '비판'도 실은 '비평'이라고 해야 하지 않을까 생각합니다.[12]

가라타니가 말하는 비평은 문예비평임과 동시에 철학적 비판이기도 하다. 근대 일본 지성사에서 비평과 비판은 '크리틱'(Kritik)의 번역어로 문예비평과 철학에서 구분되었지만, 그 번역이 망실한 크리틱은 용어에서뿐만 아니라 내실에서도 구분 불가능한 지적 활동이라는 것이다. 그런 의미에서 가라타니가 말하는 비평은 무엇보다도 먼저 문예비평과 철학이라는 제도적 구분을 효력 정지시키는 것이며, 또한 동시에 문예비평과 철학의 크리틱이 중첩되는 지적 활동이라 할 수 있다. 가라타니는 이 지적 활동의 범례를 칸트 비판기획의 역사적 맥락에서 도출한다.[13] 그리고 그렇게 도출한 비평의 실천은 근대 일본 지성사 속에서 가라타니로 하여금 자기 고유의 지적 계보를 그릴 수 있게 해주

---

12 柄谷行人·浅田彰 『柄谷行人浅田彰全対話』, 講談社文芸文庫 2019, 219~20면.

13 이런 지적 계보의 도출은 『마르크스 그 가능성의 중심』 출간 이후에 제시되었다. '트랜스크리틱'이라 명명된 그의 칸트 독해가 마르크스 독해의 자각적 연속성 속에서 이뤄졌다는 점을 감안할 때, 칸트 독해를 관통하는 비평적 방법 의식은 마르크스 독해 속에서 구체화된 것이라 해석해도 큰 지장은 없을 것이다. 이에 관해서는 『定本 柄谷行人集 3: トランスクリティーク—カントとマルクス—』, 15~49면 참고. 물론 이 글의 논지와 달리 가라타니의 작업을 전기와 후기로 나누어 『마르크스 그 가능성의 중심』과 『트랜스크리틱』에서의 입장 변화를 읽어낼 수도 있다. 안천 「가라타니 고진과 '보편'」, 『한국학연구』 29호, 2013, 181~206면 참고.

었다.

비평의 자리, 초월론적 물음의 계보

칸트가 독단론의 미몽에서 깨어날 수 있었던 것은 흄의 회의론 덕분이라고들 합니다. 하지만 사실 헨리 홈(Henry Home, Lord Kames)의 『비평 원리』(*Elements of Criticism*)가 1760년대에 독일어로 번역되어 칸트는 큰 영향을 받은 바 있습니다.[14]

헨리 홈은 흄이나 애덤 스미스 등 스코틀랜드 계몽주의 철학자들의 후원자 역할을 한 인물로, 1762년에 출간된 『비평 원리』는 19세기까지 미국 대학 수사학 과목의 교과서로 널리 읽혔던 작품이다. 감각적 대상의 판단 원리를 다룬 이 방대한 저서에서 칸트가 어떤 구체적 영향을 받았는지는 여기서의 직접 관심은 아니다. 다만 이 저작이 감각적 판단을 외재적이고 초월적인 단일 기준이 아니라 각기 상이한 사람들 내면의 상호 교차 속에서 도출하려 했다는 점을 기억해두어야 한다. 가라타니는 칸트가 『비평 원리』를 읽은 직후 1766년 『영혼을 보는 자의 꿈』(*Träume eines Geisterseher*)을 출간했음에 주목하면서, 이 저작을 『순수이성비

14 『柄谷行人浅田彰全対話』, 200면. 또한 가라타니가 『비평 원리』를 현대의 다양한 비평적 흐름 속에서 검토한 데 관해서는 『定本 柄谷行人集 4: ネーションと美』, 岩波書店 2004 참고.

판』에 이르는 결정적 전회로 간주했기 때문이다.

『영혼을 보는 자의 꿈』은 영혼을 직접 본다는 스웨덴의 신비주의 철학자 스베덴보리(Emanuel Swedenborg)의 주장을 검토하기 위해 출간되었다. 칸트 본인의 고백에 따르면 사실 썩 내키는 작업은 아니었던 듯하다. 서두에서 '주변 친구들의 강권에 못 이겨 쓰긴 했지만 어떤 성과가 있을지 회의적'이라 토로하고 있기에 그렇다. 또한 훗날 칸트는 소품들을 모아 출판하자는 편집자에게 "1770년 이전 작업은 제외해달라"고 하면서 '비판기획' 이전 작업들이 새삼 출간되는 것을 원치 않았다.[15] 따라서 비판기획을 본격화한 이후의 칸트에게 이 책은 마지못해 쓴 것임과 동시에 스스로의 본격적인 학문 업적으로도 간주될 수 없는 작업이었다.[16]

하지만 정작 이 저작을 쓸 무렵의 칸트는 스베덴보리를 비롯한 당대 신비주의에 깊게 빠져들었었다. 스베덴보리의 신비한 능력에 큰 관심을 표명한 바 있었고, 쾨니히스베르크의 살롱에서 당대의 심령 현상을 많은 이와 열성적으로 논의하기도 했었기 때문이다.[17] 또한 후대의 평가 또한 칸트의 의중과 달리 이 저작

---

15 Immanuel Kant, trans. by Emanuel F. Goerwitz, *Dreams of a Sprit-Seer: Illustrated by Dreams of Metaphysics*, NY: The McMillan co. 1900, x면.

16 1770년은 그의 교수취임논문「감성계와 지성계의 형식과 원리들」(De mundi sensibilis atque intelligibilis forma et principiis)」이 출간된 해다. 칸트의 비판기획(이성의 한계 탐구로서의 형이상학)은 이 논문을 통해 막연한 구상에서 본격적 체계화로 나아간다. 이에 관해서는 坂部恵『カント』, 講談社学術文庫 2001, 152~53면 참고.

17 스베덴보리가 리스본 대지진을 비롯하여 크고 작은 사건을 신비한 능력으로 예시하고 투시한다는 풍문은 당대 유럽에 널리 퍼져 있었고, 칸트는 여러 편지에서 스베덴보리와 직접 만날 것을 희망하며 막 출간된 그의 저작을 즉시 입수하여 탐독하기도 했다. Ernst Cassirer『カントの生涯と学説』, 岩尾龍太郎 訳, みすず書房 1986, 78~82면.

을 그저 지나치지 않았다. 19세기의 저명한 철학사가 피셔(Kuno Fischer)를 시작으로 이후 수많은 연구자가 이 저작을 비판기획에 이르는 결정적 전환점으로 평가했다.[18] 이런 칸트 연구사를 염두에 두면서 가라타니는 이 저작을 통해 칸트의 비판기획을 관통하는 비평 원리를 다음과 같이 추출한다.

> 영혼을 보는 사람은 사실 뇌병에 걸린 사람이라고 칸트는 말합니다. 그럼에도 나(칸트—인용자)는 그가 영혼을 본다는 사실을 인정할 수밖에 없다면서, 나도 입원해야 할 사람일 수 있다고 합니다. 여기서 '비판'의 원형이 등장합니다. 우선 자기 관점에서 본다, 다음으로 다른 이의 관점에서 본다. 이때 두 관점 사이에 시각 차이가 나옵니다. 이 시각 차이를 통해 기만을 비판할 수 있다는 것이죠. 『순수이성비판』에서는 이것이 테제와 안티테제로 바뀌어 이른바 이율배반(Antinomie)론이 되는 겁니다.[19]

---

18 평가는 크게 두갈래다. 피셔는 비판기획의 체계가 이 저작에 드러나 있음을 강조한 반면(『신철학사 3』(*Geschichite der neue Philosopie III*), 1869), 최초의 칸트 전기를 쓴 크로넨버그(M. Kronenberg)는 당대 형이상학에 대한 경멸의 표출이라 간주했다(『칸트, 그의 삶, 그의 가르침』(*Kant: Sein Leben, und Seine Lehre*), 1897). 하지만 두 저작 모두 이 저작이 비판기획, 즉 이성의 한계 물음으로서의 형이상학 탐구로 이어지는 중요한 결절점임을 인정한다. 이후 연구사는 대부분 피셔의 입장에 따라 스베덴보리의 영향을 다각도로 검토하는 작업으로 이어진다. Gottlieb Florschütz, *Swedenborg and Kant: Emanuel Swedenborg's Mystical View of Humankind and the Dual Nature of Humankind in Immanuel Kant*, Swedenborg Studies #2, trans. by George F. Dole, Monographs of the Swedenborg Foundation 참고. 국내 문헌으로는 임승필 「칸트의 『형이상학자의 꿈에 비추어 본 시령자의 꿈』: 칸트철학에 미친 스웨덴보르그의 영향」, 『철학』 98집, 2009, 109~36면; 김진 「칸트의 『시령자의 꿈』에 나타난 비판철학의 요소들」, 『칸트연구』 32권, 2013, 93~136면. 전자는 저작에 대한 독해를 바탕으로 칸트의 당대 형이상학 비판을, 후자는 저작에 비판기획의 주요 개념 및 체계가 이미 나타나 있음을 각각 논제로 삼는다.

칸트의 이율배반론은 이성의 오류를 통해 그 한계를 지시하는 『순수이성비판』의 백미 중 한 부분이다. 여기서 그 자세한 논증을 다 좇을 필요는 없으나, 칸트가 테제와 안티테제의 공존(이율배반)을 이성의 추론에 불과한 것으로 비판하면서, 그 추론을 경험세계에 대입하여 맹신하는 형이상학을 비판한 사실은 이 맥락에서 중요하다. 이 대목이 가라타니가 말한 '의미라는 질병'에 고스란히 중첩되기 때문이다. 가라타니가 칸트의 이율배반 논증에서 주목하는 바는 논증의 결과가 아니라 논증에 이르는 길이다. 그는 의미를 걷어낸 현실 그 자체, 즉 칸트라면 '물 자체'(Ding an sich)라 불렀을 무언가에 육박해가는 지적 작업을 비평으로 간주했기에 그렇다. 18세기 신비주의와 그에 대한 열광을 다룬 『영혼을 보는 자의 꿈』이 중요한 것은 이 맥락에서다. 이 저작에서 칸트는 신비주의를 무지몽매한 맹신이라고 치부하는 대신, 그것을 비판하는 당대의 이성주의(형이상학)도 사실 뾰족한 비판의 근거를 결여하고 있음을 지적한다. 광기(신비주의)나 이성(형이상학) 모두 '의미'일 따름이며, 지성을 위한 결정적인 한걸음은 광기에 대한 이성의 승리(교리의 경합)라기보다는 의미를 걷어내는 작업(비판/비평)이라는 것이다.

그래서 가라타니는 칸트 비판기획의 여러 원칙이나 귀결을 '철학적으로' 연구하는 것이 아니라, 그것이 기획된 역사적 상황, 즉

---

19 『柄谷行人浅田彰全対話』, 200면.

신비주의와 이성주의 사이의 대립에 주목하기 위해 『영혼을 보는 자의 꿈』을 읽는다. 이성의 한계를 탐구하는 계몽철학자로서의 칸트라기보다는, 신비주의를 맹신이라 비판하는 이성주의 또한 말로 구성된 의미의 체계일 뿐임을 지적하는 칸트, 즉 '의미라는 질병'을 직시하고 걷어내려 한 칸트에 스스로를 중첩시켰던 셈이다. 가라타니가 『마르크스 그 가능성의 중심』을 썼던 때가 "한때 마르크스주의자였던 멍청한 이들이 마르크스주의를 비난하는 시기"[20]였던 까닭이 여기에 있다. 마르크스주의를 한때 신봉했던 무지몽매한 교리로 비판하는 일, 그럼으로써 무언가 다른 의미로 구성된 진리에 투항하는 일 대신에, 가라타니는 마르크스주의와 그에 대한 비난이 모두 의미에 사로잡힌 이성의 오류임을 폭로하는 자리에서 지적 활동을 전개했던 것이다.

그리고 이것은 하나의 반복이다. 마르크스주의를 논제로 삼아 비평의 자리를 확보하려는 이런 시도는 말이다. 그것은 고바야시 히데오에서 마루야마 마사오를 거쳐 가라타니 고진에 이르기까지 근대 일본 지성의 첨예한 자기비판의 계보를 형성해왔다. 『마르크스 그 가능성의 중심』은 이 계보의 마지막을 장식하는 작품이라 할 수 있으며, 이 계보가 문제화해온 마르크스주의 비판을 신좌파의 자기파멸이라는 역사적 국면 속에서 전개한 작품이었다. 그것은 고바야시와 마루야마의 마르크스주의 비판을 계승함과 동시에 차이 나게 반복한 비평의 실천이었던 셈이다.

20 『政治と思想: 1960-2011』, 34면.

현대 일본 지성사에서 마르크스주의가 차지했던 위상을 마루야마 마사오는 다음과 같이 정리한다. "이론신앙의 발생은 제도의 물신화와 정신구조적으로 대응한다. 근대 일본이 제도 혹은 체계를 그 창조의 원천인 정신—자유로운 주체가 엄밀한 방법적 지각에 따라 대상을 개념적으로 정리하고 부단한 검증을 통해 재구성해나가는 정신—이 아니라 기성품으로 수용했던 것처럼, 〔마르크스주의에서도—인용자〕 현실로부터의 추상화보다는 추상화된 결과가 중시되었다. 따라서 이론이나 개념은 픽션으로서의 의미를 상실하고 오히려 일종의 현실로 전유되었던 것이다."[21]

마루야마는 현실을 개념과 범주로 조직하여 인식하는 '이론'적 인식이 근대 일본에서 마르크스주의의 수용으로 시작되었음을 지적하면서, 자연주의 문학으로 상징되듯 일상의 실감(實感)을 현실 그 자체로 인식하는 일본 특유의 '실감신앙'에 대한 강력한 비판이었다고 평가한다. 이로써 현대 일본에 처음으로 사회와 역사 전체를 조망하는 방법적 의식이 생겼다는 것이다. 하지만 동시에 마루야마에 따르면 마르크스주의의 실감신앙 비판은 '이론신앙'으로 전화되었다. 실감신앙이 일상의 경험이나 느낌을 현실 그 자체로 믿은 것이라면, 이론신앙은 개념과 범주로 조직된 인식 방법이 현실 그 자체로 오인됨을 말한다. 이런 이론신앙은 손쉽게 공식주의로 나아간다. 현실 그 자체에 얼마나 육박해가는가가 아니라 마르크스주의 이론과 이념을 얼마나 잘 아는가가 진리

21 丸山眞男 『日本の思想』, 岩波新書 1961, 58면.

를 독점하고 실천을 지도하는 것이다. 실감신앙이 수동적 감각의 절대화를 통해 제도를 자연화했다면, 이론신앙은 추상적 이론의 교리화를 통해 현실을 형해화했던 셈이다.

따라서 두 '신앙' 모두 가라타니의 용어를 빌리자면 '의미라는 질병'이 드러나는 징후였다. 실감신앙은 현실에 대한 지각과 인식이 이미 특정한 의미를 매개한 것임을 망각한 질병의 징후였으며,[22] 이론신앙은 의미를 절대화하여 현실을 상실한 질병의 징후였던 것이다. 가라타니가 마루야마를 '비평가'라고 부른 까닭이 여기에 있다.

> 마루야마 마사오는 한편에서 경험론적이고 리얼리스틱한 태도를 설파하면서도, 다른 한편에서 반대로 사상이나 원리를 설파한다. 그는 어느 쪽이 위라든가 혹은 그것들의 '종합'이 필요하다고 말하지 않는다. 그저 자신이 속한 맥락이 사상을 경시한다면 사상을 중시할 뿐이다. (…) 마루야마 마사오의 이런 역설적 스탠스와 기민한 풋워크는 하나의 입장에서 이론체계를 만드는 학자에겐 불가능한 일이다. (…) 〔그런 의미에서〕 나는 마루야마의 작업을 '비평'으로 보고자 한다. 일본 학자 중에 마루야마와 같은 비평가는 없었다.[23]

---

22 가라타니의 일본 근대문학론은 이런 맥락에서 마루야마가 말한 실감신앙 비판으로 평가될 수 있다. 그의 작업은 현대 일본의 자연주의가 자연을 특정한 인식틀로 전제한 위에서 성립하는 것임을 적출하는 작업이었기 때문이다. 柄谷行人『日本近代文学の起源』, 講談社文芸文庫 1988 참고.

23 柄谷行人「丸山真男とアソシエーショニズム」,『思想』, 2006.8. 이 글은 www.kojinkaratani.com/jp/essay/post-68.html에서 전문을 읽을 수 있다(2022.2.11 방문).

여기서 가라타니는 스스로가 정의하는 비평의 계보에 마루야마를 포함시키고 있다. 사실 이른바 '근대주의자'로 칭송과 비난의 대상이었던 마루야마를 '뉴아카(ニューアカ)'[24]의 대표격인 가라타니가 스스로의 비평 계보에 위치시키는 것은 뜻밖의 일이다. 그러나 앞서 언급한 실감신앙과 이론신앙, 특히 마르크스주의에 대한 평가를 보면 가라타니의 마루야마 평가는 한편으로 당연한 일일 수밖에 없다. 마루야마가 근대 일본 지성계에 마르크스주의가 미친 영향을 일별할 때 고바야시 히데오를 가장 중요한 인물로 언급하고 인용하고 있다는 사실을 감안하면 더더욱 그렇다. 고바야시 히데오는 마르크스주의 도입 이후에야 비로소 일본의 여러 평론가가 부르주아 자유주의자라는 자기인식을 갖게 되었음을 지적한 바 있는데,[25] 마루야마는 이에 대해 "그야말로 명쾌한 지적"[26]이라 평가하면서 다음과 같이 말한다.

> 일본에서는 체계와 개념조직을 대표한 것이 헤겔이 아니라 마르크스였다. 그래서 고바야시 히데오는 '의장(意匠)'으로 무장된, '사상의 제도'로서의 마르크스**주의**와 **주의자**에게 격렬하게 적대하면서, 통화

---

24 1980년대 이른바 '포스트모더니즘' 열풍 속에서 등장한 일군의 담론에 대한 총칭으로 'ニューアカデミズム'(new academism)의 약어다. 가라타니와 더불어 아사다 아키라(浅田彰)가 가장 상징적인 인물이며, 이들은 마루야마를 비롯한 근대주의와 신좌파를 비판하면서 새로운 지적 흐름을 주도했다고 평가된다.

25 마르크스주의자들의 계급론적 비판이 등장한 이후에 그때까지의 자연주의 문학가/비평가들이 스스로를 부르주아 자유주의자로 불렀다는 현상을 가리킨다.

26 『日本の思想』, 78면.

형태(通貨形態)를 취하기 전의 마르크스와 엥겔스의 개성적 사고와 '문체(文体)' 앞에 고개를 숙였다. 그리하여 말이 된 변증법을 극도로 혐오하는 한편, 뭐라 말할 수 없는 궁극의 것 앞에서 말을 잃은 채 분출하는 역설로서의 변증법을 인정한 것이다.[27] (강조는 원저자)

여기 또 한명의 비평가가 있다. '의장' '사상의 제도' '말이 된 변증법' 등이 모두 '의미라는 질병'을 뜻함은 말할 필요도 없다. 고바야시 히데오는 마르크스주의의 이론신앙을 정면에서 비판한 현대 일본 비평 계보의 시작을 알리는 인물이었으며, 그 비평의 원리란 이론신앙 혹은 의미라는 질병을 걷어낸 뒤 '뭐라 말할 수 없는 궁극의 것'에 육박하려는 시도였다. 그리고 비평의 구체적 실천이란 마르크스와 엥겔스를 텍스트로 읽음으로써 "통화형태"를 취한 이후의 마르크스와 엥겔스, 즉 '마르크스주의'를 내파하는 일이었다. 고바야시 히데오는 가라타니의 비평을 더할 나위 없는 선명한 방법적 의식을 통해 선취한 인물이었던 셈이다.

여기서 중요한 점은 고바야시 히데오와 마루야마 마사오로 이어지는 비평의 계보 자체가 아니다. 주목해야 할 것은 그 계보가 비평의 대상으로 마주한 것이 모두 다름 아닌 마르크스주의였다는 사실이다. 마루야마의 말대로 근대 일본에서 "체계와 개념조직을 대표한 것"이 마르크스였다면, 그래서 현실의 직접적인 지각을 신봉하는 자연주의가 상대화될 수 있었다면, 마르크스는 근

27 같은 책 118면.

대 일본의 국가제도·역사·사회·문화 등 제반 영역의 존립을 '초월론적'(transcendental)으로 문제화할 수 있는 최초의 계기였다. 다시 말해 '일본'을 바깥에서 조망할 수 있는 가상의 자리를 마르크스가 제공해주었던 셈이다. 가라타니가 그리는 비평의 계보란 이 초월론적 자리에 대한 비판에서 비롯한다. 이 자리가 가상인 한에서, 즉 방법을 통해 확보해야 하는 실천적 과제인 한에서, 마르크스를 통해 개시된 일본에 대한 초월론적 물음은 결코 교리화될 수 없다. 자리 자체가 아니라 자리의 추구가 초월론을 담보하는 실천이기 때문이다. 하지만 마르크스주의가 그 자리를 교리화함으로써 절대 불변의 진리로 이데올로기화했음을 이 비평의 계보는 문제화한 것이다.

고바야시와 마루야마는 각각 이 자리의 절대화를 비판하면서 각기 다른 방향으로 나아갔다. 고바야시는 "보편자가 없는 나라에서 보편의 '의장'을 하나하나 벗겨낸 뒤 '해석'이나 '의견'으로 꿈쩍도 하지 않는 사실의 절대성"[28]에 다다른다. 마루야마는 "혼돈에 도취하는 것도 아니고, 질서에 안주하는 것도 아닌, 혼돈으로부터 질서 형성의 사고"[29]를 통해 "끝나지 않는 내란 상태와 안정적 제도를 중첩"[30]시킬 수 있는 주체를 요청했다. 한쪽에는 어떤 기성의 의미에도 굴하지 않고 절대적 사실만을 추구하는 비평의 시선이, 다른 한쪽에는 내란에 중첩된 현실로부터 질서를 창

---

28 같은 책 120면.

29 丸山眞男『自己内対話』, みすず書房 1998, 14면.

30 丸山眞男「5·19と知識人の『軌跡』」,『丸山男集16』, 岩波書店 1996, 32~33면.

출하는 정치의 실천이 초월론적 물음을 전개한다. 각각에 대한 논평은 여기서의 과제가 아니기에 생략하지만,[31] 이 비평의 계보가 '일본'이라는 이름까지를 하나의 '의장' 혹은 '의미'로 상대화하면서 비평의 자리를 추구했음은 기억해두어야 한다. 서양의 충격으로 촉발된 열도의 근대화가 근대 국민으로서의 자기 정체성을 형성하는 과제를 떠안았을 때, 그 정체성의 형성 과정은 언제나 과거를 부정하면서 동시에 과거와 현재를 연결하는 자기동일성으로 회귀해야 했다. 그런 의미에서 끝끝내 '일본'이라는 이름으로 회귀할 수밖에 없었던(마르크스주의자들의 전향이 모두 일본으로의 회귀였음을 상기하자) 현대 일본의 자기언급적 언설 속에서 이들의 비평은 그 정체성 형성의 한계를 급진적으로 문제화하려 한 시도였다. 초월론적 물음 끝에 다다른 자리(일본 혹은 사실/주체까지도)가 아니라 그 자리에 이르는 길이야말로 문제의 초점이었던 것이다. 이제 가라타니가 차이 나게 반복한 비평의 실천으로 눈을 돌릴 차례다.

가치형태, 노동력 상품 그리고 공황

『마르크스 그 가능성의 중심』은 앞서 말한 비평 의식을 마르크스 자신으로부터 추출하여 당대 일본의 마르크스주의 즉 신좌파

---

31 이에 관해서는 김항 「규범과 사실의 틈새」, 『제국일본의 사상』, 창비 2015, 309~25면 참고.

비판을 시도한 작업이었다. "마르크스의 비판은 어딘가 최종적인 자리가 있고 거기서 비판하는 것이 아니라 끊임없이 장소 이동하면서 전개됩니다."[32] 가라타니가 '장소 이동'이라 표현한 것이야말로 초월론적 가상의 자리를 향한 비평의 실천이다. 이런 맥락에서 『마르크스 그 가능성의 중심』은 『자본』을 장소 이동이라는 전망 속에서 독해한 것이라 할 수 있다. "'가치형태론'의 풍부함은 '아직 사유되지 않은 것'을 도래시키는 데에 있다. 모든 작가는 하나의 언어·논리 속에서 쓰는 이상 그에 고유한 체계를 갖는다. 하지만 모든 작품의 풍부함은 작가가 의식적으로 지배하는 체계 속에 무언가 그가 '지배하지 못한' 체계를 갖는 것에 있다. 이것이 마르크스가 라살에게 보낸 편지에서 말하는 바다. 나에게 마르크스를 '읽는다'는 것은 가치형태론에서 '아직 사유되지 않은 것'을 읽는 일이다"(25면).

따라서 가라타니의 『자본』 읽기는 무엇보다도 먼저 가치형태론 읽기다. 그것은 가치형태론의 해설이 아니라 체계 속에서는 보이지 않는 것을 장소 이동을 통해 포착하려는 시도였다. 이때 가라타니의 장소 이동은 철저히 마르크스 스스로의 경로를 따른다. 그것은 물론 물리적으로는 독일에서 프랑스를 거쳐 영국에 이르는 구체적인 이동이기도 하지만(유럽 정치/경제를 물리적 공간의 '시차視差'를 통해 보기), 고전경제학 텍스트 속에서 사유되지 않은 것을 추출하려는 마르크스의 사유 이동이기도 하다.

32 『柄谷行人浅田彰全対話』, 203면.

> 마르크스는 일반적 가치형태 또는 화폐형태, 즉 어떤 상품이 중심으로 출현하는 일의 불가피성을 설파한다. 하지만 이 서술은 사실 전도되어 있다. '총체적 혹은 확대된 가치형태'야말로 일반적 가치형태 혹은 화폐형태가 중심화되었을 때 비로소 보이는 '중심 없는 관계의 체계'이기 때문이다. (…) 이 형태가 미완성이라 간주하는 것은 물론 화폐형태를 완성태로 간주하는 목적론적 사고다. 그것은 미완성이기는커녕 '완성된' 것 안에서 망실되는 원초의 풍경이다. 마르크스의 변증법적·목적론적 서술과는 반대로 우리는 그가 발견한 이 장면에 집착해야 한다. 왜냐하면 그것만이 본질 혹은 개념이라는 초월론적인 것이 하나의 전도에 지나지 않음을 시사하기 때문이다. (36면)

『자본』 1권에 등장하는 가치형태론은 서술 순서만 보면 확실히 목적론적이다. 달리 표현하자면 발생의 자연적 순서에 따른 서술인 듯 보인다. 자본이 자본으로서 성립하기 위해 화폐가 필연적이라고 할 때, 마르크스는 가치형태론에서 화폐 발생의 시계열적 인과의 사슬을 따라 자본주의 체제의 성립 기초를 논하고 있는 셈이다. 하지만 가라타니는 이것이 하나의 전도라고 말한다. 단순한 가치형태, 확장된 가치형태, 일반적 가치형태(=화폐)로 이어지는 가치형태론은 화폐가 현현해야만 성립하는 시계열이기 때문이다. 그것은 기호의 차이로 언어활동을 설명하는 소쉬르 언어학이 '랑그'라는 개념을 통해 언어활동의 초월론적 자리를 고정시킨 것과 마찬가지 전도다. 화폐든 랑그든, 일단 그 제도나 개념이 성립하게 되면 상품이나 기표가 가치나 기의를 갖는 것처럼 간주되기에 그렇다. "'가치'란 것은 없다. 오로지 상이한 사용가치의 관계가, 더 정확하게 말하면 '차이'의 뒤얽힘이 근저에 있을 뿐이다"(37면).[33]

이렇듯 가라타니가 보기에 소쉬르 언어학이 기표들의 차이를 통해 언어활동의 메커니즘을 규명했다면, 마르크스 가치형태론은 물물교환에서의 차이들을 통해 상품경제의 비밀을 밝혔다. 그런 의미에서 『마르크스 그 가능성의 중심』은 소쉬르 언어학과의 대비를 통해 마르크스 가치형태론의 '사유되지 않은 것'을 추적한다. 그것은 랑그의 초월화를 통해 기표/기의라는 기호론의 기본 틀이 '구조화'되었던 것과 마찬가지로, 화폐 발생을 목적론적으로 서술함을 통해 사용가치/가치라는 상품론이 성립했음을 하나의 전도로 규정한다. "화폐는 각각의 상품에 마치 화폐량으로 표시될 가치가 있다는 듯한 환영을 준다. 즉 화폐형태는 가치가 가치형태, 달리 말하자면 상이한 사용가치의 관계라는 사실을 은폐하는 것이다"(32면). 그리고 이 전도의 댓가는 마르크스주의를 지배해온 노동가치론과 착취론이다.

차이의 관계인 가치형태를 화폐로 가늠할 수 있는 가치로 은폐하는 현실, 가라타니가 보기에 이 현실에 대한 비판이야말로 마르크스의 고전경제학 독해가 내장한 '가능성의 중심'이다. "우리

33 '정통적' 마르크스주의 정치경제학 입장에서 이런 주장은 천인공노할 만한 것이었던 듯하다. 『마르크스 그 가능성의 중심』이 한국에서 번역된 직후 발표된 정운영의 서평은 그 비분강개를 전형적으로 보여준다. 정운영 「현기증 나는 '유식'과 구제불능의 '무식' 〈마르크스 그 가능성의 중심〉」, 『출판저널』 262호, 1999, 12면.

가 의식하는 것은 화폐=음성문자라는 형태로 전유된 것뿐이다. 경제학은 이 '의식'에서 출발한다. 그것은 암암리에 화폐를 전제"(40면)하는 것이다. 여기서 화폐=음성문자라는 등식은 화폐가 랑그에 해당함을 뜻한다. 즉 화폐를 전제하여 개별 상품 각각에 가치가 있다고 간주하는 의식은, 랑그라는 초월적 질서가 개별 기표들의 차이를 각각에 해당하는 기의로 고정시키는 의식과 마찬가지라는 얘기다(음성의 차이들이 개별 기의를 확정한다). 그래서 고전경제학이든 소쉬르의 구조주의 언어학이든, 초월론적 자리에 화폐와 랑그를 둠으로써 가치형태와 기표들의 무정부적 차이를 모두 가치와 의미로 은폐한다. 고전경제학은 이런 의식을 전제함으로써, 즉 화폐를 전제함으로써 경제 현상을 사유한다. 그 댓가는 자본주의 체제에 대한 환상이다. 이런 가라타니의 분석은 (신고전파의 한계효용론도 포함되지만) 마르크스주의가 절대시하는 노동가치설과 착취론에 대한 비판으로 이어진다. 두 교의가 화폐를 전제하는 전도에 근거하고 있다는 것이다. 이 비판은 잉여가치가 어디서 발생하는가를 논의하면서 전개된다.

> 넓은 의미에서 상품교환 이외에 잉여가치를 만들어내는 것은 없다고 해야 한다. 생산과정도 상품 소유자의 '교환'에서 생각되어야 한다. 마르크스는 산업자본이 유통과정에서 잉여가치를 얻는 것이 아니라 생산과정에서 얻는 것이라고 말하는 듯 보인다. 그러나 생산과정 자체는 가치와 관계가 없다. 가치 및 잉여가치는 언제나 교환과정에서만 얻을 수 있다. 산업자본도 실은 노동력이라는 '상품'을 구입하여

그것이 실제 생산한 상품을 파는 과정에서 비롯되는 차액(잉여가치)에 의존하기 때문이다. 즉 상인자본에 관한 성찰이 자본 일반의 성질을 밝힐 수 있는 것이다. (62면)

이것은 노동가치설과 착취론에 대한 전면적 부정이다. 가치의 원천은 노동이며, 잉여가치는 실제 노동시간 중 일부를 착취하는 데서 비롯한다는 마르크스주의 정치경제학의 절대적 전제를 부정하는 셈이다. 여기서 가라타니의 『자본』 해석이 기대고 있는 근거는 우노 고조(宇野弘蔵)의 마르크스 경제학이다. 우노 경제학은 화폐를 전제하는 대신에 상품의 무정부적 차이의 체계를 전면에 내세움으로써, 『자본』을 혁명의 필연성이 아니라 자본주의 체제의 본원적 위태로움을 설파한 저작으로 해석한다.[34] 생산과정을 교환으로 본다는 것은 자본주의 생산과정 안에 '차이'를 발생시키는 메커니즘이 있고 그로부터 잉여가치가 발생한다는 관점을 뜻한다. 즉 필요노동시간을 초과하는 과잉노동에서 잉여가치 발생의 근거를 찾았던 기존 마르크스주의 경제학을 근저에서 비판하는 것이다.

『자본』에서 잉여가치는 절대적 잉여가치와 상대적 잉여가치로 구분되어 설명되며, 절대적 잉여가치가 노동시간의 절대적 증가를 잉여가치의 원천으로, 상대적 잉여가치가 기술 발전에 의한

34 우노 경제학에 대해서는 일일이 거론하기에 벅찰 만큼 수많은 연구가 있다. 그 방대한 참고문헌을 열거하기보다는 가라타니의 마르크스 독해가 우노 경제학의 기본 틀을 언어학이나 당대의 '후기 구조주의'의 용어로 전유한 것임을 지적해둔다. 가라타니의 마르크스 독해를 통해 우노 경제학의 기본 틀을 이해하기에 충분하기 때문이다.

필요노동시간의 상대적 단축을 그 원천으로 간주함은 익히 알려져 있다. 기존 마르크스주의 경제학에서는 두 방식 모두 노동시간이 결정적인 원천으로 간주되어왔던 셈이다. 하지만 우노 경제학을 따라 가라타니는 다음과 같이 말한다.

> 마르크스의 생각으로는 노동력의 가치란 그 생산을 위한 사회적 필요노동시간이다. 말할 필요도 없이 이 사회성은 화폐형태로 가늠되는 것이지 화폐형태 없이 사회적으로 필요한 노동시간을 생각할 순 없다. 노동을 '필요노동'과 '잉여노동'으로 나누어 노동시간을 '필요노동시간'과 '잉여노동시간'으로 나누는 일은 실제의 생산과정만으로는 생각할 수 없다. 가치형태 혹은 가치체계가 고려되어야 하는 것이다. (70면)

일반적으로 마르크스주의 정치경제학은 자본이 생산에 필요한 노동 이상을 강제하여 잉여가치를 얻는다고 주장한다. 그것이 바로 착취론이다. 그리고 착취론이 가능하기 위해서는 노동이 가치의 유일한 원천임을 전제해야 한다. 하지만 가라타니는 상품의 가치가 사회적으로 필요한 노동시간으로 측정된다는 마르크스의 말은 노동이 노동력 상품으로서 다른 상품과의 관계 속에 있음을 지적할 뿐이라고 주장한다(74~75면). 이는 노동가치설의 해석과 전혀 다른 귀결을 낳는다. 노동가치설에서는 상품 가치의 원천이 노동이며, 잉여가치는 상품 생산에 필요한 노동시간보다 더 많은 노동시간(절대적으로 연장한 것이든, 기술 발전에 따라 상대적으로 늘어난 것이든)에서 비롯된다. 하지만 가라타니는 노동력 상품이 하나의 상품인 한에서 다른 상품과의 등가형태에 있을 뿐임을 강조한다. 그것이 바로 생산과정에서 가치형태 혹은 가치체계를 고려한다는 말의 함의다. 그리고 이 언명은 다음과 같은 귀결을 낳는다.

> 적어도 자본제 생산에서는 노동자와 자본가가 법적으로는 대등하며, 계약이 합의로 이뤄지는 이상 노동자는 결코 외적인 강제로 부당하게 일하지 않는다. 그들의 의식에는(자본가의 의식에도) 임금이 그들의 노동에 맞게 지불된 것(그게 아니라면 임금 상승을 요구할 수 있다)으로 비침을 의미한다. 즉 의식적으로는 여기에 '등가교환'이 있다. 만약 그렇지 않다면 자본제 생산은 봉건제와 마찬가지로 경제 외적인 강제로 유지될 수밖에 없다. 하지만 자본제 생산의 신비성은 명백히 의식적으로는 '등가교환'이지만 사실은 그렇지 않다는 점에 있다. 따라서 노동자가 임금 이상으로 일을 한다는 단순한 설명은 마르크스와 동시대 사회주의자들에게 널리 수용된 견해이긴 하지만 전혀 이 신비함을 규명하지 못한다. 그것은 "재산이란 도적질이다"(프루동)라는 정치적이고 도덕적인 슬로건일 뿐이다. (71면)

착취론은 명료하게 거부된다. 그렇다면 잉여가치는 어디에서 오는가? 가라타니는 생산과정 속에 차이를 만들어내는 데서 잉여가치가 비롯된다고 말한다. "자본가는 이미 싸게 생산되었음에도 생산물을 기존 가치체계 속에 내다 판다. 즉 잠재적으로는 노동력의 가치도 생산물의 가치도 상대적으로 하락하지만 기존 가치체계 속에서 가치의 하락은 현재화하지 않는 것이다. 그래서 현존하는 체계와 잠재적 체계가 여기에 존재한다. 따라서 우리는 산업자본 또한 두개의 상이한 시스템 중간에서 잉여가치를 얻음을 발견하는 것이다"(78면). 자본주의 체제가 끊임없는 기술 발전을 필연적인 존립 조건으로 삼는 것은 이 때문이다.

"부분 노동자는 상품을 생산하지 않으며, 전체 노동자들의 공동 생산물이 비로소 상품으로 전화"한다면, "자본가는 100개의 자립하는 노동력의 가치에 대해 지불하지만 100명의 결합노동력에 대해서는 지불하지 않는다"(77면). 가라타니가 인용한 마르크스의 이 말을 염두에 둔다면, 개별 노동자들의 노동이 결합하여 만들어낸 상품의 가치와 개별 노동력 상품의 가치 사이에는 '차이'가 있다. 이것이 바로 가라타니가 말하는 현재적 시스템과 잠재적 시스템 사이의 차이다. 현재적 시스템에서 상품 가격이 노동자의 구매력에 따라 결정된다고 할 때, 개별 노동력 상품의 가치란 바로 현재적 시스템 안의 상품 가격에 상응한다. 하지만 현재적 시스템 안의 개별 노동은 그것의 단순한 총합을 상회하는 가치를 만들어낸다. 방법은 다양할 것이다. 기술 발전일 수도 있고, 노동과정의 획기적 개선일 수도 있고, 숙련의 심화일 수도 있다. 하지만 모든 경우를 관통하는 메커니즘은 현재적 시스템과 잠재적 시스템 사이의 '불투명한' 차이다. 잉여가치는 부도덕이 아니라 이 메커니즘 속에서 나오는 것이다.

『자본』의 생산과정 분석을 이렇게 해석한 뒤, 가라타니는 또

한번 우노 경제학의 주요 이론인 공황론으로 눈을 돌린다. 그렇다고 해서 공황을 발생에서 전개에 이르기까지 이론적으로 검토하는 우노 공황론 전체를 고스란히 반복하는 것은 아니다. 그는 우노가 마르크스 경제학과 고전경제학의 결정적 차이점이 공황론에 있다고 지적한 것에 초점을 맞추면서, 이 주장을 프로이트의 정신분석학이나 푸코의 광기론과 유비하여 결정적 함의를 추출한다. 이때 공황은 마르크스가 『자본』 집필 전부터 알고 있던 '주기적 공황'이 아니다. 물론 현상으로서는 주기적 공황으로 나타나지만, 우노를 따라 가라타니가 주목하는 것은 공황이 자본주의 체제에 대한 일종의 '초월론적 응시의 자리'를 차지한다는 사실이다. "고전파 경제학에서 공황은 그저 예외적인 이상사태에 지나지 않았고 정책의 실패였을 따름이다. 마르크스의 새로움은 그것을 예외가 아니라 자본주의 경제에 고유한 것으로 포착한 일이다. 그것은 프로이트의 새로움이 그때까지의 심리학이 예외로 간주한 광기를 '인간'의 핵심에 두고자 한 데 있는 것과 비슷하다"(81면).

화폐를 전제함으로 인한 전도를 지적하면서 확장된 가치형태를 자본주의 상품경제의 핵심으로 둔 함의가 여기서 명확히 드러난다. 화폐의 성립과 존립을 전제하는 한 자본주의 체제의 비밀은 결코 풀리지 않는다. 화폐는 교환의 실현이라는 현실의 불확실성을 논리적으로 전제하여 성립한다. 마르크스가 목숨을 건 도약이라고 말했듯 시장에서 교환은 누구도 예측할 수 없는 불투명성을 근본 조건으로 한다. 화폐를 전제한 경제학의 논리는 이런 불투명성을 말소한 뒤에 성립하는 셈이다. 그리고 이 같은 전도는 인간 노동에 대한 낭만주의 혹은 도덕주의로 이어진다.

노동력과 노동의 구분은 "가치와 사용가치의 이중성을 바꿔 말한 것일 뿐"(83면)인데도, 전도로 인해 노동이 노동력으로 상품화된다는 사실 자체가 자본주의 착취의 근거로 간주된다. 그것은 인간의 '유적 활동'인 노동이 곧 상품이 되고 만다는 비극의 서사로도 이어지며, 그 때문에 인간이 소외된다는 분노의 프로파간다로도 이어진다. 하지만 가라타니에 따르면 이런 논법은 소외되었다는 '유적 본질'이 무엇인지를 밝혀야 하는데도 그것을 전제하는 논법이라는 점에서 전형적인 형이상학이다(83면). 마치 상품에 가치가 내재하듯 노동도 유적 본질이라는 가치를 내장한다는 양 말이다.

이런 의미에서 우노 경제학을 따른 가라타니의 공황론은 마르크스주의를 지배해온 노동가치론, 착취론 그리고 인간소외론에 대한 급진적 비판이었다. 그의 공황론은 궁극적으로 사회에 통용되는 '정상성'이 '이상' '예외' '광기' 등을 은폐하고 말소하면서 성립한다는 사실을 폭로하는 비평의 실천이었다. 가라타니는 『자본』 독해를 통해 자본주의를 전복하는 과학적 지침으로서의 마르크스주의가 아니라, 자본주의 체제 근저에 자리 잡고 있는 근원적 '광기'에 눈을 돌리고자 했던 것이다.

> 공황이란 무엇인가. 그것은 가치의 관계 체계가 일거에 해체되는 일이다. 사물의 내재적 가치가 그때 사라진다. 바꿔 말해 공황은 화폐

형태가 은폐하던 가치형태를 노정시킨다. 사람들은 상품을 버린다. 상품이란 상품형태에 지나지 않으며 사물이 아닌 것이다. 사물이 눈앞에 있는데도 그것을 붙잡지 못한다. 일종의 실어증 환자가 사물을 사물로서 지각할 수 없듯이 말이다. 공황은 화폐형태가 어떻게 성립했는지를 거꾸로 비춰준다. 마르크스는 프로이트와 마찬가지로 자본주의의 '유년기'로 거슬러 올라간 것이며, 가치형태라는 '무의식'의 세계로 향한 것이다. (85면)

그래서 공황은 혁명을 위한 조건도, 자본주의의 필연적 붕괴도 아니다. 공황은 분명 자본주의 시스템이 일시적으로 멈추는 예외 상황이다. 하지만 이는 자본주의 체제가 하나의 전도 위에서 성립해 있음을 드러내는 지극히 '이상적인 정상사례'(ideale Normalfall, 카를 슈미트의 개념)이기도 하다. 인간도 마찬가지다. 인간이 태어날 때부터 특정한 상황에 내던져진다고 할 때, 자본주의 체제 속에서 삶을 영위하는 인간들은 모두 일종의 전도 위에서 스스로를 인지하고 돌본다. 즉 화폐와 언어가 전제된 위에서 삶이 존립하고 있는 것이다. 그래서 자본주의 체제 아래 인간은 화폐와 언어 없이 사물과 타자를 만날 수 없다. 가치라는 질병과 의미라는 질병에 갇혀 있는 셈이다. 이렇듯 가라타니는 마르크스 스스로가 자본주의라는 가치와 의미의 질병을 비판했다고 해석한다. 즉 마르크스를 고바야시와 마루야마로 이어지는 계보 속에 끌어들여 독해를 시도한 것이다. 이제 이런 비평의 실천이 전후 일본과 신좌파의 자기파멸이라는 국면 속에서 어떤 함의를 갖는지 음미하며 논의를 마무리해보자.

종언의 비평, 비판의 종언

> 1960년대에도 '마르크스주의는 끝났다'는 합창이 있었습니다. (…) '이데올로기의 종언'이라는 말이 유행했죠. 또 경제학에서는 우노학파에서 근대경제학으로 이행한 사람들이 꽤 많았습니다. (…) 아무튼 1960년 직후에 마르크스주의 운동은 이미 한번 죽었던 겁니다. (…) 1960년대 전반에도 그런 풍조가 있었습니다.[35]

'안보세대'[36]에 속하는 가라타니는 1960년 안보투쟁 이후의 국면을 그렇게 기억한다. 그가 마르크스를 본격적으로 읽은 것은 1960년 이후이며, 마르크스에 관해 글을 쓴 것은 앞서 살펴본 바 있듯 1970년대 초반 신좌파의 자기파멸 이후였다. 그런 의미에서 가라타니의 마르크스 독해 및 비평은 모두 '종언' 이후의 작업이었다고 할 수 있다. 그리고 이미 우리가 확인한 비평의 계보 역시 모두 그렇다. 고바야시의 비평은 1920년대 마르크스주의 운동의 퇴조(대대적 탄압으로 인한) 속에서 이뤄진 것이었으며, 마루야

35 『政治と思想: 1960-2011』, 33~34면.

36 1960년 5월, 미일안보조약 체결을 반대하는 시민들이 대규모 시위를 벌인다. 가라타니는 이때 대학 1학년생으로 참가한 경험이 있으며, 전형적인 '안보세대'에 속한다. 참고로 이 시위를 기점으로 공산당과 결별한 급진 학생들이 신좌파 조직인 '분트(ブント)'를 결성하게 된다. 이 책 7장에서 관련 논의가 이어진다.

마의 비평은 말할 필요도 없이 2차대전 종식 이후에 본격화된 것이기 때문이다.

이것은 우연이 아니다. 이 비평의 계보는, 모두 끝났다고 생각한 것이 사실 끝나지 않았다는 사실을 일차적으로 보여주는 작업이었기 때문이다. 고바야시는 마르크스주의 문예이론이 한물갔다는 평판을 문제 삼으며, 이제 자연주의든 사실주의든 마르크스주의 이전으로 되돌아갈 수 없음을 설파했다. 마루야마는 패전 전 일본을 석권한 '울트라 내셔널리즘'이 민주주의의 성립으로 종식된 것이 아님을 주장하며 민주주의가 파시즘으로 전화할 수 있는 가능성을 환기시켰다. 마찬가지로 가라타니 또한 마르크스주의는 끝났다는 '멍청한 마르크스주의자들'에 대항하여, 마르크스가 개시한 자본주의 비판에 대한 비평을 전개하면서 자본주의 체제가 발 딛고 서 있는 광기를 다시금 확인했다. 이들 모두 종언에 맞서 영속을 주장했던 셈이다.

고바야시와 마루야마에 대한 상술은 생략하겠지만 가라타니의 의중은 명료하다. 그것은 한편에서 신좌파의 자기파멸이 마르크스주의를 절대적인 교리로 만들어 현실을 관념 속으로 유폐시킨 결과였다는 비판이었고, 다른 한편에서는 그들의 자기파멸을 바라보면서 전후 일본 자본주의 체제에서 병원(病原)을 도려냈다고, 이제 체제는 안전하다고 승전보를 울리는 세태에 대한 비판이었다. 가라타니는 신좌파에게는 마르크스주의라는 의미의 질병으로부터 벗어나라는 권고를, 정상 회복을 기뻐하는 이들에게는 광기가 그들 근저에 여전히 도사리고 있다는 경고를 날렸다.

그렇게 함으로써 고도성장기를 끝내고 안정적인 체제와 일상을 구가하던 일본 사회에서 비평의 자리를 추구했던 것이다. 그것은 고바야시와 마루야마로 이어지는 비평의 계보에 내장된 장소 이동의 실천이기도 했다.

> 5~6년 전부터 내가 강하게 의식하고 두려움을 느꼈던 것은 만약 일본에 갇혀 있으면 조만간 자가(自家) 중독 증상을 보일 것이라는 사실이었다. 받아들일 뿐 직접 만들어 내보내는 것이 없으면 그리된다는 것이 사상의 생리학이다. 나는 존경하는 일본의 사상가들이 그렇게 되어간 것이 슬펐다. 그것은 능력 문제가 아니다. 일본에서는 본질적인 사상가들이 다 그렇게 될 숙명이었다. 하지만 그것은 진정 숙명이었을까? 숙명적이라 말하면서 무언가를 회피했던 것이 아닐까? (233면)

1974년 「마르크스 그 가능성의 중심」 연재를 마친 후 가라타니는 예일대학으로 건너가 폴 드만을 비롯한 여러 학자와 교류를 시작한다. 단행본 후기(後記)의 이 토로는 그 경험을 바탕으로 한 것이다. 미국을 향한 구체적인 장소 이동이 『마르크스 그 가능성의 중심』을 관통하는 비평의 실천임은 명백하다. 물리적인 이동이 중요한 것이 아니다. 그것은 일본을, 일반적으로 말하자면 어떤 공동체로 사념되어온 공동체를 초월론적으로 되묻기 위한 사유 이동에 대한 알레고리일 뿐이기 때문이다. 그것은 화폐로 완성되는 변증법적 논리를 거스르는 비평적 이동과 중첩되며, 무언가가 끝났다는 종언의 국면을 거스르는 정치적 이동과도 중첩된다. 그 이동 자체, 화폐와 일반적 가치형태 사이, 일본과 외부 사이, 그 사이의 확보와 그 사이에 머무르는 것이야말로 가라타니 비평의 본령이었다. 하지만 이 본령은 동시에 치명적인 한계이기도 하다.

그는 『자본』의 전도를 발견한 뒤 화폐로 완성되기 전의 원초적 장면에 집착한다. 그것은 변증법적 상승의 결과(화폐의 완성)를 거꾸로 뒤집어 생각해보는 작업이었다. 이후 가라타니는 다양한 영역에서 변증법적 상승의 결과를 뒤집어보는 비평을 전개한다. 『일본 근대문학의 기원』에서 『은유로서의 건축』에 이르는 저작을 통해서 말이다. 그 모든 저작을 통해 가라타니는 자유롭게 이동한다. 출발과 도착이 없는 이동을 지치지 않고 말이다. 하지만 이 이동은 모두 변증법적 상승의 결과를 거꾸로 뒤집는, 달리 표현하면 건축물을 탈구축(deconstruction)하는 방법을 취한다. 즉 어디까지나 문제는 상승의 결과였으며, 가라타니는 완성된 것을 뒤집고 해체하는 일에 몰두했던 것이다.

그러나 변증법적 지양(Aufheben)은 보존을 뜻하기도 한다. 화폐가 변증법적 지양의 산물이라면, 화폐에는 확장된 가치형태의 무정부적 차이의 체계가 보존되어 있기도 한 셈이다. 가라타니는 이 보존의 계기를 음미하는 일이 없었다. 확장된 가치형태, 즉 사물의 무질서한 교환이 인간과 사물과 자연을 어떤 모습으로 드러낼 것인지에 대한 성찰이 결여되어 있었다. 그렇기에 그는 자본주의 사회에서 인간이 노동력 상품을 소유한 자로 등장한다고 단언한다. "프롤레타리아트는 아무것도 가지지 않은 인간이 아니라 일종의 상품 소유자로 등장한다"(74면). 이것 또한 하나의 전도다. 왜냐하면 이것은 확장된 가치형태에 기반한 상품경제를 전제해야만 가능한 등장 형식이기 때문이다. 하지만 가라타니의 비평원리를 급진적으로 밀어붙이면, 인간 실존의 소실점은 상품 소유자가 아니라 노동력이라는 상품조차도 갖지 못한 이들이 될 것이다. 상품교환이 공동체와 공동체 사이에서 이뤄지는 것이라면, 공동체 바깥을 모르는, 원천적으로 이방인이 될 수 없는 이들이, 다시 말해 '묶여 있는' 이들이 지양된 것이 그 교환 양식일 터이기에 그렇다.

그런 의미에서 상품교환, 즉 확장된 가치형태를 가라타니의 방법으로 탈구축하면 남는 것은 '묶여 있는' 이들이다. 이방인이 될 수 없는, 즉 이동할 수 없는 이들이 눈앞에 덩그러니 서게 되는 셈이다. 아마도 가라타니는 이 원천적 인간의 형상을 사념할 수 없었던 듯하다. 이는 현대 일본, 특히 전후 일본이 끊임없이 상승의 계기만을 국가제도뿐만 아니라 온갖 영역에서 내면화했기에 그런 것일지도 모른다. 아무튼 이동을 통한 비평을 하나의 탈출구로 삼았던 가라타니의 비평 세계에는 신체적·역사적·젠더적·정치적 이유로 묶인 이들의 자리가 없다.

하나의 강력한 징후다. 현대 일본을 급진적으로 되묻는 비평의 계보 속에서 이렇듯 하나의 전도가 자리한다는 사실은 말이다. 아마도 그의 비판은 이 지점 언저리에서 멈춘 듯하다. 최근의 '교환론'조차도 상승의 계기 속에서 이뤄졌다는 혐의를 지울 수는 없기 때문이다.[37] 여기서 『마르크스 그 가능성의 중심』이 현대 일본의 급진적 자기비평의 계보를 계승했음을 기억하자. 그랬을 때 고바야시와 마루야마의 비평 및 정치 또한 이런 혐의에서 자유롭지 않음은 명백하다. 그런 의미에서 이 작품은 현대 일본 지성의 근원적 한계점을 지시하는 하나의 '고전'으로 읽히기에 모자람이 없다. 자유로운 이동을 추구하는 상승의 계기 속에서, 묶인 채로 신음하는 이들이 부재한다는 이 사실은 어떤 징후일까? 가라타니가 차이 나게 반복한 비평과 비판을 재개하기 위해서는 이 물음에서 출발해야 할 것이다.

이 물음은 전후 일본을 만들어온 보편주의와 식민주의의 중첩을 추적함으로써 검토되어야 한다. 물론 묶인 채로 신음해온 이들에 주목하면서 가라타니와는 상이한 비평의 계보를 상상해볼 수도 있을 것이다. 하지만 중요한 것은 자유로이 이동하는 가라타니의 투명한 보편적 주체에 맞서 구체적인 실존의 모습을 제시하는 일이 아니다. 문제는 이 주체가 저 구체적 실존들을 배제하고 말소하면서 성립해온 경위이기 때문이다. 이를 위해서는 전후 민주주의가 보편주의와 식민주의의 중첩 속에서 구성된 계보로 눈을 돌려야 한다. 이어지는 논의의 장으로 옮겨갈 차례다.

37 『트랜스크리틱』 이후 『세계공화국』을 거쳐 출간된 여러 저작의 교환론 독해에서 비롯된 판단이지만, 이에 관해서는 다른 기회에 자세히 논의하겠다.

2부 민주주의

3장 보편주의와 식민주의

일본 전후민주주의의 임계점

신안보법제와 보편주의

"우리나라를 둘러싼 안전보장 환경은 크게 격변하고 있으며 더 이상 어느 국가도 자기 혼자 평화를 지킬 수는 없습니다."[1] 대규모 시민적 저항에도 과감하게 안보 관련 법안을 성립시킨 아베 정권이 비민주적인 수법과 위헌 해석이라는 무리수를 둘 수 있었던 데에는 일본을 둘러싼 안전보장 환경의 변화라는 절대적 전제가 있었다. 그 변화란 우선 북동아시아 주변 정세를 말한다. "대량 파괴 무기나 탄도미사일 등 군사기술이 고도화/확산되고 있는 것, 중국의 급속한 대두, 북한의 노동미사일과 핵개발 등을 들 수

---

1 自由民主党安全保障法制整備推進本部, 「安全保障法整備の具体的な方向性について」, 2015.3.27, http://jimin.ncss.nifty.com/pdf/news/policy/127420_2.pdf, 1면. 이하 이 절에서 이 문헌으로부터의 인용은 본문 괄호 안에 면수만 표기한다.

있습니다"(1면). 그러나 안보 관련 법안에서 안보 환경의 변화란 근린 지역의 정세에 그치지 않는다. "우리나라의 평화 및 안전에 중요한 영향을 주는 사태"란 주변사태 등의 "지리적 개념"이 아니기 때문이다.

> 우리나라의 평화 및 안전에 중요한 영향을 주는 사태란 지리적인 개념이 아니라 사태의 성질에 착목한 개념임을 명확하게 할 필요가 있습니다. 원래 '주변사태'란 우리나라의 평화와 안전에 중요한 영향을 주는 사태이지 지리적 개념이 아닌 것입니다. 오늘날 위협이 세계 어느 지역에서 발생하더라도 우리나라에 직접적인 영향을 미칠 가능성이 점차 높아져만 가고 있습니다. 알카에다나 ISIL 등 국제 테러를 봐도 명백합니다. 이런 상황에서 사태의 발생이 '주변'으로 국한되는 듯한 표현은 수정되어야 합니다. (12면)

이것은 '주변사태'라는 개념을 일련의 법안이 어떻게 제외했는냐에 대한 답변인데, 이런 기본적 인식이 집단적 자위권의 용인과 함께 제한 없는 자의적 무력행사로 이어진다고 비판받은 것은 주지의 사실이다. 정부는 "평화국가로서의 일본은 지금부터도 결코 바뀌지 않습니다"(3면)라고 강변하지만, "위협이 세계 어느 지역에서 발생하더라도 우리나라에 직접적인 영향을 미칠 가능성이 높아져만 가고 있음을 직시할 필요가 있습니다"(8면)라는 구절에서 알 수 있듯, 일본에 대한 위협은 전 세계 모든 분쟁을 포괄하는 것이며, 그것이 직접 위협인지 어떤지의 결정은 모두 정부의 판단에 맡겨져 있다. 즉 일련의 법안은 일본의 안전보장에서 지리적인 한계를 제거했을 뿐 아니라 위협의 판단 기준을 법적 규정을 결여한 채 정부의 결단에 종속시킨 것이다.

'9조의 모임'에서 'SEALDs'(자유와 민주주의를 위한 학생 긴급 행동)에 이르는, 안보법제 반대 데모를 주도한 여러 단체가 이런 기도에 대해 현행 헌법과 전후민주주의를 거론하며 이의를 제기한 것은 당연한 일이었다. 신안보법제가 현행 헌법 9조를 사실상 무효화함으로써 전후민주주의가 뿌리내리고 있던 평화 이념과 민주주의의 가치를 저버렸다는 비판을 제기한 것이다.

> 만일 이 전쟁입법이 통과하게 되면 헌법 9조 아래에서 전후 일관되게 자민당 정권이라도 무너뜨릴 수 없었던 외교 원칙, 즉 해외에서 다시는 전쟁하지 않는 나라,라는 원칙을 뒤집게 됩니다. 이것은 전후 일본의 진로에서 근본적 전환이 아닐 수 없습니다.[2]

> 전후 70년간 우리의 자유나 권리를 지켜온 일본국 헌법의 역사와 전통은 결코 가벼운 것이 아닙니다. 우리는 입헌주의를 근본적으로 부정하는 현 정권 및 자민당 헌법 초안에 반대합니다. 그리고 우리는 일본국 헌법의 이념과 실천을 지키는 입장에서 입헌주의에 기초한 정치, 즉 개인의 자유나 권리를 존중하는 정치를 지지합니다.[3]

---

2 「9条の会事務局からの訴えと提案」 2015.5.1, www.9-jo.jp/opinion/20150501uttae&teian.pdf.

3 www.sealds.com.

안보법제 반대를 목소리 높여 반대한 시민들에게 아베 정권의 무리수는 헌법과 민주주의를 파괴하는 것이었음과 동시에, 전후 일본이 걸어온 길을 전면적으로 부정하는 것이었다. 그들에게 전후 일본은 입헌주의와 민주주의를 두 축으로 하여 개인의 자유나 권리의 존중을 반드시 실현해야 할 이념으로 추구해왔다. 그것은 헌법 전문에서 나타난 바와 같이, 평화와 민주주의라는 인류 보편의 가치를 체현하고 실현하는 의지와 실천의 통일체였던 것이다.

그런 한에서 전후민주주의는 개별 국가의 주권을 지고의 힘이나 의지로 간주하는 것이 아니라, 개별 주권을 규제하는 상위 규범을 전제로 하는 보편주의와 이상주의의 산물이었다. 따라서 2015년에 새로이 성립한 안보법제는 보편주의나 이상주의로부터 탈각하여 개별 주권을 국제질서상 최상위의 힘으로 간주하는 현실주의로의 이행으로 간주될 수 있을지 모른다. 하지만 정부의 공식 견해는 그런 이행을 인정하지 않는다.

> 위협이 세계 어느 지역에서 발생해도 우리나라의 안전보장에 직접적인 영향을 미칠 수 있는 상황이 되었습니다. 더이상 어느 나라도 자국만으로 평화를 지킬 수는 없고 국제사회 또한 우리나라가 국력에 어울리는 형태로 더욱 적극적인 역할을 다하도록 기대하고 있습니다. (13면)

여기서도 알 수 있듯 정부는 새로운 안보법제가 국제협력주의의 연장선상에 있음을 천명했으며, 그것을 "적극적 평화주의"(13면)라는 미명 아래 전후 평화주의를 계승하는 것으로 자리매김한다. 자위대 파견이나 무력행사는 주권의 발동이 아니라 어디까지나 국제협력과 평화주의에 입각한 것이라는 주장인 셈이다. 이러한 정부 견해를 궤변이라고 비난하는 일은 필요하고 유효하기도 할지 모른다. 그러나 정부가 의도하든 의도하지 않았든 이 견해는 전후 헌법과 민주주의가 뿌리내리고 있는 근원적인 원천과 맞닿아 있다. 그것은 보편주의를 지탱하는 사상적 계보에 내장된, 비인간을 만인의 적으로서 섬멸하는 궁극의 전쟁이다.

안보 환경의 변화에서 논거로 등장하는 것은 '국제 테러 조직'이다. "예를 들어 국제 테러 조직은 정세가 불안정하고 통치 능력이 위약한 국가/지역을 활동이나 훈련의 거점으로 삼아 테러를 실행하고 있습니다. 국제적인 안전보장의 개선을 위해서는 이러한 국가를 지원하는 유엔을 중심으로 국제사회의 조치와 협력이 필요합니다"(13면). 여기서는 명백하게 '테러와의 전쟁'이 신안보법제의 중요한 근거로 거론되고 있다. 이 전쟁이 일국의 존립이 아니라 국제사회 즉 인류의 존립을 안전하게 지킨다는 이념 아래 전개되는 한, 그것은 보편주의에 입각한 국제질서에 발 딛고 서 있다. 그런 한에서 신안보법제는 전후 평화주의를 계승하며, 이를 '적극적으로' 실현하기 위한 것임을 스스로 주장했던 것이다.

당시 아베 정권의 지리멸렬한 발언과 변명에도 이런 견해는 견강부회가 아니다. 왜냐하면 전후 헌법과 민주주의가 기대던 보편주의는 "만인의 적"이라는 형상을 전제로 성립하는 것이기 때문이다. 상세한 내용은 뒤에서 논의하겠지만, '평화에 대한 범죄'라는 법규범은 일본과 독일이 일으킨 전쟁을 국가 간 전쟁이 아니라 범죄행위로 다뤘다. 그 범죄가 처벌되는 법규는 어느 나라의 것이 아니라 인류 보편의 것이었다. 그런 한에서 이 범죄는 키케로 시대부터 서양의 법사상에 익숙한 해적행위로 간주되었던 것으로 해석할 수 있다.[4] 키케로가 해적이란 어떤 권리도 의무도 없다고 했듯, 또 카를 슈미트가 인류에게 적은 없고 적을 철저하게 비인간으로 취급한다고 말했듯[5] 인류의 평화를 침해한 범죄자는 인류 보편의 법정에서 단죄받는 해적이자 비인간으로 취급되었다. 그리고 그것은 어떤 인간 집단을 비인간으로서 규탄하고 비인간인 한에서 섬멸할 수 있다는 궁극의 전쟁을 내포한다.

이렇게 인류를 전제로 한 보편주의는 적을 범죄자로 취급하여 비인간으로서 추방하는 근원적인 '섬멸전쟁'으로 성립한다. 그런 한에서 일본 정부의 견해는 인간과 비인간을 구분하고 후자를 섬멸/추방하는 전쟁을 국가 안전보장으로 내세우는 것이다. 따라서 신안보법제는 보편주의를 부정하는 것이 아니라 그것이 뿌리내리던 '섬멸전쟁'을 체현하고 실현한다. 이런 사정에 비춰보면 전후 헌법과 민주주의를 저버렸다는 저항과 비판의 목소리는 보편주의가 뿌리내리고 있는 '섬멸전쟁'에 무지했다. 그래서 신안보법제를 근본적으로 비판하기 위해서는 보편주의의 옹호가 아니

---

4 Daniel Heller-Roazen, *The Enemy of All*, Zone Books 2009 참고.

5 Marcus Tullius Cicero, *On Duties*, M.T. Griffin and E.M. Atkins trans., Cambridge UP 1991, 3면; Carl Schmitt, *The Concept of the Political*, George Schwarb trans., Chicago UP 2007, 54면.

라 전후민주주의가 전제로 해온 보편주의가 전쟁포기와 평화 이념을 실현하기 위해 국가 간 전쟁과 전혀 다른 전쟁을 상정하고 전개해온 점에 눈을 돌려야만 한다.

이 보편주의의 전쟁은 적을 비인간으로서 경시하는 시선을 내포하는데, 그 시선은 식민주의와 밀접하게 연관된다. 2차대전 후 표면적으로 식민지 해방은 차례로 이뤄졌지만, 식민주의의 인간 이해, 즉 야만과 문명이라는 이분법은 여전히 구 식민지 인민들을 비인간으로 간주하는 행위를 그치지 않았다. 이 장의 과제는 일본의 전후민주주의가 이러한 식민주의와 보편주의의 결합으로 존속해온 것임을 논증하는 일이다. 우선 식민주의와 보편주의의 결합이 탈정치화한 진보주의로서 현현하는 모습을 『제국의 위안부』를 둘러싼 논란을 통해 확인하는 데서 시작해보자.

국민주의와 식민주의: 위안부 문제를 둘러싸고

2014년 6월, 전 일본군 종군위안부 아홉명이 한국 검찰에 고소장을 제출했다. 피고소인은 『제국의 위안부』 저자 박유하였다. 고소 이유는 『제국의 위안부』에 나오는 50여개 표현이 종군위안부 피해자들의 명예를 심각하게 훼손했다는 것이었다. 형사고소와 함께 배상금 청구나 출판 가압류 등을 포함한 민사소송도 제기되었다. 원고 측이 문제시한 표현은 위안부를 매춘부와 동일시하거나 일본군과 조선인 위안부가 동지적 관계였다고 한 부분 등이었다.

이 고소에 피고소인 박유하는 강하게 반발하여 모든 것은 위안부 할머니들이 아니라 지원자 단체가 사주한 일이라고 공공연하게 이의를 제창했으며, 이후 2015년 11월 한국 검찰은 저자를 명예훼손 혐의로 기소했다. 이에 대해 일본과 한국의 지식인은 기소 반대 성명을 발표한다. 주로 학문과 사상의 자유를 국가권력이 침해했다는 비판이었는데, 일부 식자들은 기소에는 반대하지만 저서 내용에는 커다란 문제가 있다고 하여 큰 논쟁이 일어났다. 소송은 무죄 판결로 종결되었지만, 이 사건은 식민주의가 탈식민화 이후 어떤 구도 속에서 전유되는지를 보여준 징후적 사태였으며, 특히 일본 전후민주주의와 식민지 지배 책임 사이에 가로놓인 근원적인 문제를 보여줬다는 점에서 중요하다.

지금 문제화하려는 '국민주의'는 이른바 선진국(구 식민지 종주국)의 대다수가 자각하지 못하는 '자국민중심주의'를 말한다. '국민주의'는 일반적으로는 배타적 내셔널리즘과는 다른 듯 보인다. 당사자 자신도 스스로를 내셔널리스트로 생각하지 않는다. 오히려 '국민주의자'는 스스로를 내셔널리즘에 반대하는 보편주의자로 내세우는 경우가 허다하다. 그들은 자신이 시민권의 주체라고 생각한다. 하지만 다른 한편으로 그들이 향유하는 여러 권리가 원래 만인에게 보장된 기본권임에도 근대 국민국가에서는 '국민'이라는 조건 아래에서만 향유 가능한 일종의 특권임을 인정하지 않는다. 국민주의자는 자기 특권에는 무자각적이며, 그 특권의 역사적 유래에는 눈을 감으려

는 경향을 갖는다.[6]

이것은 『제국의 위안부』 이전에 출간된 『화해를 위해서』[7]에 대한 비판의 일부분이다. 서경식의 박유하 비판은 이 인용문에 압축되어 있다. 서경식은 역사적 자료의 검증 수준이 아니라 박유하의 인식론적 전제에 대해 문제를 제기한다. 그것은 박유하가 절대적 신뢰를 둔 일본 전후민주주의 혹은 리버럴이라 불리는 지식인에 대한 의심이라 할 수 있다. 인용문에서 서경식은 구 식민지 종주국의 대다수가 공유하는 '국민주의'가 배타적인 내셔널리즘과 구분된다고 많은 이들이 믿고 있지만, 그들 스스로 누리는 권리가 특권임을 역사적 내력의 말소를 통해 망각하고 있음을 지적한다. 여기서 그가 말하는 내력이, 일본의 경우 식민지 지배와 이에 대한 전후의 망각을 지적하고 있음은 물론이다.

식민지화로 인해 강제적으로 제국의 '2등 신민'이 된 이들은, 1945년 8월 이후 제국의 '1등 신민'이 모두 '일본 국민'으로 변신하는 와중에 기묘한 법적 정체성의 혼란을 겪게 된다. 특히 한반도나 대만으로 귀환한 이들이 아니라 열도에 남은 이들은 '신민'에서 '외국인'으로 법령상 신분 변화를 겪는다. 이 과정이 일방적이고 폭력적이었음은 말할 필요도 없다. 또한 식민지 지배의 결과인 남북 분단과 이에 따른 가혹한 이데올로기 전쟁 속에서 다

6 徐京植「和解という名の暴力: 朴裕河『和解のために』批判」. 2015.3.27, http://east-asian-peace.hatenablog.com/entry/2015/03/27/23433.
7 박유하 『화해를 위해서』, 뿌리와이파리 2007.

시 열도로 건너온 이들은 '무국적자'로서 수용소에 감금되기도 했다. 제국의 '2등 신민'에게 급습한 이 중층적 폭력이 전후 일본의 복구 과정과 국민 재건 과정에서 철저히 말소/망각된 채 '일본 국민'은 성립한다. 제국의 '신민'이 '일본 국민'으로 다시 태어나는 과정에서 '신민'을 양분하던 내지(內地)와 외지(外地)라는 위계적 구분은, 외국인/무국적자와 국민이라는, 얼핏 보면 매우 합리적이고 정상적인 구분으로 변모한 것이다.

근대 법제도 아래 한 국가의 국민이 자신이 속한 국가의 법적 주체로서 권리를 향유하는 것은 당연하고도 자연스러운 일일지 모른다. 하지만 일본의 경우 (그리고 내실은 다르지만 사실 구 식민지 종주국 모두) 앞서 말한 사정에 비춰볼 때, 국민으로서의 권리 향유가 당연하고 자연스러운지는 지극히 의심스러운 것이 사실이다. 서경식의 비판은 박유하가 이런 경위를 무시한 채 일본 국민을 무반성적으로 자연화한 데 대한 것이었고, 게다가 그 법권리의 기반인 전후민주주의와 헌법에 대한 무비판적인 신뢰를 향한 것이었다. 그것은 식민지 지배를 문제 삼겠다고 하면서도 언제나 이미 식민주의와 깊게 연루되어 있는 일본 국민 성립의 내력에 눈을 감는 일이며, 따라서 화해라는 이름으로 자행된 식민주의적 폭력의 행사였기 때문이다.

여기서 서경식의 비판은 일본의 전후민주주의가 식민주의와 철저하게 마주하지 못했음을 선명하게 드러내고 있다. 그리고 그는 입헌주의와 민주주의로 은폐된 식민주의의 지속이 한일의 화해를 노래하는 박유하의 저서에 극명하게 나타나 있다고 말한다.

『제국의 위안부』 곳곳에서 보이는 다음과 같은 구절은 서경식의 비판을 증좌하는 대목이다.[8]

> 지원자들은 정치가가 관료의 대다수가 '전후민주주의'의 교육을 받고, 천황제를 부정하지는 않지만 국민 한 사람으로서 필요한 만큼 과거에 대한 반성 의식을 갖고 있음을 경시했다. (199면)

> 이 20년간의 강경한 주장과 한국에 대한 지원이 결과적으로 위안부 문제의 해결을 위해 노력한 관료와 '선량'한 일본인들까지 자포자기와 혐한으로 몰고 갔다. (203면)

> 일본 정부가 주도한 '사죄와 보상'에 참가한 대다수 일본 국민을 보는 것이 아니라 소수에 지나지 않는 우파의 말과 행동에만 주목했다. (302면)

처음 인용문에 등장하는 '지원자'란, 고소를 주도했다고 저자가 지목한 한국의 위안부 지원단체 '한국정신대문제대책협의회'(정대협)을 지칭한다. 박유하에 따르면 이들은 위안부 문제를 오랫동안 "민족주의"라는 프레임 안에 가두어 피해 사례의 역사적 다양성을 모두 민족의 딸에 대한 모욕이란 서사로 환원했으며, 위안부 문제 해결을 향한 일본 정부 및 일본 국민의 노력에 귀

8 박유하 『제국의 위안부』, 뿌리와이파리 2015. 이하 이 책에서의 인용은 본문 괄호 안에 면수만 표기한다.

기울이지 않았다. 그 맥락에서 박유하는 "전후민주주의" 교육을 받고 그 안에서 자율적인 한 개인으로서 책임을 다하는 관료나 일반 국민의 "선량"한 마음을 무시했다고 규탄한다. 그것은 전후 '대다수'의 일본 국민을 일부 과격한 우익과 동일시하는 일이었으며, 그런 한에서 "전후 일본이 아무것도 바뀌지 않았다"고 하는 원리주의적 비판을 휘두르는 "도덕의 경직성"을 여실히 드러내 보여준다는 것이다.[9]

이런 주장에서 알 수 있듯, 위안부 문제에 대한 박유하의 접근은 전후 일본에 대한 신뢰에 뿌리내리고 있다. 물론 이때 전후 일본이란 국민 대다수를 자율적으로 자립하고 책임을 질 수 있는 한 개인으로서 길러내는 전후민주주의를 요체로 하는 것이라 할 수 있다. 고소/고발 이후 역사학적인 실증이나 정치적 논쟁 수준에서 여러 논점이 제기되었지만, 박유하가 스스로의 입장을 흔들림 없이 유지할 수 있었던 근원적인 인식론적 전제가 여기 있다. 바로 일본 전후민주주의에 대한 굳건한 신뢰 말이다. 따라서 박유하의 논의를 더 근본적으로 문제화하기 위해서는 이러한 전후민주주의에 대한 신뢰를 심층적으로 검토해보아야 한다.

9 이 단락의 인용은 박유하 『화해를 위해서』, 108~109면.

양심과 화해: 전후민주주의에 대한 신뢰와 탈정치화

박유하의 눈에 서경식의 비판은 전후 일본의 일반 국민을 모두 우익과 동일시한 것으로 비쳤을지 모른다. 실제로 최근 서경식이 와다 하루키(和田春樹)를 비판한 것과 관련하여 박유하는 자신의 SNS를 통해 "사고는 어떻게 폭력을 지지하는가"라며 서경식의 비판이 전후 일본에서 가장 '양심적인' 지식인들을 적으로 돌렸음을 지적했다.[10] 박유하가 보기에 그런 비판은, 자기와 조금이라도 다른 주장을 하면 철저하게 적으로 간주하는 '자폐적인' 사고인 것이다.

이렇게 『제국의 위안부』로 촉발된 논의는 전후민주주의와 식민주의 사이의 관계를 둘러싼 역사적이고 정치적인 인식의 문제를 내포한 것이었다. 한쪽에서는 전후민주주의가 제시하는 입헌주의와 국민주의가 이미 식민주의에 침식된 것임에 눈을 돌리라고 주장한다. 다른 한쪽에서는 전후민주주의가 배태해온 양심과 선량함에 눈을 감는 경직되고 자폐적인 사고를 비판한다. 그렇다고 후자의 입장에 서는 박유하가 전후 일본이 제대로 식민지 지배의 책임과 마주해왔다고 평가하는 것은 아니다. 그도 전후 일본의 식민지 지배 책임이 충분히 완수되지 않았음을 반복해서 비판해왔다. 그런데 이를 비판하는 방법이나 관점 면에서, 그는 전

10 www.facebook.com/parkyuha 참고; 서경식의 와다 하루키 비판은 '〔寄稿〕日本知識人の覚醒を促す和田春樹先生への手紙(1)」 2016.3.12, japan.hani.co.kr/arti/international/23573.html 참고(이상 모두 2018.1.11. 방문).

후민주주의 속에서 교육을 받아온 이들과 연대하자고 주장한다. 그것은 일본의 전후민주주의를 적극적으로 평가하고 신뢰함으로써 식민주의를 넘어서자는 자세라고 평가할 수 있다. 그가 서경식을 비롯한 '원리적이고 자폐적인' '정치적' 주장을 하는 이들을 비판하는 까닭이 여기에 있다.

> 당시 지원자 단체가 천황제 폐지를 위한 '일본 사회 개혁'보다 '위안부' 문제 자체에 집중했다면 '위안부' 문제 해결은 가능했을지도 모른다. '강제동원'에 대한 문제제기를 수용하면서도 구조적 강제성을 인정하도록 요구하여 합의했다면, '전후 일본' 혹은 '현대'의 한계에만 주목하면서 좌파 이외의 생각과 사람들을 규탄하는 것이 아니라 전후 일본의 가능성에도 눈을 돌려 정부 대응의 의미를 올바로 이해했다면, '위안부' 문제가 해결되지 못한 채 20년이란 세월을 보내지는 않았을 것이다.[11]

박유하는 1995년 '여성을 위한 아시아평화국민기금'(아시아여성기금) 발족 후의 일본과 한국 위안부 지원단체 활동을 이렇게 비판한다. 여기서 그는 일본에서 문제 해결을 가로막은 몇몇 지식인이 위안부 문제를 전후 일본 체제에 대한 발본적 비판을 위한 정치적 아젠다로 포착했음을 비판한다. 위안부 문제가 냉전 종결 후 자신의 존립 근거를 증명해야만 했던 일본 좌파의 정치적 프

---

11 박유하 『화해를 위해서』, 108면.

레임에 갇히고 말았다는 것이다. 또한 그는 한국에서 동일한 정치적 프레임을 과격한 민족주의자들이 주도하여 형성했다고 지적한다. 이러한 정치 우위가 위안부 문제 해결을 불가능하게 만들었으며, 정치화는 궁극적으로 전후민주주의의 가능성이 아니라 한계만을 본 탓이라고 주장하는 것이다. 이런 판단 속에서 박유하는 '기금'에 자발적으로 참여한 일본 국민 개개인의 '목소리'가 묻혀버렸다고 비판한다.

> '정부'와 '국가'의 배상만을 주장하는 목소리는 (…) 기금에 기부한 일본인의 목소리가 국가를 넘어 '개인'으로서 책임을 다하자는 의식이었음을 무시하게 된다.[12]

여기에는 정부나 국가를 넘어선 '개인'을 존중하는 자세가 나타나 있다. 이미 살펴본 바 있듯 그가 신뢰하는 것은 전후민주주의 아래에서 교육받고, 정부나 국가의 정치적 판단으로 흔들리지 않으며, 자국의 역사와 제대로 마주할 수 있는 일본 국민 개개인이다. 서경식을 비롯한 논객들이 아무리 전후민주주의의 식민주의를 비판하더라도, 이 흔들림 없는 신뢰가 있는 한 그의 입장을 바꾸기는 불가능에 가깝다. 그 신뢰는 운동단체나 정부나 국가 등의 정치 수준보다 근원적인, 보편적인 이념과 가치에 뿌리내린 전후민주주의와 일본 국민의 양심에 대한 신뢰이기 때문이다.

---

12 같은 책 같은 면.

따라서 모든 것은 탈정치화되어야만 한다. 더 정확하게는 정치를 넘어서서 사태를 바라봐야 한다. 그런 맥락에서 봤을 때 다음과 같은 주장은 비로소 이해될 수 있다.

> 우리는 일본보다 '도덕적으로 우위'에 있다는 '도덕적 오만'에 취해 있었다. 그러나 도덕적 오만은 가해자의 수치를 이해할 수 없다. 아니 이해하려고 하지 않는다. 일본의 사죄와 보상을 인정하지 않고 세계를 향해 일본을 비난하면서 얻은 도덕적 오만은 과연 위안부를 위한 것이었을까? 거기에 있었던 것은 그저 과거의 강자를 굴복시킬 정도의 '압박'이 가능한 '강자'로서의 인식이지 않았을까? (297면)

그는 한국에서의 반일 감정이 도덕적 오만이며, 그것은 결국 '강자'이고자 하는 의지의 발로라며 비판한다. 뒤집어 보면 도덕은 강약이나 압박 등 힘의 관계가 아니라는 호소이기도 하다. 즉 도덕은 힘의 길항으로 갈등을 일으키는 '정치'와 다른 것인데, 한국에서 피식민지의 역사기억은 도덕의 외피를 쓴 정치로 이어져 한일의 화해를 방해했다는 얘기다. 따라서 그에게 화해는 비정치적인 도덕이나 양심에서 비롯되어야 한다. 그것은 전후민주주의가 이념으로 삼은 인류의 보편적 가치에 뿌리내린 것이어야만 한다. 서로를 이해하고 양심을 믿음으로써 화해는 가능하기 때문이다.

이런 맥락에서 과거의 역사 경험을 정치화하는 일은 비판되어야 한다. 박유하의 궁극적 비판 대상은 정치인 셈이다. 개인부터 국가에 이르는 모든 수준에서 궁극적으로 전쟁으로 이어질지 모르는 대립과 갈등은 없어져야 할 정치다. 이런 인식을 토대로 전후 일본의 평화헌법은 다음과 같이 평가된다.

> 패전 후 60년 이상 미국과 한국은 징병제를 유지하면서 타국에 군대를 파견했다. 하지만 일본은 그렇지 않았다. 그것은 일본이 이른바 '평화헌법'을 지켜왔기 때문이다. (…) 한국이나 북한은 오랫동안 일본의 '군국주의화'를 사실화하면서 비난해왔다. 그러나 군국주의를 비난한다면 북한부터 비판해야 하는 것 아닐까? 위안부 문제에 적극적인 한국의 진보파가 북한의 군사주의를 목소리 높여 비난하는 일은 없다. (300면)

여기에 그의 전후 일본에 대한 평가가 극명하게 드러나 있다. 물론 이런 주장에 대해 '일본은 한국전쟁과 베트남전쟁에 실질적으로 관여했다'는 비판이 가능하다. 하지만 더 중요한 것은 여기에 북한의 이름이 등장한다는 사실이다. 전후 일본의 평화헌법 수호를 평가하기 위해 저자는 북한의 군사화를 비교 대상으로 참조한다. 일본의 군사대국화를 비판하기 전에, 동아시아뿐만 아니라 전 세계에 현저한 위협을 가하고 있는 북한을 먼저 비판해야 되는 것 아니냐는 논리다. 그리하여 한국 지식인이 눈앞에 있는 북한의 군사모험주의를 못 본 체하고, 있지도 않은 일본의 군국주의화를 비난하는 것은 민족주의의 정치화라는, 즉 과거 기억을 정치화한 결과라는 지탄이 이어진다.

'식민지화'는 필연적으로 지배받은 이들을 분열시킨다. 해방 후 한국은 종주국에 대한 협력과 순응의 기억을 우리들의 얼굴로 인정하려 하지 않았다. 그리하여 다른 한 편을 망각하는 방식으로 해방 60여년을 살아온 결과, 현대 한국에서의 과거에 대한 주된 기억은 저항과 투쟁의 기억뿐이다. '친일파'—일본에 협력한 이를 우리와 다른, 특별한 존재로 식별하고 비난하는 일이 여전히 지속되고 있는 것은 '바람직한 모습의 우리'라는 환상을 깨트리는 존재이기 때문이다. (296면)

여기서 말하는 저항과 투쟁의 기억이 현재 한국의 민족주의를 지탱한다고 그는 판단한다. 그리고 그런 한국 민족주의라는 과거 기억의 정치화는 (저자에 따르면) 궁극적으로 북한의 군사 모험주의로 수렴될 위험성을 내포할 수밖에 없다. 협력과 순응의 기억을 지워버림으로써, 식민지 지배를 민족 내부의 문제로 가둠으로써, 한국과 북한에서는 식민지 지배가 개인에 대한 국가의 폭력적 억압임을 포착하지 못했기 때문이다. 전후 일본의 민주주의와 평화주의는 이런 민족주의나 군사주의를 비판함으로써 과거 기억을 국가주의 비판으로 전유할 수 있었던, 신뢰할 만한 양심적 이념이라고 박유하는 판단하는 것이다.

여기서 북한이 군사모험주의로 이를 수밖에 없었던 역사적 경위를 제시하며, 박유하가 현재진행형의 식민지배와 냉전체제에 대해 무지하다는 비판을 제기할 수도 있다. 하지만 중요한 건 일본의 전후민주주의와 평화헌법을 신봉하는 저자에게 북한의 군사회는 전쟁으로 발전할 수 있는 정치화의 궁극적 도달점이라는 것이다. 그것은 식민지배나 냉전체제라는 역사 경험의 화해를 저해하는 근원적 병리로 이해된다. 그런 의미에서 그는 역사 경험을 정치화하는 모든 시도를 '북한'이라는 위험한 형상과 연결시킨다 해도 과언이 아니다. 박유하가 자신의 비판자들을 항상 '원리주의자'나 '도덕적 자폐'라고 반비판하는 까닭이 여기에 있다.

이것이 『제국의 위안부』에 내포된 궁극의 역사인식이다. 일본의 전후민주주의와 평화헌법에 체현된 인류 보편의 가치와 이념을 실현시키기 위해서는 북한 같은 '깡패국가'(rogue state)를 단호히 물리쳐야 하는 것이다. 그것이 과거 기억과 역사인식의 정치화에 반대하는 양심이다. 그리고 이는 저자의 의도와 무관하게 아베 정권이 내세웠던 '적극적 평화주의'와 중첩되는 입장이라 할 수 있다. 신안보법제가 테러리즘으로 대변되는 '만인의 적'을 궁극의 적으로 삼는 것과 마찬가지로, 박유하는 북한의 군사주의를 과거 역사 경험이 정치화한 끝에 다다른 '양심의 적'으로 간주하기 때문이다.

그런데 이런 논리의 귀결은 오래된 것이다. 이미 전후민주주의가 닻을 올린 시점에서 이런 사고회로는 내장되어 있었다. 그것을 체현하는 이가 바로 전후 일본의 양심을 대표하는 난바라 시게루(南原繁)다.

다음 절에서는 난바라의 전후 부흥론을 살펴봄으로써, 전후민주주의가 갈등을 축으로 하는 정치를 회피하면서 야만적인 해적들을 일소하는 궁극의 전쟁 위에 성립한 것임을 확인한다. 이를 통해 박유하가 그토록 신뢰하는 전후민주주의와 평화주의가 역설적이게도 비인간을 섬멸하는 무참한 폭력을 기반으로 성립한다는 사실이 드러날 것이다.

민족공동체를 통한 인간의 재생: 난바라 시게루의 정치사상과 부흥 논의

1950년 5월 4일 일본 주요 신문사의 조간은 요시다 시게루(吉田茂) 수상이 자유당 긴급총회 비밀회의에서 난바라 시게루 도쿄대학 총장을 노골적으로 비난했다고 보도했다. 보도에 따르면 요시다는 "난바라 총장이 미국에서 전면강화를 주장한 모양인데, 국제문제를 모르는 곡학아세이자 학자의 공허한 이야기에 지나지 않는다"고 발언한 것이다. 요시다 수상이 문제 삼은 난바라 총장의 발언은 1949년 12월 9일 워싱턴에서 열린 '피점령국에 관한 전미교육회의' 연설의 일부분이었고 내용은 다음과 같았다. "민족의 자유와 정신적 독립이란 정치적 독립 없이는 달성할 수 없다. 미국 및 다른 모든 연합국이 일치하여 하루빨리 일본과의 강화조약 체결에 나설 것을 우리는 절실히 희망하고 있다. 유럽도 아시아도 차가운 전쟁의 무대가 되어버렸는데, 만약 최악의 사태가 일어나더라도 일본이 선택할 길은 한가지뿐이다. 일본은 엄정하게 중립을 지켜 어떤 전쟁에도 결코 가담해서는 안 된다."[13]

요시다 시게루의 비판에는 두가지 논점이 있는데, 하나는 다가

올 강화조약에 관한 것이고, 다른 하나는 전후 일본의 정체성에 관한 것이었다. 전자는 전면강화냐 단독강화냐로 나뉜 당대 논쟁을 반영하는 것으로, 냉전 한가운데에서 소련과 중국을 강화 주체로 포함시키느냐 마느냐가 쟁점이었으며, 후자는 일본이 앞으로 선택할 노선과 태도의 문제로, 미국 주도의 서방 진영에 속하느냐 영구중립 노선을 택하느냐가 쟁점이었다. 물론 두가지 논점 모두 냉전이라는 상황에서 분기된 것이지만, 이들 대립은 패전 전 일본 '리버럴리즘' 진영 내부의 입장 차이라는 역사적 연원을 반영한 것이기도 했다. 마루야마 마사오는 이 차이를 '중신(重臣) 리버럴리즘'과 '올드 리버럴리즘'이라는 범주로 구분한 바 있다.

'중신 리버럴리즘'이란 친영미파로 분류되는 정치가·관료·저널리스트·군인까지 포괄하는 범주다. 1930년대의 전체주의 아래 이 그룹에 속한 이들은 모두 '현상 유지파'라 불렸는데, 대외적으로는 국제협력주의를, 국내적으로는 의회정치와 정당정치를 중시하는 노선을 추구했다. 이에 반해 천황 친정(親政)과 영미 추종 타파를 내건 이들은 '현상 타파파'로, 1930년대부터 군국주의를 주도한 세력을 형성했다.[14] 이 '중신 리버럴리즘'을 대표하는 인물인 요시다 시게루는 패전 후, 근대 일본의 기본적 외교 노선을 다음과 같이 총괄한다.

---

13 堀利貞「曲学阿世論争のころ」, 丸山真男·福田歓一,『回想の南原繁』, 岩波書店 1975, 414~15면.

14 松沢弘陽·植手通有·平石直昭 編『丸山真男 回顧談』下, 岩波書店 2006, 4~6면.

만주사변으로부터 태평양전쟁에 이르는 일본의 대영미 관계의 어긋남은 역사의 큰 흐름에서 보자면 일본 본연의 모습이 아니라 한순간의 변조(變調)였음을 알 수 있다. (…) 일본의 외교적 진로는 영미에 대한 친선을 중심으로 하는 메이지 이래의 큰길에 따라야 하며, 이런 과거의 귀중한 경험은 일본 국민으로서 특히 명심해야 하는 일이다. (…) 일본 외교의 근본 기초를 대미친선에 두어야 한다는 대원칙은 앞으로도 바뀌지 않을 것이며 바꾸어서도 안 된다. 그것은 단순히 종전 후의 일시적 상태의 타성이 아니라 메이지 이래 일본 외교의 큰 흐름을 지키는 일인 것이다.[15]

이렇듯 중신 리버럴리즘의 대표 요시다 시게루에게 단독강화와 영미협조는 냉전이라는 상황에 따른 선택이 아니었다. 그는 외교관으로 1차대전 후 파리회의에 참가했고, 그 안에서 일본을 앵글로색슨적 국제사회의 일원이라 생각했다. 황태자 책봉식에 참여하여 패전 후임에도 '신(臣) 시게루'라 발언하여 물의를 일으킬 정도의 황실 숭배자였지만, 그가 광신도들의 컬트적 천황숭배와 거리를 둔 까닭이 여기에 있다. 그는 유럽 군주제 전통을 따라 '군림하되 통치하지 않는다'는 군주관을 견지했고, 대일본제국 헌법의 통치 규정을 천황 친정이라기보다는 의회와 정당과 정부의 협의로 이뤄지는 시스템이라 생각했다. 그렇기에 그는 패전 직후 민주개혁을 위한 헌법개정이 불필요하다고 생각했다. 헌

15 吉田茂「日本外交の歩んできた道」(1957), 北岡伸一 編『戦後日本外交論集』, 中央公論社 1995, 106~108면.

법이 틀렸던 것도, 메이지 이래 일본이 걸어온 길이 틀렸던 것도 아니고, 그저 난폭한 군국주의자들에게 나라를 찬탈당해 천황이 이용당했다는 것이 요시다의 인식이었기 때문이다.[16]

그러나 '올드 리버럴리즘'의 범주에 속하는 지식인들은 요시다와 다른 생각이었다. 이 범주는 마루야마 등 징병 경험이 있는 세대가 군대 경험이 없는 윗세대를 비판하기 위해 만들어낸 것이었는데,[17] 전후 초대 문부성 장관을 역임한 아베 요시시게(安倍能成), 최고재판소장(대법원장) 다나카 고타로(田中耕太郎), 그리고 출판사 이와나미 창업자 이와나미 시게오(岩波茂雄) 등 전후 리버럴을 대표하는 잡지 『세카이(世界)』의 모체 '동심회(同心會)' 멤버들이 주축을 이룬다. 이들은 패전 후 황실을 국민통합의 중심으로 삼고, 메이지유신 직후 천황이 직접 공포한 맹세문(御誓文)의 정신으로 복귀하는 것을 전후 개혁의 기본 방향으로 삼았다.

> 메이지유신 이후 아직 100년이 지나지 않았다. 그간의 진보는 세계에 경이롭게 비쳤다. 모두 메이지유신 5개조 맹세문에 따라 선진국과 비교하여 스스로의 모자람을 반성하고 묵묵히 노력한 결과였다. 하지만 유신의 진보 개혁은 중도에 맹세문의 정신을 잊어버렸다. (…) 나는 메이지유신의 진지함을 되새기고 맹세문의 정신으로 돌아가는 일

16 이러한 요시다의 역사관과 정치관에 관해서는 高坂正堯『宰相吉田茂』中央公論社 1968 참고.

17 松沢弘陽·植手通有·平石直昭 編『丸山真男 回顧談』下, 26면.

이 신일본 건설의 근본 원리라고 생각한다. 맹세문은 메이지유신의 지침일 뿐 아니라 천지 공도(公道)의 대정신이며, 영원히 우리 국민의 나아가야 할 이념이라 믿는다.[18]

여기서 알 수 있듯 올드 리버럴리즘의 천황관은 중신 리버럴리즘과 다르다. 천황은 보다 정신적이고 문화적인 것으로, 헌법에서의 주권자 혹은 통치자라기보다는, 더 근원적인 '천지 공도의 대정신'을 체현하는 존재이기 때문이다. 또한 천황은 대동아공영권이나 팔굉일우(八紘一宇) 등 전시 프로파간다가 체현하던 폐쇄적인 패권의 상징이 아니라, 세계로 열린 보편적인 가치를 매개하는 정신이기도 했다. 요시다 시게루가 영국 모델의 군주제를 따라 천황을 입헌군주로 이해하던 것과 달리, 올드 리버럴들은 천황을 통해 인류의 보편 가치에 뿌리내린 국민정신의 재건을 추진하려 했던 것이다. 상징천황제를 내세운 신헌법을 올드 리버럴들이 환영한 것은 이런 맥락에서였다.

따라서 올드 리버럴의 전후 부흥은 천황을 국민통합의 상징 혹은 정신으로 내세우면서, 그렇게 통합된 국민이 인류의 보편 가치를 체현하고 실현시킨다는 기획이었다. 즉 일본 국민을 통합시키는 민족주의에 뿌리내리면서도 개인을 보편적 인간으로 존립시켜야만 했던, 일종의 변증법적 과제를 떠안았던 셈이다. 난바라 시게루는 사적인 친분에서 보면 이 범주에 속한 이들과 거리

18 安倍能成『岩波茂雄伝』, 岩波書店 1957, 278~80면.

를 뒀지만, 천황과 전후 부흥 기획에 대한 생각에서는 동일한 입장을 취했다. 특히 그는 이들 중 누구보다도 사상적 격투를 통해 이 과제와 마주했던 인물이다.[19] 그가 전면강화를 주장하면서 요시다 시게루와 정면으로 대립한 까닭이 여기에 있다. 영미친선을 기조로 단독강화를 추진하고, 냉전 아래서 서방 진영 쪽에 서는 외교 노선은, 실제 전쟁으로 이어질 위험천만한 입장일 뿐 아니라, 전 인류를 포괄하는 보편적인 세계가 아니라 영미만을 긍정하는 폐쇄와 대결의 세계관을 전제로 하기 때문이다.

이런 난바라의 입장은 (요시다의 노선과 마찬가지로) 패전과 냉전이라는 상황의 산물이 아니다. 이미 1920~30년대에 그는 앵글로색슨적 자유주의와 이탈리아·독일의 전체주의를 비판하면서 새로운 정치 이념을 모색하고 있었기 때문이다.[20] 이때 난바라의 주된 과제는 근대의 합리적 자유주의 속 개인을 어떻게 공동체의 질서와 융화시킬 것인가의 문제였다. 즉 개인의 자유를 훼손하지 않으면서 전체 질서와 조화를 이루는 길을 모색했던 것이다.

난바라는 피히테 철학에서 해결을 찾았다. 마루야마 마사오가 난바라의 '라이프워크'(필생의 업적)라고 자리매김한 『피히테의 정치철학』(1959)은 1930~40년대에 출간된 논문을 바탕으로 한 작품이다. 여기서 난바라는 피히테의 지식학에서 정치론까지 상세

---

19 松沢弘陽·植手通有·平石直昭 編 『丸山真男 回顧談』 下, 28~29면 참고.

20 「自由主義の批判的考察」(1928), 「個人主義と超個人主義」(1929), 「新ヘーゲル主義の政治哲学」(1932), 「ナチス国家とヘーゲル哲学」(1932) 등을 참고. 특히 「現代の政治理想と日本精神」(1938)은 패전 전 난바라의 정치사상이 응축된 것으로, 패전 후 담론의 기본 관점이 망라되어 있다. 이상의 논문은 모두 『南原繁著作集』 2, 岩波書店 1973에 수록되어 있다.

히 다루는데, 그가 피히테에게 새로운 정치 이념을 위탁한 까닭은 피히테의 사상 내용뿐만 아니라 그 동기에 있었다. 계몽주의와 나폴레옹 전쟁을 체험한 뒤 『독일 국민에게 고함』으로 귀결된 피히테의 철학적 영위는 칸트적 세계시민 이념에서 출발하여 독일 민족공동체로 되돌아오는데, 칸트에 심취했던 난바라의 마음을 움직인 것은 이런 역사적이고 철학적인 여정이었다. 일본주의 등 복고 언설이 활개치던 1930년대 일본에서 전체주의와는 다른 방법으로 민족을 변증하려 했던 것이다.

난바라의 구상은 국제연맹으로 가시화된 '국제주의'를 칸트적 세계시민이 아니라 여러 민족의 내면적인 인격 도야와 자유 추구를 통해 기초지우려는 기획이었다. 『피히테의 정치철학』에서 그는 피히테가 어떻게 인류 보편의 정의나 자유 이념을 민족 형성 속에서 추구했는지를 논증하려 했다. 그 시도가 성공했는지 여부는 여기서의 관심이 아니다. 중요한 것은 난바라가 스스로를 피히테와 중첩시키며 보편적인 정의와 자유 이념을 일본의 새로운 민족 형성 속에서 실현시키려 했다는 점이다. 즉 피히테가 나폴레옹 전쟁 속에서 민족공동체를 정의와 자유의 이름으로 변증하려 했던 것과 마찬가지로, 난바라는 전체주의와 전쟁 속에서 보편적 이념의 내면화 과정으로 새로이 일본의 민족 형성을 이끌려 했던 것이다. 그런 맥락에서 난바라는 국제주의의 입장에서 당대 일본의 광신적 일본주의를 비판한다.

> 일본정신의 고조가 낡은 민족공동체 사상의 부흥이어서는 안 된

다. 그 과정에서는 근대 이후 일본이 경험한 정치사회의 발전과 의의가 충분히 고려되어야 하며, 또한 널리 세계 사회사상의 발전 궤도가 성찰되어야만 한다. (…) 편협하고 배타적인 국수주의는 일본 문화의 발전을 저해하며, 자기 스스로 멸망을 초래하고 말 것이다. 그런 사고방식이 잘못 국제정치 관계에 적용되면, 각 국가는 자신이 인류공동체의 일원임을 망각하고 자족적이고 폐쇄적인 정책으로 나아가 결국 세계에서 고립되는 운명을 피할 수 없다. 그리하여 무력으로 이웃을 침략하고 세계 재패를 꿈꾸게 될 것이다. (「'시대위기'의 의미」(1934))[21]

여기서 난바라는 일본정신의 고조 자체가 아니라 그것이 복고주의로 빠져 근대에 이르는 정치사회의 발전에 역행하는 세태를 비판한다. 이 문장이 1934년에 쓰였음을 감안할 때 당시 그의 눈에 비친 전쟁은, 일본에서든 독일에서든 민족주의가 과거로 회귀하여 폐쇄적인 이데올로기로 전락한 결과일 뿐이었다. 그런 의미에서 피히테를 매개로 한 그의 민족주의는 동시대의 긴급한 과제에 대한 응답이었다. 여러 민족과 주권국가를 넘어선 칸트적 보편질서는 물론 수립되어야 하지만, 현 단계에서 그 이념을 표출할 수 있는 것은 민족공동체뿐임을 난바라는 주장했던 것이다 (「현대의 정치이상과 일본정신」(1938)).[22]

그의 전후 부흥 논의는 모두 이런 사상의 산물이었다. 천황을 국민통합의 중심으로 삼고, 전쟁포기를 맹세하여 인류의 보편 이

21 『南原繁著作集』 2, 68면.
22 같은 책 117면.

념을 체현한 헌법을 옹호하며, 국민통합과 보편 이념의 실현을 교육개혁으로 실현한다는 그의 구상은 모두 피히테를 매개로 한 민족공동체 구축을 핵심으로 삼는 것이었다. 난바라에게 신헌법이 주창하는 민주와 자유는 자유주의와 같이 법 이전의 자연권에서 비롯되는 것이 아니라 개인이 진정한 인간으로 변신하는 민족 갱생의 산물이었던 것이다. 그는 민족 갱생의 열쇠가 되는 실천이 '교육'이라고 생각했다. 왜냐하면 "일본 국민 공중이 진리를 사랑하고 한 사람 한 사람이 스스로를 인간으로 자각하기 전에는 시대의 곤란한 문제가 근본적으로 해결될 수 없을 것"이기 때문이다(같은 글).[23]

여기서 "시대의 곤란한 문제"란 다름아닌 전쟁이었으며, 그것은 앵글로색슨적 자유주의와 일본·독일·이탈리아의 전체주의 사이의 대립이었다. 따라서 난바라는 냉전이 자리 잡은 전후에도 대립은 근본적으로 해결되지 않았다고 보았다. 미국과 소련의 대립은 자유주의와 전체주의의 대립이 반복된 것에 불과했기 때문이다. 그가 전면강화와 영구중립을 주장하면서 전후 부흥을 정치 경제 제도의 개혁보다 교육에서 추구했던 까닭이 여기에 있다. 난바라에게 전후는 여전히 대립의 논리가 세계를 지배하고 있었다. 이를 극복하기 위해서는 대립을 주축으로 하는 정치가 아니라, "정치사회 진보의 기초 조건"인 "인간 자유의 자각과 합리적 정신의 함양"(같은 글)[24]이 요청되어야만 했던 것이다.

---

23 같은 책 121면.
24 같은 책 122면.

그러나 그의 기획이 보편주의와 민족주의에 뿌리내린 것인 한, 의도와 상관없이 앞서 말한 섬멸전쟁—비인간을 배제하고 말살하는 궁극의 전쟁—을 피해 갈 수는 없었다. 또한 그것은 진보와 문명에서 뒤처진 야만을 배제하고 멸시하는 식민주의와 중첩되는 것이었다. 이런 중첩을 확인하기 위해 난바라의 한없이 투명하고 숭고한 이념이 어떤 법사상 계보와 연결되는지 확인해보자.

순수일본과 탈정치의 귀결: 인류와 평화라는 이름의 섬멸전쟁

지금까지 살펴본 바와 같이 난바라의 전후 부흥 논의는 패전 전 작업의 연속선상에서 이뤄졌다. 특히 전후 교육개혁에 깊게 관여한 그의 부흥 논의는 국민 교양의 고양을 통해 피히테적 민족주의의 실현을 꾀하는 것이었다.[25] 그리고 그것은 신헌법의 이념을 피히테적 민족주의를 통해 전유함으로써 여전히 대결의 논리가 지배하는 당대 상황의 극복을 목표로 삼았다. 이를 통해 인류의 보편 이념 실현에 이바지하고자 했던 것이다. 이런 배경에서 난바라는 1946년 8월 27일 국회 귀족원 본회의에서 헌법개정에 관한 질의를 통해 본인의 이상을 주창하게 된다.

그는 우선 헌법개정 초안이 "세계의 정치적 동향과 시대의 의

25 난바라의 전후 교육개혁 구상에 관해서는 『回想の南原繁』, 367~400면 참고. 또한 그의 교육개혁 구상이 패전 전 작업의 연속인지에 대해서는 小出達夫 「公共性と教育(4): 教育基本法と南原繁(序説)」, 『公教育システム研究』 第14号, 2015, 69~102면 참고.

의를 깊게 통찰"한 산물이어야 함을 설파하면서, 그 동향과 의의를 반영한 헌법 이념을 다음과 같이 풀어낸다. "밖으로는 세계를 향해 전쟁포기를 선언하여 인류의 고귀한 이상 실현을 자각한 문화적이고 평화적인 국가를 창설해야 하며, 안으로는 사람에 대한 사람의 압박과 예속을 타파하고 대권을 참칭하며 자유와 권리를 유린하는 일이 불가능한 국민 공동의 민주국가를 건설해야 한다"(「귀족원 본회의에서의 질의」(1946)).[26] 이런 전제 위에서 난바라는 신헌법의 '국민주권'을 '민족공동체' 혹은 '국민공동체'의 틀로 전유하여 다음과 같이 해석한다.

〔'민족공동체' 혹은 '국민공동체'는〕 금번 중의원의 〔헌법〕 수정안과 같은 '주권재민'의 사상과는 본래 근본적으로 다른 입장에서 비롯된 것이었다. (…) 〔그것은〕 우리나라의 역사에서 군주주권과 민주주권의 대립을 넘어선 이른바 '군민동치(君民同治)'라는 일본 민족공동체의 본질을 살리는 것이며, 민주주의가 원리적으로는 개인과 그 다수에 기초하는 것과 달리, 국가공동체를 구성하는 새로운 세계관적 기초를 제공하는 개념이다. 이것은 마치 18~19세기의 '자유주의적 민주주의'에서 새롭게 '공동체 민주주의'로의 발전을 의미하는 개념이기도 하다. 우리나라에서 국민통합을 근원에서 지탱해온 것이 황실이라는 사실은 우리의 새로운 민주주의에 각별한 의의를 부여하는 듯하다. (…) 이 새로운 국민 혹은 민족 공동체의 사상은 (…) 인간 천황

26 『南原繁著作集』 9, 13면

을 핵심으로 하여 국민통합과 마찬가지로 사람과 사람 사이의 신뢰와 존경, 즉 새로운 윤리적/문화적 공동체를 의미하는 것이다.[27]

따라서 난바라에게 신헌법의 이념은 자연권을 가진 개인이 계약을 맺어 국가를 구성하는 근대 자유주의의 민주주의가 아니다. 홉스의 논리로든 로크의 논리로든 국가 구성을 위한 계약이 자연상태 혹은 전쟁상태를 회피하기 위해 체결되는 한 그것은 개인의 생존을 건 결단을 기초로 한다. 홉스는 노골적으로 잔인한 자연상태에서 국가 구성 논리를 도출했고, 로크는 개인의 선의에 국가로 이르는 상호계약을 뿌리내리려 했지만, 양쪽 어느 경우에서든 자유주의의 계약은 살아 있는 생명으로서의 개인을 가장 원천적인 전제로 상정한다. 국가가 비롯되는 자연상태에서는 항상 외부의 위협에 벌벌 떠는 위약한 개인이 국가 구성의 최소 단위로 불안하게 서 있다. 그렇기에 홉스가 말했듯 이런 전제 아래에서는 국가가 생성된다 해도 결코 자연상태에서 완전히 벗어날 수는 없다. 개인 사이의 계약에서 비롯되는 한에서 국가는 언제든 분해될 가능성을 내포하며, 자연상태는 언제나 이미 국가 속에서 잠재성으로 잔존한다.

하지만 난바라가 사념하는 전후 일본의 민주국가는 전혀 다르다. 그곳에서는 자연상태에서의 개인이 철저하게 말소되어야 한다. 개인이 상호 간에 잠재적인 위협이 되는 자연상태란 민족 혹

27 같은 책 25~26면.

은 국민 공동체에서는 존재하지 않는 것이다. 이를 설파하기 위해 난바라는 전후민주주의의 요체로 정당정치나 계급갈등 등 정치 과정의 제도적인 합리화가 아니라, 그런 제도조차 궁극에서는 필요로 하지 않는 정신의 함양을 요청한다. 그가 전후민주주의의 논리적 기초를 개인이 서로 반목하는 자연상태가 아닌, 황실 중심의 국민통합과 보편적 자유 및 정의를 존중하는 정신공동체로 구상한 까닭이 여기에 있다. 난바라는 대립이나 계약이 아니라 공동 혹은 교양을 전후민주주의의 핵심으로 내세운 것이다. 이런 맥락에서 그는 신헌법 이념의 실현을 위해 교육개혁을 요청한다.

진정한 쇼와유신의 근본 과제는 일본정신의 혁명, 새로운 국민정신의 창조, 그리고 우리 국민의 성격 전환이며, 정치사회 제도 변혁보다 무엇보다도 내면적인 지식-종교적 정신혁명이다. 이렇게 하여 국민에게 새로운 정신적 생명이 주입되어야 비로소 자기의 진정한 영원성을 깨닫고 인류 문화와 평화에 기여하는 자신의 신적 사명을 요청할 수 있을 것이다. (「조국을 부흥시키는 것」(1946))[28]

〔전후 일본의 재출발을 위해〕 필요한 것은 각 정당 간의 세계관적 분열과 대립을 넘어서는 일이다. 새로운 헌법 아래 국민 모두가 가져야 할 국민적 세계관 혹은 정치관을 만들어 고양시켜야 한다. 그것은 근대 민주주의의 사명이기 때문이다. 이런 의미에서 일반 국민의 정

28 『南原繁著作集』 7, 27면.

치교육은 새롭게 중요한 역할을 떠맡아야 할 것이다.[29]

〔이 사명을 완수하기 위해서는〕 새로운 교육원리를 발견하여 높은 이상과 이에 따라 행동할 수 있는 불굴의 정신을 국민 대중, 특히 다음 세대를 이끌 젊은이들에게 불어넣어야 한다. (…) 이제 '자유'와 함께, 혹은 그 앞에 '책임'을, 또한 '권리' 앞에 인간의 '의무'를 소리 높여 외쳐야 한다. 책임과 의무의 수행은 고귀한 희생의 정신을 필요로 한다. 그것은 단순한 공리주의나 유물주의로부터 도출될 수 있는 것이 아니다. 인간은 각자 자기를 위해 사는 것이 아니라 타인을 위해 살아야 한다. 인생의 궁극 목적은 행복이 아니라 자기 및 타인의 인간성의 완성임을 우리는 명심해야 한다. (「민족의 위기와 미래」〔1950〕)[30]

"일본정신의 혁명"이라든지 "국민 모두가 가져야 할 국민적 세계관 혹은 정치관" 같은 표현은 패전 전의 광신적 천황주의나 군국주의 슬로건과 유사해 보일 수도 있다. 하지만 난바라의 일본정신이나 국민은 그런 배타적이고 패권적인 성격의 것이 아니었다. 이미 살펴봤듯 일본정신이라든지 국민공동체라는 개념은 피히테 연구에서 비롯된 것으로, 보편성과 민족성이 국민정신 혹은 민족정신으로 결합된 산물이기 때문이다. 난바라가 스스로를 중첩시킨 나폴레옹 전쟁기의 피히테는 계몽주의의 보편적 합리주의와 자유주의의 완성을 독일 민족의 형성 속에서 발견하려 했

29 『南原繁著作集』 9, 35면.
30 『南原繁著作集』 7, 366~67면.

다. 이때 피히테가 논거로 내세운 것이 전 인류 진보의 보루인 독일 민족의 정신이었다. 피히테는 독일 민족을 폐쇄적이고 특수한 한 종족이 아니라, 계몽주의가 구축한 보편적 인류의 이념을 역사적 전망 속에서 실현시킬 사명을 짊어진 존재로 간주했던 것이다. 난바라에 따르면 피히테가 이를 변증하기 위해 역사적 논거로 삼은 것은 '종교개혁'과 '독일철학'이었다. 그것은 '정신적 교화'와 '신적 생명'의 직접적인 결합으로 이해된다. 즉 유한한 생명을 영원의 신성으로 이어주는 종교와 인류 보편 정신의 완성을 향한 철학, 이 두가지가 독일 민족을 인류 보편 이념의 체현자로 만든다는 논리인 셈이다.[31]

난바라는 이런 피히테 철학을 바탕으로 일본정신의 혁명을 주장한다. 그것은 "혈연이나 지연에 의한 자연상태를 벗어나 자유의 정신적 교화로 민족적 자아의 자의식적 존재가 형성되는" 민족정신이며, 따라서 "민족의 성질이 전인격으로서 규정"되어야 한다.[32] 이런 사상적 배경 아래에서 전후 일본은 소극적인 전쟁포기가 아니라 "세계 인류 안에서 장래 우리 국민이 기여할 문화국가의 사명"을 떠맡아야 한다.[33] 난바라는 냉전이라는 대결의 논리가 여전히 지배하는 전후 세계에서 일본 국민이 국제연맹 이래의 보편주의적 자유와 정의의 이념을 실현시켜야만 한다고 믿었으며, 신헌법의 전쟁포기 조항은 그것을 체현한 것이라 여겼다. 이

31 『南原繁著作集』 2, 355~56면.
32 같은 책 359면.
33 『南原繁著作集』 9, 34면.

를 위해 상징천황제를 통한 국민통합으로 민족공동체를 이루고, 교육의 장에서 일체의 대결이나 반목을 극복할 수 있는 보편 인류로서의 민족을 갱생시키는 일을 전후민주주의의 요체로 삼았던 것이다.

이것이 난바라가 생각한 전후민주주의다. 일본 민족이 스스로의 정신 함양을 통해 인류 보편 이념을 실현하고자 세계의 최전선에 서야 했던 것이다. 이를 위해 자유주의적 계약에 기초한 국가 구성 논리는 부정되어야만 한다. 대립이나 갈등이 잠재하는 정치제도를 잔존시켜서는 안 되고, 진정한 의미의 민족공동체 형성을 목표로 해야 했기 때문이다. 그러므로 민족공동체 형성은 정치제도가 아니라 정신 함양에 뿌리내려야 한다. 정치제도는 아무리 민주적이고 합리적이라도 갈등과 반목을 근본으로 하기 때문이다. 교육이 전후 개혁의 중심에 자리해야 할 까닭이 여기에 있다. 황실을 국민통합의 중심에 놓고, 그렇게 통합된 국민이 인류 보편 이념을 실현할 사명을 깨닫고 떠맡으며, 교육이 곧 그 모든 과정이 이뤄지는 장으로 성립하는 일. 이렇듯 난바라의 전후민주주의는 민족주의와 보편주의가 결합한, 그야말로 숭고하고 고결한 기획이었다.

그러나 모두가 존경해 마지않았던 난바라 개인의 인격적 완성이나 삶의 태도에도 불구하고, 이러한 민족주의와 보편주의의 결합은 식민주의와 섬멸전쟁으로 이미 침식되어 있었다. 난바라 자신이 의식하지 못했다 하더라도 그가 말하는 민족주의와 보편주의는 야만과 해적이라는 비인간의 형상을 전제하는 법사상 계보로 이어지는 것이기에 그렇다. 다음 난바라의 발언을 보자.

> 일본 국가 최고의 권위이자 국민통합의 상징으로서 천황제는 영구히 유지될 것이며 유지되어야만 합니다. 천황제는 우리나라의 긴 역사에서 민족 결합을 근원에서 지탱해왔고, 군주와 인민 양측의 세대가 거듭해도 군주주권/인민주권의 대립을 넘어선 군민일체라는 일본 민족공동체 불변의 본질입니다. **외지이종족**(外地異種族)이 떨어져나가 순수일본으로 되돌아온 지금, 이것을 상실한다면 일본 민족의 역사적 개성과 정신의 독립은 소멸할 것입니다. (「조국을 부흥시키는 것」, 강조는 인용자)[34]

난바라에게 천황제는 "외지이종족이 떨어져나가 순수일본으로 되돌아온 지금," 국민통합과 민족공동체의 근본이자 최후의 보루였다. 이런 발언이 천황제를 정점으로 성립한 식민주의에 대한 무지와 무책임의 발로라 비판하는 일은 손쉽다. 하지만 전후에 기회가 있을 때마다 난바라가 아시아에 대한 책임을 주장했던 일을 상기한다면, 이 발언을 단순한 식민주의의 반복이며 무책임의 발로라고만 힐난할 수는 없다. 문제는 더 근원적인 곳에 있다. 이 발언의 문제는 순수일본이 민족공동체로 재생되어야 한다고 할 때, 난바라에게 세계는 '여러 민족'의 국가들로 이뤄진 인류공동체로 사념된다는 점에 있는 것이다.

---

34 『南原繁著作集』 7, 58면.

발언이 이뤄진 1946년 시점에 일본의 식민지였던 한반도나 대만, 오키나와는 물론, 세계의 식민지들은 여전히 민족공동체로 이뤄진 국가와는 동떨어진 상태였다. 그러므로 난바라는 식민지배 아래 있는 지역이 독립된 민족공동체로 스스로를 재건해야 한다고 생각했을 것이다.[35] 그것이 평화와 정의라는 보편 이념 실현을 위한 대전제였기 때문이다. 그러나 이런 구상은 역설적이게도 인류라는 보편적 단위를 절대화한다는 점에서 결코 평화와 정의를 담보할 수 없다. 왜냐하면 개별 민족이 모두 보편 이념을 내거는 것은 보편의 이름으로 다른 민족이나 인간 집단을 인류로부터 추방하는 일로 이어지기 때문이다. 카를 슈미트의 날카로운 보편주의 비판을 참조해보자.

> 한 국가가 인류의 이름으로 정치적 적과 싸우는 것은 인류의 전쟁이 아니다. 특정 국가가 교전 상대에 대해 보편 개념을 독점하려 하고, (상대를 희생시킴으로써) 스스로를 보편 개념과 동일화하려는 전쟁이기 때문이다. 평화·정의·진보·문명 등을 적의 손에서 빼앗아 스스로의 손아귀에 쥠으로써 이용하려는 일인 셈이다.[36]

1차대전 뒤의 국제질서를 비판한 슈미트의 논의는 주권국가를 규제하는 상위 규범을 부정하려는 것이었고, 이를 통해 세계나

---

35 가령 1958년 「중국 문제」라는 글에서 난바라는 중화인민공화국이 독자적인 민족공동체로 재생한 것을 환영한다고 밝히며, 신속히 일본과 국교를 회복하여 인류 평화에 공헌해야 한다고 호소했다. 『南原繁著作集』 9, 147~57면 참고.

36 Carl Schmitt, *The Concept of the Political*, 54면.

인류 규모의 정치질서가 허구임을 폭로하려는 것이었다. 슈미트는 이 시점에서 주권국가로 구성되는 유럽 근대의 국제질서를 어떻게든 옹호하려 했는데, 과연 슈미트의 시도가 정당했는지 여부는 여기서의 관심이 아니다. 다만 슈미트의 논의를 지탱하는 당대의 정세 판단, 즉 미국이 인류 평화라는 보편 이념을 휘두르며 패전국을 억압했다는 판단에는 주목해야 한다. 그것은 미국이 보편 이념을 이데올로기로 악용하고 있다는 고발이라기보다는, 인간 사회에서 보편이라는 미명 아래 이뤄진 모든 행위나 발언은 타자나 적을 비인간으로 삼을 수밖에 없다는 냉소주의의 발로였기 때문이다.

따라서 슈미트는 막스 베버를 따라 보편 이념을 둘러싼 싸움이 신들의 논쟁이 될 수밖에 없음을 주장했던 것이라 할 수 있다. 다시 말해 이는 곧 유한한 인간이 한계를 넘어 동류의 인간을 비인간으로 선언하는 자가당착에 관한 문제제기였다. 이런 사유의 계보는 키케로의 시대부터 이어져 내려오는 해적, 즉 '만인의 적'(the enemy of all)이라는 형상에 극명하게 새겨져 있다. 해적은 서양 법사상에서 언제나 '만인의 적'으로 규정되어 인류로부터 추방된 존재였으며,[37] 거꾸로 말하자면 이 해적의 형상이야말로 인류라는 보편 집합을 실정화하는 근원적 임계로서 요청되었던 것[38]이다.

---

37 이 계보에 관해서는 Marcus Rediker, *The Amistad Rebellion: An Atlantic Odyssey of Slavery and Freedom*, Viking-Penguin 2012 참고.

38 다니엘 헬러로젠은 휴머니티라는 이념이 서양 법사상 속에서 적절한 자리를 차지할 수 없었음을 역사적으로 추적하면서, 해적의 형상을 근대에 재발견함으로써 이 이념이 유

그러므로 난바라가 일본 민족을 인류라는 보편 이념을 선도하는 것으로 자리매김하고, 타민족도 모두 각자의 전통에 걸맞은 정신적 각성을 거쳐 보편 이념의 실현을 위해 힘써야 한다고 말할 때, 그는 필연적으로 아직 그런 민족통합의 상태에 이르지 못한 집단을 '진보하지 못한', 이상적인 인류의 모습에서 탈각된 존재로 사념할 수밖에 없었다. 난바라가 의도적으로 그렇게 했다는 뜻이 아니다. 일본정신에 대한 그의 순수하고 무구한 열정이 타자에 대한 악의 없는 배제를 필연적으로 불러온다는 얘기다. 그리고 그 형상은 아직 민족공동체를 형성하지 못하여 인류의 이념을 떠안을 수 없는 '외지이종족'과 중첩된다. 이것이야말로 보편주의와 결합한 식민주의다. 악명 높은 19세기 벨기에 군주 레오폴트 2세의 발언에서 이 결합의 원형을 볼 수 있다.

> 문명은 이제껏 가닿지 못했던 지구상의 한 부분을 열려 하고 있다. 암흑을 꿰뚫고 그 땅의 모든 주민을 휘감아 안으며. 내가 자신 있게 말하거니와, 이것이야말로 진보의 세기에 다시 등장한 십자군이다.[39]

레오폴트 2세는 콩고 지배를 통해 19세기부터 본격화한 유럽 열강의 아프리카 지배의 선구자가 될 수 있었다. 그는 이렇게 스스로의 지배를 '진보라는 이름의 십자군'이라며 자랑스레 선언한

력한 정치적 개념이 되었음을 설득력 있게 제시한다. Daniel Heller-Roazen, *The Enemy of All*, 147~61면 참고.

39 Carl Schmitt, *The Nomos of the Earth*, G.L. Ulmen trans., Telos Press 2010, 216면에서 재인용.

다. 십자군이 기독교의 유일신을 절대자로 삼아 그 보편적 지배를 목표로 이교도의 땅을 침략한 것은 주지의 사실이다. 마찬가지로 여기서 레오폴트 2세는 진보를 절대적 보편 이념으로 삼아 아프리카의 암흑, 즉 야만을 구제하려 한다. 식민주의와 보편주의는 이렇게 시작부터 혼연일체의 이념이자 기획이었다. 슈미트는 이 결합을 북미 원주민에 대한 추방과 학살 속에 중첩시킨다. 북미 원주민이나 아프리카 주민은 진보와 보편의 이름 아래 암흑의 땅에 사는 야만인으로, 그리고 궁극에서는 비인간으로 추방되어 섬멸될 대상으로 간주된다. 그들은 인류의 진보를 저해하는 해적과 같은 만인의 적으로서, 섬멸전쟁을 통해 말살되어야 할 존재로 자리매김된 것이다.

이것이 난바라의 전후민주주의 기획 근저에 자리한 음산한 정치라 할 수 있다. 교육을 통한 정신 함양을 강조하면서 전후민주주의의 탈정치화를 설파한 난바라는 이런 근원적이고 음산한 폭력을 자각할 수 없었던 것이다. 2015년의 안보법제 개정이 보편 이념 위에서 성립한 전후민주주의의 연속선상에 있다고 보는 것은 이런 맥락에서다. 아베 정권의 '적극적 평화주의'란 바로 이 근원적이고 음산한 폭력이 전후민주주의의 근저에 자리하고 있었음을 여실히 드러낸 이념이었다. 이제 그 근원적이고 음산한 폭력성을 탈정치화 비판의 맥락에서 음미하며 논의를 마무리하도록 하자.

정치의 복원: 공생을 위한 연옥을 버텨내기

난바라는 확신범으로서 이런 식민주의와 섬멸전쟁을 주장하지는 않았다. 그러나 그의 숭고한 일본정신의 혁명은 계보적으로 식민주의와 보편주의를 결합시킨 사상이나 관점으로 연결된다. 전후민주주의는 난바라가 말한 대로 일본정신의 혁명을 교육의 장에서 어느정도 달성했는지 모른다. 그러나 전후 일본은 식민지 출신자들을 국민으로부터 추방하는 한에서 일본 국민을 형성할 수 있었다. 그리고 직간접적으로 미국이 보편 정의의 미명 아래 주도한 전쟁에 몇차례나 참여해왔다. 또한 신안보법제의 적극적 평화주의는 전후 평화가 보편주의의 섬멸전쟁을 전제로 한 것임을 노골적으로 인정했다. 그런 의미에서 서경식의 국민주의 비판은 전후민주주의의 맹점을 날카롭게 되묻는 것이었으며, 식민주의 비판을 보편주의 비판으로 확장하는 것이기도 했다.

한국뿐 아니라 일본에서도 논란을 일으킨 『제국의 위안부』는 전후민주주의 안에 숨어 있는 식민주의와 보편주의의 결합이 망각된 결과가 어떤 역사인식을 초래하는지를 보여주는 사례였다. 그 속에서 작가는 전후민주주의에 무한한 신뢰를 보내고 그 양심을 외면하는 일본의 '좌파'나 한국의 민족주의자를 비판하지만, 그것은 전후민주주의가 대립적인 정치를 일소하고 개인으로서의 책임의식을 짊어질 수 있는 국민을 길러왔다는 확신에서 나온 비판이었다. 그러나 작가는 전후민주주의와 평화주의와 보편주의의 표층에만 눈을 돌렸다. 난바라가 체현하고 있듯 전후민주주의의 이념을 지탱하는 것은 섬멸전쟁으로 이뤄진 궁극의 배제와 추방이라는 폭력이다. 작가는 과거의 역사를 정치화하는 일을 회피하여 이러한 전후민주주의의 임계로 현현하는 폭력에 무지했던 것이다.

따라서 신안보법제나 『제국의 위안부』를 둘러싼 여러 논의를 역사적이고 사상적으로 추궁하기 위해서는 난바라의 전후민주주의가 전제할 수밖에 없는 식민주의와 보편주의의 결탁에 눈을 돌려야 한다. 그것은 개인의 양심이나 도덕에도, 또 국가 간의 화해에도, 미래를 향한 공생 질서의 가능성을 위탁하지 않겠다는 결단을 요청한다. 과거의 기억을 안이하게 화해시키거나, 평화주의를 도그마로 삼아 정치를 형해화하는 발상으로는 미래의 공생 질서는 결코 도래하지 않을 것이다. 오히려 공생을 위해서는 과거의 역사기억으로부터 비롯된 갈등에서 눈을 돌리지 말아야 한다. 평화주의를 지탱하는 근원적이고 음울한, 보편을 휘두르는 전쟁을 비판해야 하는 것이다.

이는 역사기억의 화해가 아니라 갈등을, 전후민주주의의 옹호가 아니라 비판을 필연적으로 요청한다. 그것이야말로 마루야마가 언급한 바 있는 정치라는 연옥을 견디는 길이다. 이 연옥을 회피하는 일 없이 그 안에 머무르는 일, 이는 곧 전후민주주의를 끝나지 않는 운동으로 유지하는 유일한 방법이다.

4장 평화, 천황 그리고 한반도

와다 하루키와 전후 일본 평화주의의 함정

와다 하루키는 널리 알려진 일본의 이른바 '양심적 지식인'이다. 그가 한국에 널리 알려진 계기는 1990년대 초중반의 동아시아 공동체 논의와 1990년대 후반부터의 위안부 문제였다. 그런데 이미 그는 1980년대 수많은 '운동권'에게 한국 민주화운동을 지지하고 군부독재를 비판하는 '화전춘수'(와다 하루키의 한자 독음)라는 논객으로 알려졌었고, 한국에서는 금기시되었던 북한 연구를 위해 일본을 택했던 유학생들이 그의 연구에 큰 영향을 받은 바 있었다.[1] 그런 까닭에 와다는 일본의 '양심적인' 한반도 역사 전문가로 인식되어왔다.[2]

---

1 하종문 「무라오 지로, 세지마 류조, 와다 하루키」, 『역사비평』 84호, 2008 참고.

2 1990년대 중반부터 한국의 어느 일간지에 정기적으로 칼럼을 연재했던 와다는 대중적으로도 익숙한 인물이다. 최근에도 위안부 합의나 6월항쟁 30주년 기념 등과 관련해 한국 언론에 자주 거론된다. 이때 그를 따라붙는 수식어는 예외 없이 일본 내 '양심적' 지식인이라는 수사이다. 일례로 「복귀한 日 대사, 소녀상 이전 강력요구 시사」, 『매일경

와다가 학계에 첫발을 내디딘 것은 한반도 연구자로서가 아니었다. 와다는 1960년 도쿄대학 서양사학과를 졸업한 뒤 사회과학연구소 조수(助手)로 부임하여 1968년 조교수로 임용되는데, 이때 그의 전공 분야는 러시아 근현대 사회경제사였다. 그가 공식적으로 발표한 첫 논문은 「'토지와 자유주의' 혁명이론: 1870년대의 혁명적 나르도니키주의의 이론과 파토스」(『歴史学研究』 241호, 1960)로, 러시아 연구로서는 문학 아니면 레닌밖에 몰랐던 당시 일본 학계에서 새로운 분야의 개척자로 인정받았다. 이후 와다는 1968년 「근대 러시아 사회의 성립」을 조수 논문[3]으로 제출하고 사회과학연구소 조교수로 취임하는데, 이 논문에서 와다는 당시 학계에서는 선행연구가 없었던 러시아혁명 전 시기의 러시아 사회체제를 연구한다. 이 논문은 '러시아 자본주의의 성립'을 주제로 한 러시아혁명의 물질적 토대에 대한 심층 분석이었다. 스탈린주의 비판과 신좌파의 난립 등 급진운동이 최정점을 맞이했던 당대의 정세에서 와다는 사회주의혁명의 물질적 토대를 '학문적으로' 탐구하던 러시아 연구자였던 것이다. 그러던 그가 한반도에 관심을 갖게 된 계기는 무엇이었을까?

와다는 고등학생 시절부터 공산당 세포조직에서 활동하며 일본뿐만 아니라 국제정세에 민감하게 반응했던 청년 운동가였다.

제』 2017.4.4; 「강경화 외교장관이 기대되는 이유」, 『한국일보』 2017.5.27; 「'6월 항쟁' 30주년…다음 달부터 행사 쏟아진다」, 『머니투데이』 2017.5.31 등을 참고.

3 석사나 박사 학위논문은 아니지만 전임교수로 취임할 수 있음을 인정하는 자격 논문이라 할 수 있다. 내용이나 분량은 박사학위논문에 준한다. 마루야마 마사오의 출세작 『일본 정치사상사 연구』도 조수 논문을 수정/보완한 저작이다.

중학교 시절에는 1954년 비키니섬에서의 수소폭탄 실험과 다이고후쿠류마루(第五福竜丸)의 피폭 소식을 접하면서 평화를 위협하는 국제정세 전반에 눈을 뜬다.[4] 이후 고등학생이 되어 동시대 연구자/사상가 두 사람에게 큰 영향을 받는다. 바로 중국문학 연구자 다케우치 요시미와 마르크스주의 역사학자 이시모타 쇼(石母田正)다. 때는 일본 정부가 소련 및 중국을 제외하고 서방 측 연합국과 '단독강화'에 나선 시기였다. 다케우치는 저서 『일본 이데올로기』(1952)에서 중국을 무시하고 미국을 추종하는 당대의 흐름을 비판하면서, 정치가와 관료들이 결정을 주도하여 독재체제가 다시 회귀하고 있다는 점, 중국혁명이 일본의 근대화와 달리 인민 주도의 진정한 혁명이라는 점, 그리고 중국에 대한 일본인의 뿌리 깊은 멸시가 결국 일본의 전후 개혁을 망칠 것이라는 점 등을 주장한다. 와다는 이 저서를 통해 미국 중심으로 흘러가는 당대의 흐름에 비판적 인식을 획득할 수 있었고, 혁명에 성공한 중국에 대한 인식이 일본의 자기인식과 개혁을 위해 중추 역할을 한다는 사실을 깨닫는다. 그래서 다케우치는 와다에게 "가장 기본적인 참조 기준"이었으며 "신"이었다.[5]

그런 신이 자신의 저작에서 한 역사가를 추천했다. 바로 이시모타 쇼였다. 이시모타는 저명한 일본 중세사가로 전후 일본사 연구에서 마르크스주의적 관점을 근대를 넘어 중세사로까지 확장시킨 인물이었다. 이시모타는 『역사와 민족의 발견』(1952)에서

4 和田春樹 『ある戦後精神の形成』, 岩波書店 2016, 101~38면.

5 같은 책 129면 및 142~51면.

일본의 근대적 발전이 조선이나 중국의 희생으로 이뤄진 것을 강조하면서, 제국주의로부터의 해방을 역사학의 임무로 전면에 내세웠다. 마르크스-레닌주의에 충실한 이 저서에서 와다는 제국주의 비판에 입각한 조선 인식을 획득한다.

이시모타는 전후 일본의 현실은 미국에 대한 종속이라고 규정하면서 이로부터 탈출하기 위해서는 스스로의 민족의식을 확립해야 한다고 주장했다. 그의 독자성은 일본 민족의 독립을 희구하면서도 일본이 조선을 지배한 역사를 깊게 생각함과 동시에 타민족 억압의 경험이 일본인의 정신을 왜곡함을 지적하면서, 그 왜곡은 단순히 식민지 지배를 그만두었다고 극복되는 것이 아니라 오랜 기간에 걸친 정신혁명의 노력이 필요하다고 지적한 데에 있었다. 다케우치의 글에서 배운 뒤 이시모타의 이 문장을 읽고 조선 문제에 관한 나의 입장이 성립한 것이다.[6]

물론 이는 한반도 문제에 관여하면서 일가를 이룬 노(老) 대가의 회상이라는 점에서 소급적 정리일 수 있다. 그러나 50년 뒤의 회상이라는 점을 감안하더라도 와다의 조선/한반도에 대한 관심은 이른 시기부터 싹튼 것임을 인정해야 한다. 1953년도 한일 국교 정상화를 위한 제3차 회담 결과를 접하고 와다는 다음과 같이 일기에 적고 있기 때문이다.

6 같은 책 149면.

일본 정부 대표는 '일본의 조선통치는 조선인을 위해 큰 도움이 되었을지도 모른다. 일본 정부는 36년간 많은 돈을 조선을 위해 지출하여 조선인의 이익을 도모했다'고 말했다. (…) 이것은 다년간 일본 제국주의로부터 독립하려 투쟁해온 전 조선 인민이 절대로 승복할 수 없는 발언일 것이다. (…) 한국 측 주장은 독재자 이승만의 의지가 아니다. 조선 반도 전체에서 다년간 일본의 침략에 저항해온 조선 민중의 목소리다."[7]

이렇듯 이미 와다는 고등학생 시절부터 조선/한반도 문제에 깊은 관심을 가졌고, 다케우치와 이시모타의 관점을 통해 반제국주의적 입장에서 식민지 지배 문제를 이해하고 있었던 것이다.

그러므로 근대 러시아 경제사 연구자 와다가 1970년대 이후 한반도 문제에 깊은 관심을 가지고 여러 지면에 적극적으로 자신의 견해를 발표한 것은 우연이 아니다. 오히려 그의 본령인 러시아 경제사 연구가 다케우치와 이시모타로부터 배운 제국주의 비판의 영향 아래에서 이뤄진 것이라 평가될 수 있다. 그는 러시아라는 연구 대상에서 한반도로 관심을 확대했다기보다는, 제국주의 비판이라는 넓은 관점에서 러시아 연구와 한반도 연구를 전개했던 셈이다. 그리고 이러한 연구는 제국주의와 식민주의의 극복 없이는 제국일본의 질곡으로부터 벗어나는 일이 불가능하다는

7 같은 책 166면.

인식을 전제한다. 즉 전후 일본의 민주주의와 평화주의는 철저하게 제국주의 비판과 식민주의 극복에서 출발해야 한다는 기본 전제가 와다 하루키의 지적 영위를 관통하는 원칙이었던 것이다.

그러나 그런 맥락에서 다음과 같은 글은 어떻게 이해되어야 할까?

> 군대가 다른 나라로 나가 전쟁을 벌였고 그 결과 자기 나라가 공습을 받아 초토화되었다. 그럼에도 요격하는 항공기도 없고 고사포의 응사도 없었다. 군대가 우리를 지켜준다는 감각을 결국에 갖지 못했던 전시의 본토 일본인으로서는 군대 부정은 매우 자연스러운 감정이었다. 그것은 누군가 타인으로부터 강요된 것도 아니고 패전의 과정에서 스스로 납득하여 획득한 입장이다. 확실히 여기에는 일본 국가가 조선인을 '황국신민'화하고, 만주국을 건국하고, 중국 본토에 대한 침략을 확대하고, '대동아공영권' 건립을 위해 동남아시아를 침공했다는 사실에 대한 책임의식, 가해의식은 없다. 그런 한계를 포함하면서도 이 자연스러운 군대 부정의 감정이 전후 일본인의 출발점이었던 것이다.[8]

여기서 되풀이되는 '자연스러운' 감정이나 감각이란 무엇인가? 와다는 군대나 전쟁을 반대하는 평화주의가 공습을 겪은 '일본인'으로서 '자연스레' 형성된 것이라 말한다. 그리고 병렬적

---

8 같은 책 52면.

으로 조선, 중국, 동남아시아 지배와 침략에 대한 반성을 거론한다. 즉 평화주의와 지배/침략 반성은 별개의 것으로 병치되어 있는 셈이다. 마치 평화주의는 자연스럽게 획득되었고 지배/침략에 대한 반성은 이후에 배워야 하는 것인 양 말이다. 여기에는 '일본인'의 전후민주주의와 평화주의가 식민지 지배나 침략전쟁에 대한 반성 없이도 성립 가능하다는 인식이 있다. 그런 한에서 이는 와다의 자기배반이다. 스스로의 일생에 대한 회상에서 반제국주의와 탈식민주의가 지적 영위의 출발점이었음을 회상하면서 동시에 일본의 전후민주주의와 평화주의가 '일본인'의 자연스러운 감각이라 평가하는 이 자기모순을 어떻게 이해해야 할까?

다케우치와 이시모타라면 결코 '일본인의 자연스러운 감각' 같은 표현을 쓸 수 없었을 것이다. 두 사람 모두 메이지 이래 형성된 일본인의 폐쇄적 동질성을 아시아 침략과 식민지 지배를 경유하여 비판하려 했기 때문이다. 물론 와다도 그런 입장에 서왔다. 그러나 그런 오랜 시간에 걸친 노력에도 저 문장에는 명백히 '자연스러운' 일본인의 정신 혹은 감각이 '자연스레' 서술되어 있다. 단순한 실수일까 아니면 무의식의 소산일까? 지금부터 이어질 논의는 이 지점에서 출발한다. 와다의 자기모순이 어떻게 하나의 정신 안에서 갈등 없이 공존할 수 있는지 추적하는 것이 이 장의 목적이다.

한반도에 대한 시선과 동아시아 담론

와다 하루키가 한반도 문제에 관해 처음으로 글을 공표한 것은 1974년의 일이었다.「한국의 민중을 응시하기」라는 글에서 그는 1910년 한일강제병합 당시 이시카와 다쿠보쿠(石川啄木)를 비롯한 소수의 지식인을 빼고는 일본이 "얼마나 끔찍한 죄의 길로 진입하는지"를 아무도 몰랐다고 지적한다. 그러면서 와다는 "일본인이 이 침략과 수탈의 역사를 부정하고 조선 반도의 사람들과 새로운 관계를 창조할 기회"가 세번 있었다고 말한다. 첫번째는 1945년의 패전이고 두번째는 1965년 한일조약 체결이었는데, 두차례 모두 일본인은 조선 민중을 이해하지 못한 채 연대의 기회를 놓쳤다고 지적한다. 그리고 세번째로 1973년의 김대중 납치와 뒤이은 한국 민주화운동을 거론하면서, 이 기회를 통해 일본과 조선 사이의 역사를 전면적으로 반성하고 관계를 근저에서 다시 만들자고 제안했다.[9] 여기서 알 수 있듯 와다는 당대 상황을 계기로 한일관계를 새로이 수립하자고 주장한다. 이는 단순히 한일관계의 개선만을 위한 것이 아니었다. 그는 한국의 민주화운동을 반식민지 저항운동의 맥락에서 파악했으며, 이는 제국일본의 유산이 여전히 반도와 열도를 지배한다는 인식 위에서 이뤄진 사고였기 때문이다. 다시 말해 한국의 민주화운동과 연대하는 것은 한국을 돕는 차원이 아니라 일본의 자기개혁을 위한 실천이란 관

9 和田春樹「韓国の民衆をみつめること—歴史の中からの反省」,『展望』1974.12.

점이었던 것이다.

여기에는 와다에게 조선 문제에 관한 전문적 식견을 준 가지무라 히데키(梶村秀樹)의 영향이 짙게 배어 있다. 가지무라는 미국 제국주의는 '일본/조선/중국' 인민의 적이라는 사실을 강조하면서 '부활하려 하는 일본 제국주의가 조선을 지배하려는' 흐름을 놓쳐서는 안 된다고 지적했고, 와다는 그 관점을 받아들인다.[10] 이런 관점에서 와다는 한일조약을 일본의 조선 재침략으로 간주했으며, 베트남전쟁에 시민운동의 역량이 집중되던 당시에 한일조약의 제국주의적 성격을 적극적으로 알렸다. 그 노력은 1965년 9월 11일 발표된 '한일조약에 반대하는 역사가 모임' 성명으로 결실을 맺었다. 와다가 기초한 이 성명은 일본 제국주의의 조선 지배가 한일조약으로 해결되지 못함을 역사적 경위를 좇아 논증하면서, 결론적으로 "한일조약은 일본이 아시아의 동북 끝에서 아시아 민중의 억압과 수탈의 길로 다시 걸어 들어가기 위한 것이며, 이 길이 일본 국민의 퇴폐와 비참을 강화시켜 베트남에서의 미국의 만행으로 이어짐은 자명한 사실"이라고 규탄했다. 이렇듯 1974년의 논문 이전에 와다는 이미 반제국주의라는 큰 틀 안에서 한일조약 및 조선 지배 문제를 포착하고 문제제기했다.

이런 관점은 1970년대 후반에서 1980년대에 이르는 한국 민주화운동에 대한 시선에서도 일관적으로 유지된다. 1975년 김지하가 일본 시민에게 보내는 편지가 발표되면서 와다를 비롯한 몇

10 和田春樹『ある戦後精神の形成』, 337~38면.

몇 활동가들은 한국어 공부를 시작했고 연이은 『동아일보』 광고 중단 사태를 맞아 모금운동을 벌인다. 이후 와다는 조선사 연구자들과 함께 해적판 『창작과비평』이나 리영희의 저서들을 읽으면서 한국의 민주화운동과 비판 담론을 적극적으로 학습한다. 그 학습의 결과물이 『분단시대의 민족문화: 한국 『창작과비평』 논문집(分斷時代の民族文化 ── 韓国〈創作と批評〉論文集)』(社會思想社 1979)으로 간행되는데, 와다는 이 책에 백낙청의 『창작과비평』 창간사(1966)를 번역하여 게재한다. 한국의 동시대 지식인이 한반도의 역사와 세계정세를 분석하는 시각에 깊은 공감을 느꼈기 때문이다.[11] 이 시기 와다와 동료 활동가들에게 『창작과비평』을 중심으로 한 한국의 지적 운동은 일본의 식민지배 역사와 미국 제국주의의 패권을 분단이라는 하나의 문제로 엮어 비판하는 '총체적' 관점을 제시해주는 것으로 보였고, 이는 와다가 오랫동안 간직해온 식민주의 극복과 제국주의 비판이라는 원칙을 체현하는 담론이었던 것이다.

이런 와중에 박정희 총살, 12·12 쿠데타 그리고 광주학살로 이어지는 일련의 대격변이 일어났다. 일본 미디어는 연일 대서특필로 한국 정세를 다루었고, 와다와 동료들은 한국의 정세에 촉각을 곤두세웠다. 특히 광주항쟁 및 김대중 사형선고와 관련해서 그는 날카로운 필봉을 세운다. 1980년 1월, 이른바 '서울의 봄'이 쿠데타로 다시 겨울을 맞이한 시기에 그는 한국의 정세를 희

---

11 김항 「동아시아 속의 『창작과비평』」, 『한결같되 날로 새롭게: 창비 50년사』, 창비 2016 참고.

망 어린 관측 속에서 혁명 전야로 규정한다. "파시즘과 더불어 볼셰비즘과 스탈린주의에도 반대하면서 의회민주주의와 산업민주주의를 목표로 한다—이 주장은 제3세계 혁명으로서의 민주주의적 사회주의를 목표로 한다는 노선으로 보입니다. 이것은 세계에서 전례가 없는 노선이며 가장 근원적인 변혁의 길입니다. 그야말로 혁명의 길입니다."[12] 이는 한국의 어느 잡지에 실린 민주화운동 진영 성명에 대한 해설인데, 와다는 한국의 상황을 제3세계 혁명이란 전망 아래에서 파악한다. 여기서 알 수 있듯 와다에게 동시대 한국의 정세는 냉전질서를 극복한 혁명으로의 길을 제시하는 것이었다. 물론 이는 희망 어린 관측이었으며 본인의 관점을 과도하게 투영한 결과였다. 그러나 여기에서도 제국주의 비판과 식민주의 극복은 흔들리지 않는 와다의 세계관적 기초였음을 알 수 있다.

1980년 광주학살은 이런 희망적 관측을 산산조각 내기에 충분한 참극이었다. 그러나 와다는 광주를 '자유 광주'로 명명하면서 이 "자유의 공간은 혁명이 승리하기만 하면 전국에 실현될 새로운 질서의 모범이었다"[13]고 평가한다. 그러면서 하루 빨리 안정을 되찾기를 바란다는 말만 되풀이하는 일본 정부의 대응을 "진실을 회피하고 허구와 낡은 사고 틀에 사로잡힌" 입장이라 비판하며 광주민주화운동이야말로 일본을 낡은 사고, 즉 제국주의와

---

12 和田春樹「私たちも、ともに」(1980),『韓国からの問いかけ』, 思想の科学社 1982, 10면.

13 和田春樹「自由光州の制圧に思う」(1980),『世界』1980.7(『韓国からの問いかけ』, 24면에서 재인용).

식민주의를 벗어나느냐 마느냐의 갈림길에 세우는 계기라고 말한다.[14] 그 뒤 와다는 김대중 재판과 광주항쟁 투사들의 재판을 일본에 실시간으로 소개했다. 이 일련의 과정이 한국뿐만 아니라 일본, 나아가 세계의 새로운 질서를 위한 중요한 계기임을 적극적으로 설파한 것이다.

이런 주장은 김대중을 잃는 일은 “일본 국민을 포함하여 평화와 민주주의와 인간다운 삶을 희구하는 전 동아시아의 인간에게 상상을 초월하는 타격”[15]이라든가, 일본 정부가 경직된 한반도 정세 속에서 북한에 사절을 보내 “36년간 방치해온 36년간의 식민지배 청산에 나서 과거를 깨끗이 정리함과 동시에 조선 반도의 긴장을 완화하여 동북아시아의 평화에 공헌”[16]해야 한다는 그의 표현에 잘 나타나 있다. 그것은 모두 한국의 민주화운동이 제국주의와 식민주의에 대항하는 것이란 인식에 바탕을 둔 주장이었다. “한국 민주화운동의 전진은 미국과 일본에서의 변화와 공시화되어야 하는데, 미국과 일본이 바뀌지 않는 한 다시 한국인의 운동이 벽에 부딪힐 것이기 때문이며 그 반대로 한국인의 운동이 벽에 부딪히면 미국과 일본도 변화하지 못할 것”[17]이라는 주장에서 알 수 있듯, 그 배경에는 연동하는 세계상이 전제되어 있었다. 와다는 한국의 민주화운동을 일국적 변화가 아니라 세계질서의 변화를 추동하는 계기로 파악했던 셈이다.

---

14 『韓国からの問いかけ』, 30면.
15 같은 책 88면.
16 같은 책 240면.
17 같은 책 274면.

1980년대 그는 이런 기본 입장에 입각해서 한국의 현안을 역사/정치 의제로 삼아 적극적으로 발신한다. 이런 관심과 실천은 1987년의 6월항쟁과 대통령 직선제로 일단락되는데, 이후 와다의 한반도에 대한 시선은 보다 역사적인 테마로 전환된다. 바로 '북한'과 '한국전쟁'이 주된 연구 대상으로 부상한 것이다. 와다의 북한연구와 한국전쟁 연구가 기존 연구와의 비판적 대화 속에서 이뤄진 것임은 주지의 사실이다. 자료와 기본적 관점의 측면에서 와다의 연구는 한국, 일본 및 국제 학계에서 다양한 논쟁 구도 속에 자리매김되었다. 특히 이른바 한국전쟁에 대한 '수정주의적' 연구가 대두되는 시점에서 와다의 연구는 그 한 축을 담당하기도 했다. 물론 이는 북한 연구사 및 한국전쟁 연구사에서 매우 중요한 논점일 터이지만 여기서 주된 관심사는 아니다.[18] 두 분야의 전문적 학설사나 논쟁사보다 북한과 한국전쟁이 와다의 지적 영위에서 어떤 동기와 목적에 따라 도출된 주제였느냐가 여기서의 관심사다.

그가 북한과 한국전쟁 연구에 본격적으로 착수한 것은 1980년대 이후의 일로, 그 결과물로 출간된 것이 『김일성과 만주항일투쟁(金日成と滿州抗日闘争)』(1992) 및 『조선전쟁(朝鮮戦争)』(1995)이었다. 이 두 저작은 북한 및 한국전쟁에 관한 일련의 연구를 정리한 것으로, 이미 논문 형태로 지면에 발표되었을 때 많은 논쟁

18 기존 북한연구의 구도 속에서 와다 스스로가 자신의 연구를 어떻게 위치 지우는지에 관해서는 和田春樹 『北朝鮮―遊擊隊国家の現在』, 岩波書店 1998, 1~23면 참고. 또한 한국전쟁 연구에서 동일한 자기위상 규정에 대해서는 和田春樹 『朝鮮戦争全史』, 岩波書店 2002, 17~35면 참고.

을 야기한 바 있다. 김일성을 역사적 실존인물로 확정하여 그가 벌인 항일투쟁이 북한의 정통성을 형성했다는 주장이나, 북침이 아니라 남침을 역사적 사실로서 확정하면서도 남북이 공통으로 무력통일을 지향한 결과가 한국전쟁이었다는 해석은 기존의 연구자들, 특히 한국과 일본의 '우익' 연구자들로부터 많은 공격을 받았다.[19] 이데올로기적 공격에는 이유가 없지 않았다. 와다가 북한과 한국전쟁 연구를 통해 지향했던 실천적 방향은 "변화해야 함에도 변화할 수 없어 길을 찾지 못하는 오늘날의 북한"을 변화시키는 일이었으며, 그 변화는 "20세기의 역사를 정리하여 남겨진 전후-식민지 후 문제의 처리를 이번 세기 안에 마무리"해야 하는 "일본 국가 및 일본 국민의 의무"임을 명확히 하는 것이었기 때문이다.[20] 즉 한반도 연구를 통해 다시 한번 일본의 식민지 지배와 침략전쟁의 책임을 제기한 셈이다.

이런 맥락 속에서 한국전쟁도 베트남전쟁으로 이어지는 '20세기 동아시아의 30년 전쟁'으로 자리매김된다. 한국전쟁은 남북의 무력통일 지향이 낳은 냉전 아래의 내전이었지만, 그것은 미국과 소련의 전후 동아시아 질서를 둘러싼 더 포괄적인 전략의 경합이 낳은 결과물이다. 와다의 관점은 한국전쟁을 단순히 냉전의 산물

---

19 일본에서 발표된 이데올로기적 비판의 대표적인 것으로 萩原遼『朝鮮戦争 金日成とマッカーサーの陰謀』, 文藝春秋 1993 참고. 이 책에서 저자 오기와라는 와다의 한국어 독해능력까지를 폄하하면서 인신공격에 가까운 비난을 일삼는다. 물론 이런 이데올로기적인 공격뿐만 아니라 그의 사료비판이나 활용한 사료의 한계 등에 관한 '학적' 비판이 제기되기도 했다.

20 『北朝鮮ー遊撃隊国家の現在』, vi면.

로 보는 것이 아니었다. '동아시아 30년 전쟁'은 극복되지 못한 식민주의와 그 위에서 새로이 지속된 제국주의가 낳은 것이었기에, 2차대전으로부터의 단절이라기보다는 그 연속선상에 있는 무력충돌이었다. 일본에 국한해서 보자면 한국전쟁은 식민지 지배와 침략전쟁에 대한 청산 없이 국제무대에 복귀할 길을 열어주었다. 스스로의 한국전쟁 연구를 집대성한 저작을 마무리하면서 와다는 말한다.

> 한국전쟁의 과정에서 한국에 대해서도 조선 민족에 대해서도 동정심을 발휘할 수 없었다는 것은 치명적이었다. 물론 대만이나 한국에 대한 동정이나 연대의 의를 표하면 반공군사동맹으로의 방향성이 강화될 수밖에 없었을 것이다. 그래서 일본 정부와 국민에게는 그런 경향으로부터 눈을 돌리려는 마음이 강했다. 그러나 이로부터 필연적으로 일본 국민에게는 자기들만 평화로우면 된다는 의식, 지역의 운명에 대한 무관심, 지역주의의 부정이 강화되었다. 그것은 요코타기지에서 B29가 이륙하여 북한을 마지막까지 공습·폭격했다는 사실을 모른 채 끝나버린 정신구조였다. 그렇게 하여 동북아시아의 국제구조가 한국전쟁으로부터 모습을 드러낸 것이다.[21]

와다가 볼 때 한국전쟁은 일본으로 하여금 식민지 지배와 침략전쟁을 청산하지 못하게 한 커다란 계기였다. 그런 의미에서 한

---

21 『朝鮮戦争全史』, 489면.

국전쟁은 2차대전 전과 후를 단절시킴과 동시에 연결시키는 이중의 결절점이었다. 한편으로 한국전쟁은 이전과 다른 지역질서를 창출했지만, 다른 한편으로 식민지 지배와 침략전쟁의 상처를 지역 내 역사적 주체들이 공동으로 청산하지 못한 채 잔존시켰다. 와다가 보기에 이는 일본인이 처한 필연적인 이중구속이었다. 당시 수상 요시다 시게루는 미국의 전쟁 협력 요청을 거절하면서 "정신적으로 협력"[22]한다고 답변한다. 요시다로서는 전쟁의 참화로 인해 군대와 전쟁에 강한 거부감을 나타내던 일본 국민의 감정을 거스를 수 없었다. 그러면서도 요시다 정부는 미국이 일본을 한국전쟁을 위한 '기지국가'로 변모시키는 것을 방관했다.[23] 한편에서 군대와 전쟁에 반대하는 평화주의와 다른 한편에서 지역 내에서 벌어지는 참극에 무감한 고립주의가 동시에 자리 잡는다. 와다의 동아시아 공동체 구상은 이런 이중구속으로부터의 탈피를 목표로 주창된 것이었다.

전후 일본의 사상은 전쟁과 군대에 강력하게 반발하며 형성된 사상이다. 식민주의와 제국주의에 대한 반성은 희박하지만 군국주의와 침략주의에 대한 반성은 존재했다. 그런 전후 일본의 사상이 오늘날 여러 각도에서 재검토되고 있는데, 그 사상 안에서 살아온 나로서 되돌아보면 금기시되었던 것이 국가에 대한 책임의식과 지역주의였음

22 『第八回国会衆議院会議録』(1950.7.14).

23 이에 대한 상세 과정은 남기정 『기지국가의 탄생: 일본이 치른 한국전쟁』, 서울대학교출판문화원 2016 참고.

이 통절하게 실감된다. 한편에서는 자기가 속한 국가가 해온 일, 지금부터 해나갈 일에 대한 책임, 다른 한편에선 자기들의 국가가 속한 지역에 관한 확고한 구상으로 그 지역의 평화와 협력 관계의 구축, 이 두 가지는 불가분의 관계로 묶여 있을 터이다. 그러나 이렇게 결합된 두 가지 문제에 대해 생각하는 일을 전후 일본인은 오랫동안 회피해온 것이다.[24]

'동북아 공동의 집' 구상은 이런 문제의식에서 출발한다. 그것은 냉전 붕괴 이후의 지역질서를 미국 일극주의에 기대어 구상하는 것이 아니라, 동북아시아 지역 내에서 자주적으로 협력체제를 지향하며 모색하자는 주장을 내포했다. 그런 의미에서 이 구상은 한국전쟁 이래 지속된 '동아시아 30년 전쟁'이 종식되었음을, 그런 한에서 전후 일본의 이중구속을 벗어던질 수 있는 국면이 도래했음을 전제로 삼았다고 할 수 있다. 물론 그런 정세 판단이 옳은 것인지 어떤 것인지는 논란의 여지가 있다. 하지만 확실한 사실은 와다가 1990년대 중반 이후에 하나의 새로운 국면이 도래했음을 희망을 갖고 실감했다는 점이다. 그 국면의 중심에는 한국의 민주화를 겪은 한반도가 있었고, 여기에 냉전체제의 붕괴라는 국제정세가 중첩되어 한반도 분단체제가 변화한다는 전망을 낳게 했던 것이다.[25] 북한의 핵실험과 국제 금융위기가 이 지역에

---

24 和田春樹『東北アジア共同の家』, 平凡社 2003, 9면.

25 와다는 1990년대 초반 처음으로 방한했을 때의 일을 회상하며 이 시기에 세상이 바뀌었다는 실감을 가졌다고 술회한다. 김항「동아시아 속의『창작과비평』」참고.

어두운 그림자를 드리웠지만, 김대중정권과 노무현정권 아래에서 이뤄진 남북정상회담은 그런 그림자를 빛으로 밀어내기에 충분한 것으로 와다는 기대했다. 또한 동남아시아 협력체를 중심으로 한 지역 내 협력체제(ASEAN과 APEC)가 여기에 가세하여 전망은 한없이 밝아 보였다. 그래서 와다는 한껏 들뜬 톤으로 '유토피아'를 언급한다. 사회주의 체제와 자본주의의 전지구화를 넘어선 "현대사의 제3기"를 여는 것으로 동북아 공동의 집을 위치지우며 와다는 그에 걸 맞는 "새로운 유토피아" 건설을 주창한다.

새로운 유토피아는 새로운 타입의 유토피아여야 한다. 개방적이어야지 통제적인 것이어서는 안 된다. 전통적인 유토피아의 내용이었던 닫힌 공간에서의 이상 실현과는 달라야 한다.

'동북아 공동의 집'은 그런 새로운 유토피아라고 생각한다. 동북아시아는 그토록 오랫동안 전쟁을 경험한 지역이며, 아직도 중동과 함께 위기의 초점을 이루는 지역이다. 불신과 증오가 마음 깊은 곳을 찢고 있다. 그 지역에서 서로 다른 역사적 경험을 겪은 사람들이 국경을 넘어서 만나 서로의 경험을 교류시켜 격렬하게 토론하면서, 그러나 서로의 차이를 인정하면서 협력하여 바꿔어간다. 여기서 함께 사는 길, 공동의 집을 모색하여 만들어간다. 그 과정을 세계의 사람들에게 보여주면서 다른 지역의 경험으로부터도 배우면서 인류에게 어울리는 새로운 집짓기를 자기 지역에서 실험해나갈 기개를 가지고 나아간다. 이것은 훌륭한 유토피아다.

'동북아시아 공동의 집'이 가능하다면 인류 공동의 집, 지구 공동

의 집이 가능해지리라.[26]

냉전이 분단시켰던 동북아시아는 이제 서로의 역사 경험을 대질시키고 대화함으로써 서로의 차이를 인정하고 고통을 서로 이해할 수 있다. 와다는 그것이 가능하다면 일본이 빠져들었던 이중구속으로부터 벗어날 수 있다는 전망을 가졌다. 자신의 평화를 지키기 위해서 지역 내 이웃들의 고통에 눈감아야 했던 것이 전후 일본의 조건이었다면, 냉전의 종식으로 이제 평화는 미국에 의존하는 것이 아니라 적극적으로 지역 내 주체들과 주체적으로 협력하여 미래지향적으로 구축해나가는 과제가 되었기 때문이다.

그가 1990년대 중반부터 위안부 문제에 적극적으로 관여한 것도 이런 전망 속에서였다. 그는 위안부 문제가 일본이 처했던 이중구속(그것은 동아시아가 겪은 30년 전쟁이기도 했다)을 벗어나는 시금석이 되는 안건이라 간주했다. 또한 이뿐만이 아니라 일본과 주변국 사이에 상존해온 역사인식의 차이와 갈등을 해소하기 위해 동분서주했다. 15년여에 이르는 그 과정과 실천의 목록을 여기서 일일이 다룰 수는 없다. 다만 지금 맥락에서 중요한 것은 와다가 확실히 냉전 붕괴 이후 일본이 처한 이중구속으로부터 스스로 탈피할 수 있다는 전망을 획득했다는 사실이며, 한반도와 일본 사이에 가로놓인 역사인식의 차이와 갈등이 해소 가능하다고 봤다는 사실이다. 말하자면 이제 식민주의와 제국주의

26 같은 책 269면.

의 비판과 극복보다는, 미래를 향한 지역 내 주체들의 대화가 과제인 역사 단계로 이행했다는 인식이었던 셈이다. 이를 위해서는 정부 차원의 외교도 중요하지만 시민들 사이의 이해가 관건이었다. 전후 일본의 민주주의와 평화주의가 주변의 위험과 상처를 되돌아보지 않는 심성의 발로였다면, 이제 요청되는 태도나 심성은 주변이 겪어온 아픔에 관심을 기울이고 보듬어 안는 일이었기 때문이다. 그래서 와다는 1995년 7월에 설립된 아시아여성기금에 큰 기대를 걸었던 것이다.

> 여러모로 비난이 있었습니다만, 그래도 오로지 국민이 기금에 보내온 사죄, 속죄하는 마음을 꼭 한국 사람들이 받아주었으면 하고 바라 마지않습니다. 이것이 거부당하는 일이 있어서는 안 된다고 생각합니다.[27]

이 기금의 성립과 이후 한일 간에 전개된 논란은 여전히 현재 진행 중이다. 2016년 12월(위안부 관련)과 2023년 3월(강제동원 피해자 관련) 한일 정부 간의 합의가 논란을 종식시키기는커녕 증폭시킨 데서도 알 수 있듯 말이다. 위안부 문제에 초점을 맞췄을 때 와다는 사태 전개에 관여한 유력한 지식인 가운데 한 사람일 뿐이지만, 와다의 입장에서 보자면 위안부 문제는 '새로운 유토피아'를 건설하는 기초공사의 관건이었다. 그런 의미에서 사태

27 와다 하루키 외 공편 『군대위안부 문제와 일본의 시민운동』, 이원웅 옮김, 오름 2001, 247면.

의 전개는 와다의 희망 어린 전망을 어둡게 만드는 것이었다. 기금은 수많은 논란을 남긴 채 사업을 종료했고, 그 뒤 위안부 문제는 정부 간 합의를 통해 해결되기는커녕 다양한 관여 주체 사이의 앙금만을 남긴 채 현재진행형으로 남았기 때문이다. 여기서 그 전개 과정과 그 안에서의 앙금을 일일이 살펴보고 가늠할 수는 없다. 다만 한가지는 확인해두어야 한다. 위안부 문제를 거치면서 새로운 유토피아 전망이 어두워져감에 따라 와다의 초점이 동아시아가 아니라 전후 일본의 평화주의로 옮겨 갔다는 사실이다. 이제 그 초점의 이동이 내포하는 함의를 살펴볼 차례다.

전후 일본의 평화주의: 와다와 난바루 시게루

아시아여성기금 이후 위안부 문제의 전개와 관련한 와다 비판은 서경식을 통해 종합적으로 제기된 바 있다. 서경식은 아시아여성기금을 주도한 와다의 언행이 스스로의 출발점이었던 다케우치 요시미와 이시모타 쇼의 사상을 배신한 것이라 지적한다. 와다는 조선 지배와 아시아 침략에 대한 처절한 반성이 전후 일본 갱생의 조건이라는 출발점을 저버리고, 식민주의와 침략전쟁에 대한 반성을 생략한 채 성립한 일본의 입장에서 위안부 문제에 접근했다는 것이다. 고노 담화를 일본 국가의 공식 입장으로 평가하면서 민간 주도의 아시아여성기금이 일본의 '성의'라는 와다의 입장에는 식민지배와 침략전쟁에 대한 반성을 찾아볼 수 없다고 서경식은 지적한다. 와다의 지적 영위의 출발점을 감안한다면 역사 반성을 생략한 일본 국가의 '입장'이란 애초에 위안부 문제를 마주할 조건을 결여한 셈이고, 그런 국가의 입장을 수긍하고 민간의 양심과 선의를 피해자에게 받아들이라는 주장은 받아들이기 힘들다는 비판이었던 셈이다.[28]

서경식의 비판에 대한 와다의 응수는 곧바로 공표되었다.[29] 여기서 그는 식민주의와 제국주의 비판에서 멀어졌다는 서경식의 비판에 동의할 수 없다고 하면서 반비판을 시도한다. 그는 2016년 12월의 양국 정부 간 합의를 백지화하자는 서경식의 주장에 동의할 수 없다고 말한다. 이 합의가 단순한 야합이 아니라 20여년에 걸쳐 험난한 여정을 겪어온 양국 정부 및 운동단체의 일정한 성과라는 것이다. 물론 와다가 무조건 합의에 동의하는 것은 아니다. 다만 그는 백지화한 후 새로이 해결책을 만들어나가는 것은 현실적으로 무리라고 지적하면서, "위안부 문제 해결을 염원해온 일본인으로서는 금번 한일합의의 개조, 개선의 길로 나아갈 수밖에 없다"고 말한다. 합의는 합의대로 존중하고, 이제 남겨진 문제의 해결을 위해 노력하자는 제언인 셈이다.

위안부 문제 해결을 위한 운동에 누구보다도 적극적으로 참여해온 와다의 입장은 존중받아 마땅하다. 여기서의 문제는 그 입장의 타당성 여부를 묻고 가늠하는 일이 아니다. 오히려 중요한 것은

28 서경식 「초심은 어디가고 왜 반동의 물결에 발을 담그십니까」, 『한겨레신문』 2016.3.1, www.hani.co.kr/arti/politics/diplomacy/734569.html(2017.5.30. 방문).

29 japan.hani.co.kr/arti/international/23708.html(2017.6.10. 방문).

와다가 서경식의 비판에 답하면서 보여준 기본 전제다. 여기서 와다는 '일본인으로서' '해결'을 염원해왔다고 한다. 과연 '일본인으로서'의 위안부 문제 '해결'이란 무엇일까? 물론 일차적으로는 가해자로서의 책임의식일 것이다. 그러나 '일본인으로서'라는 한정에는 더 중요한 함의가 내포되어 있다. 그것은 전후 일본의 민주주의와 평화주의가 자리하는 정치적·사상적인 전제와 연관된다. 2015년 말에 출간된 와다의 저서는 그 전제가 무엇인지를 드러내준다. 그것은 바로 식민주의와 보편주의의 착종이라 할 수 있다.

이 책에서 그는 전후 일본이 '평화주의'를 근간으로 출발했으며, 천황과 주변 지식인의 주도 아래 '자발적'으로 형성된 것이라 주장한다. 이미 이 기본 주장 자체가 와다의 입장 변화를 여실히 드러내준다. 식민지배와 침략전쟁에 대한 반성의 결여라는 흠이 있을지언정 전후 일본은 일관되게 평화주의를 고수했다는 것이 이 책의 주제이기 때문이다. 그런 의미에서 와다는 동아시아의 역사 주체 상호 간의 대화를 통해 새로운 유토피아를 모색하는 데에서, 전후 일본의 평화주의를 지랫대로 삼아 동아시아 및 전 세계 차원의 평화와 공존을 모색하는 데로 초점을 이동시켰다고 평가할 수 있다.

> '평화국가'를 종결시킨다, '평화국가'를 전환시킨다, 진행 중인 커다란 기도에 맞서기 위해서는 새삼스레 전후 일본의 평화주의, 천황과 국민과 지식인이 만들어낸 '평화국가'론의 진정한 모습을 확인하는 일이 필요하다. 게다가 새로이 시작된 신아시아 전쟁 속에서 '평화

국가'로 살아남기 위한 길을 모색한 노력을 알아야만 한다. 그 위에서 오늘날의 세계와 동아시아, 동북아시아의 위기적 상황 속에서 '평화국가'로서 살기 위해서는 무엇을 해야 하는지 생각하는 일이 요청되고 있는 것이다.

본질적으로 말하자면 '평화국가'는 지금도 건설 중에 있다. '평화국가'는 건설되어야만 한다.[30]

우선 확인해야 할 것은 이 주장이 당시 일본 정세에 대한 발언이라는 사실이다. 아베 정권은 '전후 레짐으로부터의 탈피'를 슬로건으로 내걸어 집권한 세력이고, 일련의 안보 및 정보통제 법안의 성립을 통해 노골적으로 국가주의 노선을 강화하고 있었다. 이런 흐름 위에서 최종 목표인 개헌을 성사시키기 위해 온 힘을 다하고 있던 것이다. 와다가 말하는 진행 중인 평화국가의 종결과 전환 기도란 아베 정권의 개헌 드라이브를 지칭하는 것이며, 이를 저지하기 위해서 그가 전략적으로 전면에 내세우는 것이 전후 일본의 '자주적 평화국가'인 셈이다. 그는 평화국가가 현행 헌법 제9조의 비무장 및 전쟁금지 조항으로 시작된 것이 아님을 증명하려 노력함과 동시에, 평화국가를 지키기 위해 전후 일본이 '동아시아 30년 전쟁'에서 어떻게 헌법과 제도와 사상을 변용시켜가며 버텨왔는지를 그려낸다. 전후 일본은 급변하는 동아시아 및 국제 정세 속에서 주체적으로 평화국가를 지키려 노력해온 것

30 和田春樹『「平和国家」の誕生: 戦後日本の原点と変容』, 岩波書店 2015, 226면.

이지, 미점령군으로부터 강요된 헌법 아래 무장해제 당해 굴욕을 경험해온 것이 아니라는 것이다.

그렇다면 전후 평화국가는 어떻게 일본 '스스로' 내린 결단으로 평가되는 것일까? 바로 패전 직후 평화국가 이념이 천황의 의지에서 시작했다는 주장을 통해서다. 이는 이른바 '강요받은 헌법론(押し付け憲法論)'에 대한 강력한 이의제기임에 틀림없다. 당시 일본의 개헌파는 9조뿐만 아니라 천황제를 포함하여 광범위한 영역에서 국가주의적 규범의 확립을 기획하고 있었다. 특히 천황제와 관련해서 개헌파는 상징천황제를 폐기하고 일본 전통을 육화하는 존재로서 천황을 옹립하려 했다. 그런 개헌파에게 폐기의 대상인 평화국가가 천황으로부터 시작되었다면 뼈아픈 주장임에 틀림없다. 그리고 와다는 천황뿐만 아니라 국민과 지식인들이 모두 한 목소리로 평화국가를 주창한 것이 전후 평화국가의 세가지 기본 요소[31]라 지적하면서 평화국가 구상을 옹호한다. 이는 강력한 호헌 주장이다. 현행 헌법에서 천황이 '국민통합의 상징'으로 규정되어 있음을 상기한다면, 천황과 국민과 사상(지식인)이 모두 평화국가를 주창했다는 주장은 결국 전후 일본 국가의 통합이념이 평화국가라는 주장이기 때문이다.

이렇게 와다는 당시 정세에 맞섰다. 그리고 그런 정세가 비롯된 9·11 이후의 국제적인 정치 국면(글로벌한 수준과 동아시아 수준의 체제 변화)에 대응하고자 한다. 이는 1990년대 중반 이후

---

31 같은 책 2면.

의 동북아 공동의 집이나 새로운 유토피아와는 전혀 다른 담론이라 할 수 있다. 그 담론에서는 전후 일본의 이중구속을 지역 내 주체들과의 대화와 교류와 화해로 풀려 했다면, 이제 초점은 평화국가 일본의 발자취와 존속에 맞춰진다. 이는 서경식이 지적한대로 스스로의 지적 영위의 출발점을 철저하게 배신하는 방향 전환으로 평가될 수 있다. 식민지배와 침략전쟁에 대한 반성을 경유하지 않은 평화국가란 다케우치와 이시모타를 염두에 둔다면 있을 수 없는 구상이자 이념이기에 그렇다.

하지만 이를 자기배반으로 규정하는 것은 지나친 면이 있음도 인정해야 한다. 이런 댓가를 지불하면서까지 전략적으로 천황 중심의 국민통합을 내세워야 할 정도로 일본 정세는 악화의 일로를 걷고 있었기에 그렇다. 단순히 정권 차원이 아니라 이른바 '풀뿌리 우익(草の根右翼)'은 1970년대부터 꾸준히 영향력을 키워 이제는 일본에서 가장 강력한 민간운동 집단으로 떠올랐고[32] 시민들의 대대적인 저항에도 아랑곳없이 정권은 자위대의 작전 전개를 가능케 하는 안보법제와 시민들의 언론/사상/학문의 자유를 침해할 수 있는 법률을 차례로 성립시켰던 것이다.[33] 그런 의미에서 보자면 와다의 평화국가 담론은 절박함에서 비롯된 산물이라고 할 수 있다. 스스로의 지적 영위의 출발점을 배신하면서까지 평화국가라는 일국적 관점을 전면에 내세운 것은 천황제 옹호나

32 菅野完『日本会議の研究』, 扶桑社 2016 참고.

33 이른바 열한가지 안보 관련 법률은 2015년 여름에 성립됐고, 언론·사상·학문 등 제반 자유권을 침해할 소지가 있는 공모죄(共謀罪) 법안은 2017년 6월 국회를 통과했다.

식민지배/침략전쟁 경시라기보다는 현재 정세를 어떻게든 돌파하려는 시도로 평가할 수 있는 것이다.

따라서 물어야 할 것은 와다의 평화국가 담론이 과연 현재의 정세를 돌파할 가능성을 내포하는지 여부다. 만약 그런 가능성이 있다면 평화국가 담론은 앞서 언급한 전후 일본의 이중구속을 돌파하는 새로운 관점이 될 수도 있다. 개헌과 국가주의 드라이브가 폭풍처럼 불고 있는 상황에 유효한 비판의 거점을 마련할 수 있다면, 평화국가 담론은 다시 한번 식민지배 및 침략전쟁에 대한 성찰과 결합하여 동아시아의 평화체제와 공생질서를 이끌어낼 수 있을지도 모른다. 그러나 아쉽게도 와다의 평화국가 담론은 사상사적·역사적으로 치명적인 공백을 내장한 것이었다.

와다에 따르면 평화국가 담론은 패전을 겪은 일본 국민의 '자연스러운' 감각과 그것을 통합하는 천황의 말씀에서 비롯해 지식인들의 사상으로 자리 잡은 것이다. 그러나 전후의 천황은 일본 국민의 자연스러운 감각을 통합하는 상징이라기보다는 미국이 주조한 전후 질서의 일본판 광고판에 불과했고, 지식인들의 평화주의 사상은 식민주의를 내장한 20세기 보편주의의 변주에 지나지 않았다. 그런 한에서 와다의 평화국가 담론은 역사적이고 사상사적인 성찰을 결여한 '일본적 자연주의'[34]로 전락할 수밖에

---

34 마루야마 마사오가 적출한 근대 일본의 병리적 심성으로, '일본'이라는 규범과 질서의 총체가 사람이 만들어낸 것이 아니라 고대로부터 자연적으로 존재하여 불변함을 믿는 지적 태도를 말한다. 와다는 일본이 일본일 수 있는 것이 식민지배와 침략전쟁을 통해서라는 지적 영위의 출발점을 저버리고, 일본은 원래 일본이라는 지독한 자연주의에 빠진 것으로 평가될 수밖에 없다.

없다. 우선 천황제가 미국이 만들어낸 전후 계획의 광고판임을 간략하게 짚어보자.

와다는 전후의 천황제 성립을 아무런 역사적 음미 없이 절대적인 전제로 삼아 논의를 시작한다. 그는 패전 직후 천황과 주변 인물들이 연합국의 항복권고를 무겁게 받아들였고, 천황의 항복선언(이른바 옥음방송인 '종전의 칙어')에 대한 국내외의 반응에 신경을 썼음에 주목했다. 그리하여 "앞으로 평화를 목표로 하는 천황의 결의를 보다 명확하게 표명"[35]하려 의도했을 것이라 추정한다. 이런 맥락에서 패전 직후인 9월 4일 개원한 제국의회 연설에서 '평화국가'를 새로운 천황의 의지로 내세웠다는 것이다. 이는 제국일본이 지금까지 '전쟁국가'였음을 인정하는 것이며, "일본은 군국주의자에 잘못 이끌려 세계정복의 길로 들어선 탓에 무책임한 군국주의를 실천하여 전쟁을 수행했다"는 "부정의 인식"의 산물이라고 와다는 주장한다.[36]

이런 전제에서 출발하는 와다는 패전 직후의 평화국가 구상을 천황과 주변 인물들의 자발적이고 자주적인 이념으로 자리 매김한다. 그러나 아무리 자발적인 것이었다 하더라도 이를 아무런 유보 없이 전제하는 와다의 태도는 순진하기 짝이 없는 것이다. 군국주의자가 잘못 이끈 전쟁과 그로 인해 피해를 입은 가련한 천황과 국민이라는 서사는 이미 1942년 시점에서 미국에 의해 고안된 심리전 전략이었기 때문이다. 1942년 6월 미국의 전시 정보

35 和田春樹『「平和国家」の誕生: 戦後日本の原点と変容』, 35면.
36 같은 책 36면.

기관 OSS(Office of Strategic Service, CIA의 전신)에서는 이른바 '일본계획'이 입안되었다. 이 기밀문서에는 적국 일본을 상대로 한 심리전의 기본 전략이 입안되어 있었고, 전쟁 후 일본을 어떻게 개조할 것인지에 대한 기본 계획까지가 포함되어 있었다. 천황을 평화의 상징으로 삼아 전후 일본을 비무장 국가로 만든다는 계획이 최초로 명기된 것은 이 기밀문서였다.[37]

물론 지금까지 발견된 미국 기밀문서 중에 상징천황제와 가장 가까운 구상이 발견된 것이기는 하지만, 천황을 평화의 상징으로 삼아 일본 국민이 원래 평화로운 민족이고 군부로 인해 비참한 전쟁에 동원되었다는 서사가 미국 심리전의 기본 전략이었음은 틀림없는 사실이다. 이를 감안할 때 천황과 주변 인물들이 자발적으로 평화국가를 전면에 내세운 것은 중요하지 않다. 그들이 어떤 구상을 가졌더라도 미 점령군의 승인 없이는 전후 일본의 기본 노선으로 채택될 수 없었기에 그렇다. 따라서 평화국가 구상을 국민통합의 상징으로서의 천황에 귀속시키는 와다의 관점은 너무나도 안이한 것이다. 비무장 평화국가를 천황의 자발성으로 귀속시키더라도, 전후의 평화를 사랑하는 천황이란 존재 규정 자체가 미국산이라면 평화국가 구상은 결국 미국에 의한 것임을 부정할 수는 없을 터이기에 그렇다.[38]

---

37 加藤一郎『象徴天皇制の起源: アメリカ心理戦「日本計画」』, 平凡社 2005, 24~46면. 존 다워(John Dower)가 지적한 '천황제 민주주의'는 미 점령군이 천황을 내세워 민주개혁을 이끌었다는 주장이었는데(존 다워『패배를 껴안고: 제2차 세계대전 후의 일본과 일본인』, 최은석 옮김, 민음사 2009 참고), 맥아더가 그런 개혁을 추진한 것은 본문에서 언급한 OSS의 일본계획을 참조한 결과다.

또한 와다의 평화국가 담론이 등장하기 10년도 전에 이 사실은 밝혀졌고 널리 알려졌기 때문에 그가 상징천황제가 미국의 고안물임을 몰랐다는 것은 상상하기 어렵다. 그렇다면 그것을 알면서도 '전략적으로' 평화국가의 창안을 천황에 귀속시킨 것인데 이는 또다른 차원의 문제를 내포한다. 다시 한번 1942년 미국의 '일본계획'으로 돌아가면, 이 기밀문서에는 다음과 같은 심리전 원칙이 포함되어 있다. "일본인들에게 현재 그들의 군사적 지도자들이 메이지 천황이 길을 개척한 방향에서 멀리 일탈하여 현재의 천황이 의도와 정반대의 길로 접어들었음을 지적하라. 메이지 천황의 자만심이나 확장주의가 아니라, 그의 준입헌주의(quasi-constitutionalism), 그의 친영(pro England) 감정에 기초한 여러 정책들이 강조되어야 한다."[39] 이는 패전 후 일본의 주류 보수파가 설파한 서사와 동일한 내용을 담고 있다. 일본은 원래 친미/친영이었는데 1930년대 이후 군부 파시스트가 잘못된 길로 이끌었다는 서사 말이다.

다시 한번 강조하지만 와다가 아무리 평화국가의 이념이 국민·천황·지식인 사이의 공감으로 비롯되었다고 강변하더라도,

---

38 이미 1960년대부터 헌법뿐만이 아니라 평화국가라는 이념 자체가 미국으로부터 강요된 '남의 것'이라는 비판은 열거하기 힘들만큼 제기된 바 있다. 와다가 그런 비판의 계보를 알면서도 전략적으로 천황과 평화국가를 호헌의 역사-이념적 기초로 삼은 것은 이해하기가 어렵다. 대표적인 논저로는 江藤淳『1946年の憲法ーその拘束』(1980), 文春学芸ライブラリー 2015 참고. '강요된 헌법과 민주주의/평화주의'를 주장하는 이 대표적 논저가 2015년도에 재출간된 것은 당시 일본의 헌법개정을 둘러싼 논의 지형의 한 단면을 잘 보여준다.

39 같은 책 41면.

이미 평화국가는 미국과 일본 보수파의 서사 속에서 메이지 이래 일본의 '정상적' 경로로 자리 잡으려 하고 있었다. 물론 와다는 그런 주류적 서사로부터 평화국가의 이념을 구출하고 싶어했을 것이다. 그러나 평화국가의 이념을 국민과 천황이 함께 체험한 패전 경험에서 도출하려는 와다의 시도는 자가당착에 빠진다. 쇼와 천황이 평화국가를 내세운 것은 패전 경험 때문이라기보다는 패전을 초래한 비정상적인 군부가 메이지 이래 근대 일본의 국시를 어겼다는 서사가 자리 잡고 있기 때문이다.

이렇게 될 때 와다의 시도는 결국 메이지 이후 근대 일본이 평화를 사랑하고 미·영이 주도하는 보편적 세계질서를 옹호했다는 서사로 귀결된다. 침략전쟁은 결국 이 질서를 어지럽힌 일탈 행위였고 말이다. 이 지점에서 식민지배와 침략전쟁에 대한 반성과 비판은 피식민지(인)와 피침략 지역(인민)으로 향하기보다는 인류의 정의라는 보편주의적 규범을 향하게 된다. 즉 피해자에게 폭력을 가했다는 사실 자체보다는 인류의 질서를 어지럽힌 것이 책임을 져야 할 과오로 인식되는 것이다. 이런 보편주의에 대한 맹목적 추종은 와다가 평화국가의 이념이 정점에 달한 사상으로 난바라 시게루의 언설을 평가하는 대목에서 확인된다.

와다는 전후 평화국가의 이념에 내재한 치명적 약점으로 전쟁 책임 문제를 지적한다. 천황의 전쟁 책임 문제를 회피하면서 평화국가 이념이 출발했다는 것이다. 이런 약점을 의식적으로 지적하면서 이념을 설파한 이가 와다에 따르면 난바라이다. 그는 난바라의 '종전공작(終戦工作)'을 높게 평가하면서, 난바라가 평화

국가 이념에서 "돋보이는(際立った)" 까닭은 천황의 전쟁책임을 명시적으로 거론했기 때문이라 말한다.

천황의 '성단(聖斷)'으로 전쟁을 끝낸다고 생각한 사람은 많았지만 구상의 체계성과 일관성 면에서 난바라의 구상은 돋보이며 중심적인 역할을 담당했다고 평가된다. 난바라의 구상에서 가장 뛰어난 점은 천황의 전쟁책임을 논하면서 전후에 퇴위할 것을 '성단'에 의한 종전과 결합시킨 점이다. 난바라는 천황이 패전 시에 '평화국가'를 제안하리라고는 예상하지 못했겠지만, 평화국가를 고려한다면 천황 퇴위의 도의적 필요성은 난바라에게 더욱 절실한 문제였을 것이다. 전쟁은 천황의 이름으로 행해진 것이고 그 천황이 '전쟁국가'에서 '평화국가'로의 전환을 주도한다면 스스로의 전쟁책임을 질 수밖에 없으며, 그렇지 않다면 '평화국가'의 정신적이 권위와 힘은 생겨날 수 없기 때문이다.[40]

와다의 해석은 논리적 일관성이 돋보인다. 전쟁 수행의 최종 결정자 천황이 평화국가를 주장한다면 퇴위해야 마땅함은 자명한 사실이기에 그렇다. 실제로 난바라는 패전 후 기회가 있을 때마다 천황의 퇴위를 암시하는 연설을 했고, 그때마다 전후 일본의 평화주의는 '도의'에 기초해야 함을 강조한 것도 이 때문이다. 그렇기에 난바라는 평화의 이념과 더불어 전쟁책임 문제까지를

40 『「平和国家」の誕生: 戦後日本の原点と変容』, 116면.

아우르는 평화국가 담론의 정점에 자리한 사상가로 평가된다.

이미 3장에서 자세히 다뤘기 때문에 난바라의 재건 논의를 다시 살펴볼 필요는 없을 것이다. 다만 와다가 난바라를 전후민주주의 구상 속 가장 '돋보이는' 인물로 참조한 것을 확인해둘 필요는 있다. 난바라가 개인-민족-인간이라는 위계를 설정하고, 보편적 인류의 이상을 민족공동체 차원에서 실현시키는 것을 전후 재건의 핵심으로 내세웠음은 이미 검토했다. 개인은 저마다의 땅에서 저마다의 역사적 고유성에 따라 국민을 구성하여 인류로 통합되기만 하면 되는 것이다. 그러나 다시 한번 되풀이하지만, 난바라가 이런 사상을 설파하면서 전후 일본의 국민통합과 인류 보편규범을 평화국가의 이념으로 내세웠을 때 조선과 대만은 어떤 상태에 있었을까?

그것이 1945년에서 1950년대 초반임을 생각할 때 조선과 대만에서 국민 구성과는 거리가 먼 상태가 자리 잡고 있었음은 주지의 사실이다. 구 식민지 지역 두곳 모두 식민지배로 인한 역사적 분열(친일파)과 냉전 구도 아래 이데올로기적 분열(빨갱이)로 신음하고 있었다. 1950년에 이르면 한반도에서는 내전이 발발했고, 대만은 국민당 독재 체제의 폭력이 인민들의 삶을 유린했다. 즉 두 지역 모두 국민 구성을 빌미로 한 분열과 폭력에 삶을 내맡긴 채였던 셈이다. 그런 한에서 한반도와 대만에서 국민은 없었고 따라서 인류도 없었다. 왜냐하면 난바라가 말하는 국민은 그런 분열과 폭력이 없는 '매끈한'(immune) 통일체여야 했기 때문이다.

분열과 대립을 넘어 국민적 통합으로 나아가자는 난바라의 호소는 지극히 '자연스러운' 것으로 보일 수 있다. 그러나 이는 전혀 자연스러운 것이 아니다. 이미 국민통합에 바탕을 둔 정치교육은 '외지이종족=피식민자'에 대한 인위적 배제를 통해 가능했었기에 그렇다. 또한 그렇게 배제된 외지이종족들은 국민이 될 수 없었기에 인류도 될 수 없었던 존재들로 전락할 수밖에 없었다. 국민이 됨으로써 인류가 될 수 있는 한에서, 한반도와 대만에서 (또한 오키나와에서) 국민통합, 민주주의, 인류의 보편규범인 평화를 위한 터전은 없었다.

문제는 여기에 있다. 다시금 앞장의 논의를 상기하자면, 이미 식민주의적 배제를 통해 스스로를 성립시킨 국민공동체 일본은 이후 한반도, 대만, 오키나와 그리고 민족해방을 위해 투쟁하는 수많은 지역의 인민들을 국민으로의, 따라서 인류로의 '도상'에 있는 민족들로 간주하게 된다. 일본은 이미 국민이 되어 인류에 속해 있는 반면, 저 지역들에서는 여전히 갈등과 분열과 폭력이 난무하는 비국민/비인류의 무법지대가 펼쳐져 있다는 시선이 잠재적으로 내장되는 순간이 여기에 있다. 이것이 식민주의와 보편주의의 착종으로 이뤄진 전후 일본 평화국가의 근원적 한계다. 이제 와다의 언설이 어떻게 이런 근원적 한계를 공유하며 그 함의가 무엇인지를 음미하면서 논의를 마무리해보자.

제자리걸음의 역사를 움직이기

와다의 지적 영위에서 출발을 수놓았던 원리를 다시 확인해보자. 그것은 식민지배와 침략전쟁에 대한 반성 없이 전후 일본이 온전한 국가가 될 수 없다는 것이었다. 그러나 난바라를 정점으로 하는 평화국가 논의는 이미 와다의 출발점과 섞일 수 없었다. 그것은 식민주의와 보편주의의 착종을 통해 1945년 이전과는 또 다른 식민주의적 시선을 내장한 채 출발했기 때문이다. 자신은 미국과 영국 등이 주도하는 서방 국민들이 속한 인류 클럽에 속한 '민주주의의 선진국'이고, 아시아나 아프리카의 민족해방으로 신음하는 국가들은 인류에 속할 수 없는 분열된 '과소 국민'이 거주하는 '민주주의의 도상국'이라는 식민주의를 말이다. 그래서 서두에 인용한 와다의 말은 자기배반이 아닐 수 없다. 즉 식민지배와 침략전쟁에 대한 반성의 결여라는 흠은 있지만 공습 경험에서 비롯된 전쟁 반대의 사상은 '자연스럽게' 일본인에서 비롯되었다는 주장 말이다. 다시 한번 확인하지만 반성의 결여와 평화주의가 분리되는 순간 전후의 새로운 식민주의는 고개를 든다. 와다가 아무리 전략적으로 평화국가를 개헌 논의에 맞서 세웠다 해도, 그 안에 근원적으로 내장된 이 새로운 식민주의를 청산할 수는 없다. 저들은 선진국들이 구가하는 민주주의를 아직 달성하지 못하여 여전히 갈등과 분열 속에 있고 화해와 용서를 모른 채 정치적 의도만을 내세운다는 서사는 이런 맥락에서 가능해진다. 위안부 문제를 둘러싸고 와다와 긴밀하게 연대했던 한 작가의 말을 다시 한번 인용해본다.

> 무엇보다 심각한 건 이 20년 동안의 강경한 주장과 한국에 대한 지원이 결과적으로 위안부 문제 해결에 나섰던 관료들과 '선량'한 일본인들까지 자포자기적 무관심과 혐한으로 몰았다는 점이다. 위안부 문제 해결운동의 일본 비난은 '한국'으로서의 비난이라기보다는 과거에 '제국'에 저항했고 여전히 일본 제국과 미국 제국에 저항하고 있는 '좌파'로서의 비난이기도 했다. 그러나 문제는 '위안부 문제'가 '국가' 간 문제이니만큼 우파든 좌파든 '함께' 내놓는 해결안이 필요했다는 점이다.[41]

여기서의 논리에 따르면 국가 사이의 문제는 결코 '정치'로 해결될 수 없다. 다시 말해 국가 사이에는 제국에 대한 저항이라는 '과거'의 정치문제가 개입할 수 없다. 앞의 논의를 참조하자면 국가 사이, 즉 국민 사이에는 제국과 피식민자라는 구도의 자리는 없고 스스로의 과거를 반성하고 서로를 이해하는 보편적 인류의 규범만이 통용되어야 한다는 것이다. 이렇게 1945년 이후 전후 일본의 민주주의와 평화국가 이념에 내장된 식민주의는 한반도에서 발현된다.

식민주의의 문제를 피식민자의 빙의로 문제화한 이는 프란츠 파농(Frantz Fanon)이었다. 빙의한 피식민자는 검은 피부를 망각

41 박유하 『제국의 위안부』, 뿌리와이파리 2013, 302면.

하고 하얀 가면이 자기 고유의 얼굴인줄 철썩같이 믿는다. 그리하여 검은 피부들의 거칠고 뒤처진 삶을 비난하기에 이른다. 검은 피부는 하얀 가면으로 탈색되어야 한다고 말이다. 아마도 저 한반도의 빙의한 피식민자와 와다 하루키가 오랫동안 연대한 것은 우연이 아닐 것이다. 이들이 인종주의적 식민주의를 휘두른 적은 없다. 그러나 평화라는 미명의 보편주의로 검은 피부들에게 보낸 측은한 시선은 더욱 음산한 식민주의를 산종(散種)한다.

와다의 출발점으로 돌아가보자. 그것은 식민주의와 침략전쟁 비판을 통한 일본의 재생으로 요약될 수 있다. 다케우치와 이시모타에서 비롯된 이 출발점은 분명히 수평적 지평에서 타자와 만나려는 시도였다. 그러나 어느새 와다는 수평적 지평에서 수직적 판결의 법정으로 이행한 듯하다. 물론 오랫동안 한일관계만이 아니라 동북아시아의 평화롭고 민주적인 공생질서를 위해 힘써온 노(老) 대가의 내면을 쉽게 재단할 수는 없다. 다만 와다의 평화주의 담론은 한가지 사실을 지시하는 듯하다. 1945년 이후 와다의 출발점은 여전히 유효하다는 사실을 말이다. 즉 그 숱한 우여곡절에도 식민주의와 침략전쟁에서 전후 개혁을 시작하자던 와다의 발은 출발점에 묶인 채로 있는 것이다. 그런 의미에서 보자면 빙의한 피식민자의 방언(放言)은 70년 동안이나 출발을 가로막아온 망령된 식민주의자의 목소리다. 과연 이 망령의 목소리를 헤치고 전후 일본 및 동아시아 재건은 출발할 수 있을까? 그런 의미에서 와다의 평화주의 담론은 제자리걸음인 역사를 움직이라는 반어적 실천이었는지도 모른다.

5장 핵의 현전과 일본의 전후민주주의

'현실적 이상주의'의 계보와
정치적 심연

2011년 3월 11일 일본 동북부를 강타한 강진과 쓰나미는 엄청난 파괴력으로 해당 지역 주민들의 생활세계를 붕괴시켰고, 뒤이은 후쿠시마 원전 사고는 인간이 발전시켜온 기술 문명의 존재의의 자체를 회의의 대상으로 만들었다. 자연재해가 이재민에게 커다란 상처와 좌절감을 준다는 것은 말할 필요도 없지만, 지진이 빈번한 일본에서 피해 복구 과정은 국가의 통제 범위 안에서 안정적으로 진행된다는 신뢰와 경험치가 있었던 것이 사실이다. 하지만 후쿠시마 원전 사태로 말미암아 국가에 대한 그런 신뢰는 철저히 무너져 내렸다. 재난재해 대처에 그토록 자신감을 보였던 국가는 사태의 심각성과 파장이 어디까지인지 가늠하지 못했고, 도쿄전력을 위시한 관련 민간기구들은 사태를 축소하거나 정보를 은폐하는 데 급급했기 때문이다. 즉 후쿠시마 원전 사고는 기존의 메뉴얼로는 대처 불가능한 재난이었으며, 국가와 과학기술을 포함한 인간 문명 전반에 대한 심각한 불신과 회의와 불안을 야기한 사태였다.

이렇게 기존의 사유체계와 대처 방식을 무용지물로 만든 후쿠시마 원전 사고는 인문사회과학자들에게도 커다란 충격을 주었다. 사고 이후 열거하기에도 벅찬 글과 말이 쏟아졌는데, 그것은 인간 문명에 대한 근본적 재성찰을 촉구하는 철학적 제언으로부터,[1] 원자력 발전을 폐기해야 한다는 정치적이고 실천적인 주장[2]에 이르기까지 다양한 언설들로 구성되었다. 이러한 일련의 언설들이 집중적으로 다룬 것은 2차대전 이후의 국가 주도 원자력발전 계획이 전후 일본의 국가 재건 과정의 중추에 자리했다는 사실이다. 즉 평화헌법, 비핵 3원칙, 교육기본법 등 민주주의 개혁을 통해 국가체제를 정비하는 이면에서, '원자력의 평화적 이용'이라는 미명 아래 선진국들의 핵무장 경쟁에 뒤처지지 않으려는 국가정책이 작동하고 있었고, 관료-재계-정계가 굳건한 동맹을 맺어 경제성장을 통제하는 일본식 계획경제 체제가 원자력 개발 모델을 범례로 하여 증식해갔다는 것이다.

그런 의미에서 전후 일본의 원자력 개발은 전후민주주의가 허울 좋은 겉치레에 지나지 않았음을 드러내주었고, 메이지유신 이래 일본을 지배해온 세력이 패전을 겪었음에도 여전히 정치경제적 헤게모니를 유지하고 있음을 보여주는 역사적 사례라 할 수

1 대표적인 것으로 李孝德編, 『高史明·高橋哲哉対談 いのちと責任』, 大月書店 2012.

2 수많은 문헌 가운데 가장 압축적으로 이런 주장을 담은 것으로 広瀬隆·明石昇二郎, 『原発の闇を暴く』, 集英社新書 2012.

있다. 일본의 인문사회과학자들은 후쿠시마 원전 사고를 계기로 전후 원자력 개발 과정에 응축되어 있는 역사의 지층을 이렇게 문제화했던 것이다.[3]

그런데 이런 언설들의 분출은 새로운 연구대상을 발굴하고 문제화하여 기존의 관점이나 학설을 비판하고 전환시키는 '패러다임 변경'과는 다른 것이었다. 이 일련의 언설들은 발화자들의 깊은 회한을 동반한 것이었기에 그렇다. 그것은 패전 후의 국가체제뿐만 아니라 메이지유신 이래의 근대 일본 자체를 비판적으로 연구해온 많은 연구자에게 "허를 찔렸다는 느낌"[4]을 갖게 했는데, "지진대국 일본의 사회과학이나 역사학"이 "원자폭탄=핵무기에 관해서는 방대한 연구를 축적해왔으나, '원자력의 평화이용'=원자력 발전과 그 안전성 및 방사능 피해 문제에 대해 정면으로 다루는 일이 거의 없었음"[5]에 대한 회한이었다. 이는 지적 태만에 대한 자기비판이지만, 패전 전의 '초국가주의'[6]를 비판함

---

3 대표적인 문헌으로는 山本義隆, 『福島の原発事故をめぐって—いくつか学び考えたこと』, みすず書房 2011; 開沼博, 『「フクシマ」論—原子力ムラはなぜ生まれたのか』, 青土社 2011; 山崎正勝, 『日本の核開発: 1939~1955 原爆から原子力へ』, 積文堂 2011, 참고.

4 高橋哲哉, 『犠牲のシステム 福島·沖縄』, 集英社新書 2012, 18면.

5 加藤哲郎, 「日本における「原子力の平和利用」の出発: 原発導入期における中曽根康弘の政略と役割」, 加藤哲郎·井川充雄, 『原子力と冷戦 日本とアジアの原発導入』, 花伝社 2013, 15면.

6 이는 마루야마 마사오가 전쟁 시기 일본의 통치체제를 개념화한 용어이다. 마루야마는 이 개념을 통해 천황으로부터 기층 민중에 이르기까지를 관통한 '억압의 이양'과 '무책임의 체제'가 일본을 전쟁이라는 파국으로 몰아넣었음을 비판했다. 즉 촘촘히 짜인 상하위계 관계 속에서 억압은 아래로 무한히 이양되고 책임은 위로 무한히 전가됨으로써 정치적 억압과 책임을 묻지 못한 체제가 '초국가주의'인 것이다. 이는 결국 시민의 국가 정책 비판과 정치인/관료의 책임의식 부재라는 비판으로 집약될 수 있으며, 전후민주주의는 어떻게 이 비판과 책임을 일본 사회에 뿌리내리게 할 것인가에 성패가 달려 있다는

으로써 성립한 전후민주주의와 그것을 지탱하는 앎의 총체가 원자력의 평화적 이용이라는 국가 주도의 거대한 기만을 전혀 의식하지 못했다는 회한이기도 하다.

> 어린 시절에 원자력의 평화이용이 시작되었다. 그것에 의문을 가지지 않았고, 평화이용은 훌륭한 것이라 믿어 의심치 않았으며, 원폭의 잔인한 기억을 깨끗이 씻어주는 것으로 생각했다. 사실은 달랐다.
>
> — 일본 펜클럽 회장 아사다 지로(浅田次郎)[7]

국가를 의심하고 비판하는 데에서 출발한 일본의 전후민주주의가 이렇게 또다른 기만 속에서 성립했다는 사실, 이것이야말로 후쿠시마 원전 사고 이후 일본의 인문사회과학계가 공유한 "허를 찔린 느낌"이다. 사고 이후 이뤄진 일련의 원자력 발전 관련 연구들은 모두 이런 회한을 공유하고 있다 해도 과언이 아니다. 이들 연구는 패전 후 일본 인문사회과학의 비판적 영위에 커다란 공백이 있었음을 자인하는 것이었으며, 그것은 단순히 원자력 발전을 정면에서 다루지 않았다는 것이라기보다는, 국민의 삶을 볼모로 한 국가 정책의 계획과 집행이 아무런 비판 없이 이뤄졌다는 데 대한 자괴감이었다. 그것은 일본 국가의 주도 아래 동아시아 전역에 걸쳐 인간의 생활세계를 볼모로 자행된 식민지 침탈 및 아

것이 마루야마의 발상이었다고 할 수 있다. 이에 관해서는, 丸山真男「超国家主義の論理と心理」,『増補版 現代政治の思想と行動』, 未来社 1964 참고.

7 같은 글, 15면.

시아-태평양전쟁의 구조적 반복이었기 때문이다. 패전 후의 비판적 언설들은 결국 패전 전의 초국가주의의 지속과 반복을 근원적으로 문제화하지 못했다.

그런 의미에서 후쿠시마 원전 사고가 촉발시킨 일본 인문사회과학계의 회한은 단순히 원자력 개발의 역사와 의미를 되짚는 작업을 촉구하는 데 그치지 않는다. 보다 넓게는 패전 후 어떤 지점에서 초국가주의 비판이 멈췄는가를 다양한 영역에서 추적할 것을 과제로 제기하기 때문이다. 즉 초국가주의 비판에서 결정적 한계가 무엇이었는지를 묻고, 무엇이 국민을 볼모로 한 국가주도 정책 입안 비판을 불가능케 했는지를 살펴볼 필요가 있는 것이다. 아래에서의 과제는 이러한 문제의식에서 마루야마 마사오에서 사카모토 요시카즈(坂本義和)로 이어지는 '현실적 이상주의'의 계보를 비판적으로 검토하는 일이다. 구체적으로는 사카모토가 주도해온 국제정치학 분야에서의 초국가주의 비판이 '핵의 현전'이라는 절대적 전제로 인해 어떤 한계를 노정하는지를 적출하려 한다. 우선 사카모토의 '중립국 구상'이 어떤 맥락에서 제기되었는지를 살펴보기 위해 샌프란시스코 강화조약 체결을 전후한 시기의 언설적 상황에서 출발해보자.

샌프란시스코 강화조약과 중립국 일본 구상[8]

1952년 미국이 주도하는 일부 연합국은 일본과 강화조약을 맺는다. 이른바 샌프란시스코 강화조약으로 알려진 이 조약 체결로 일본은 주권을 회복하고 국제사회에 복귀하게 된다. 미국이 강화조약을 서두른 이유가 1948년 중국혁명과 1950년 한국전쟁 발발 때문임은 주지의 사실인데, 이런 맥락에서 일본의 공산화를 막고 오키나와를 동아시아의 냉전 전초기지로 삼기 위해 강화조약과 더불어 미일안보조약도 함께 체결된다. 미일안보조약은 일본 독립 후에도 일본 내 미군 주둔의 지속을 골자로 한 것으로, 오키나와의 미국 위임통치와 기지 집중을 댓가로 주권이 회복된 것이다.

연합국 중 소련과 중국을 배제한 채 체결된 이 조약은 당시 수상 요시다 시게루가 주도했다. 패전 전 제국일본의 외교관으로 활동한 그는 패전 직전 '종전 공작(終戰工作)'을 모의한 혐의로 체포된 데서도 알 수 있듯, 1930년대 후반 이래 군부 과격파가 지배한 일본 국책에 비판적이었고, 태평양전쟁을 조기에 끝내는 것만이 일본이 살아남을 수 있는 길이라 생각했던 인물이다.[9] 그는 만주사변, 리턴 조사단, 국제연맹 탈퇴로 이어지는 1930년대 초의 정세를 보며, 일본이 국제사회에서 점점 고립되는 데에 큰 위기감을 느꼈음에도 고노에 후미마로(近衛文麿)로 상징되는 '신체제' 건설의 흐름을 끝내 저지할 수 없었다. '신체제' 건설이란 국내적으로는 계획통제경제를 통해 대공황에 이은 불황을 타개하고 국가사회주의적 정치체제를 구축하려는 흐름이었고, 국외적

8 이 절의 내용과 관련한 보다 상세한 설명은 김항 「해적, 시민, 그리고 노예의 자기인식: 한국전쟁과 전후일본의 사산된 유산」, 『제국일본의 사상』, 창비 2015, 2절 및 3절 참고.

9 井上寿一 『吉田茂と昭和史』, 講談社現代新書, 91~135면 참고.

으로는 국제연맹이 주도하는 1차대전 이후의 국제질서가 영국·미국·프랑스 등 강대국의 이익 관철을 위한 겉치레로 전락했다고 간주하면서 새로운 국제질서를 모색하는 움직임이었다. 이후 일본이 국가총동원 체제, 익찬정치, 대동아공영권을 골자로 하는 전쟁 체제를 형성했음은 주지의 사실인데, 요시다는 이러한 시대의 흐름이 메이지 이래 친영미 노선을 기본으로 했던 기본 방침과 전적으로 상치되는 것이라 인식했다.

3장에서도 살펴보았듯 요시다 시게루의 인식에 따르면 원래 근대 일본은 영미 친선을 외교적 기본 노선으로 삼아왔고, 샌프란시스코 강화조약과 미일안보조약 체결은 그 당연한 귀결이었다. 하지만 요시다의 의도대로 소련과 중국을 배제한 채 강화조약을 맺으려는 시도는 다시금 전쟁의 위기를 초래하지 않을까 하는 불안을 야기했다. 한국전쟁이 미소 대리전인 한에서 요시다 노선은 냉전의 한 진영에 편입됨을 의미하는 것이었기 때문이다. 따라서 일군의 지식인들이 보기에 일본이 선택해야 하는 길은 전면강화와 중립국 지위 획득이었다. 이러한 맥락 속에서 '평화문제담화회' 성명으로 마루야마 마사오의 「다시 또 한번 평화에 관하여」(1950)란 글이 발표된다. 1947년 유네스코가 헝가리 등 6개국 지식인들에게 전쟁의 발발 원인에 대한 자문을 요청했는데, 이를 참조하여 일본 내에서는 '평화문제담화회'가 조직되어 두차례 성명을 발표했다. 마루야마의 글은 이 조직의 세번째 담화문이었고, 마루야마는 한국전쟁 발발을 염두에 두고 난바라의 이상주의를 현실주의의 맥락과 변증법적으로 종합하려는 논리를 전개한다. 그 논리의 매개 고리는 '원자력'이었다.

> 전쟁은 원래 수단이었지만 더이상 수단으로서의 의미를 잃었다. (…) 오늘날 전쟁은 패전국은 물론 승전국에도 일부 특수한 인간을 제외하고는 거의 회복 불가능한 깊은 상처를 남긴다. 이제 전쟁은 완전히 시대에 뒤떨어진 방법이 되었다고 할 수밖에 없다. (…) 문제는 이 일이 자명한 이치가 되어 아주 간단하게 승인됨으로써 현실의 국제문제를 판단할 때 기준으로 작동할 수 없다는 점이다. 그 결과 격동하는 세계정세에 직면하면 즉각 한편에서 받아들였던 원칙을 다른 한편에서 짓밟는 행동을 하게 된다. '전쟁을 없애기 위한 전쟁'이라는 낡은 슬로건이 오늘날에도 등장하는 까닭은 전쟁과 평화의 선택을 여전히 수단의 문제로 처리할 수 있다는 착각이 얼마나 사람을 사로잡기 쉬운지를 보여준다.[10]

> 이제 전쟁은 의심할 여지 없이 지상에서 최대의 악이 되었다. (…) 이것이 우리가 직면한 가장 생생한 현실이다. 이 현실에 포함된 의미를 항상 염두에 두고 여러 구체적인 국제·국내 문제를 판단해나가는 일이 가장 현실적인 태도라고 우리는 생각한다. 게다가 이것이야말로 동시에 우리 일본 국민이 신헌법에서 엄숙하게 세계에 서약한 전쟁포기와 비무장의 원리로부터 필연적으로 도출된 태도가 아닌가. 교전권을 단순히 국책 수행의 수단으로서만이 아니라, 그 어떠한 목적의 수

---

10 丸山真男「三たび平和について」(1950), 『丸山真男集』 5, 岩波書店 2003, 7~8면.

단으로도 삼지 않겠다는 이 헌법의 정신은 보기에 따라서는 변죽만을 울리는 관념론일지 모른다. 그러나 오히려 한걸음 사태의 파악을 깊이 있게 해보면 진정 그것이 앞서 말한 현대 전쟁의 현실인식에 가장 적합한 태도이며, 자국이나 타국의 무장에 안전보장을 위탁하는 발상이야말로 오히려 안이한 낙관론이라고 생각할 수밖에 없는 것이다. 따라서 일부러 역설적으로 말하자면, 전쟁을 최대의 악으로 하여 평화를 최대의 가치로 하는 이상주의적 입장은, 전쟁이 원자력 전쟁의 단계에 도달함으로써, 거꾸로 동시에 고도의 현실주의적 의미를 띠게 되었다고 할 수 있을 것이다.[11]

여기서 마루야마는 핵전쟁이라는 인류 파멸의 길이 전쟁의 종국적 귀착점이라면, 전쟁은 더이상 한 국가나 집단의 정책이나 이상 실현의 수단이 될 수 없음을 설파한다. 자신을 지키기 위한 전쟁이 자신을 파멸로 이끌 수 있는 가능성이 아니라 필연성이 '원자력 전쟁'의 단계라는 것이다. 이랬을 때 전쟁은 절대로 있을 수 없다는 이상주의는 고도의 현실주의로 탈바꿈한다. 자신을 지키기 위해서 타자와 무력 충돌까지를 각오해야 한다는 고전적인 국제정치의 현실주의는 이제 자신을 지키기 위해서는 절대로 전쟁에 호소해서는 안 된다는 이상주의로 뒤바뀐다. 이것이 마루야마가 제시한 '현실적 이상주의'라 할 수 있다. 사카모토 요시카즈의 지적 영위는 20세기 중후반의 정세 속에서 이 '현실적 이상주

11 같은 글, 9~10면.

의'를 전개한 것이라 할 수 있는데, 마루야마의 입론은 사카모토에 의해 깊이와 넓이를 획득하게 된다. 이제 사카모토의 작업을 일별할 차례다.

사카모토 요시카즈와 핵시대의 평화와 중립

사카모토 요시카즈는 1959년, 미일안보조약 개정을 목전에 두고 논문 한편을 발표한다. 「중립 일본의 방위 구상」이라는 이 논문에서 사카모토는 1958년에 시작된 미일 정부 사이의 개정 협상에 대한 정치한 비판을 전개한다. 그의 비판은 미일안보조약 개정이 현실적으로는 일본 국민 방위에 아무런 실효적 대책이 되지 못한다는 것이었고, 정치적으로는 초국가주의의 반복이라는 것이었다. 즉 일본으로 하여금 자진해서 냉전대립의 한 진영에 속하게끔 만든 미일안보조약을 개정하는 것은 일본 국민이 아니라 국가를 방위하는 하는 일이며, 이는 국민의 목숨보다 천황 통치를 골자로 하는 '국체'를 지키려 했던 초국가주의의 반복이나 다름없다는 비판이었던 셈이다.

이 논문에서 우선 그는 '착오에 의한 파멸' 문제를 제기하면서 핵시대의 군비 및 전쟁이 내포하는 가능성을 가늠한다. '착오에 의한 파멸'이란 핵무기를 탑재한 전투기가 적국 및 동맹국 영공 위에서 착오나 사고로 인해 핵무기를 폭파시킬 가능성을 말한다. 문제는 핵무기가 폭파될 경우 그것이 착오에 의한 것인지 계획에 의한 것인지 식별할 길이 없기 때문에, 한 국가는 상대국의 정찰/초계비행에 맞서 똑같이 정찰/초계비행을 할 수밖에 없다는 것이며, 이때 상공을 비행하는 무수히 많은 전투기/정찰기는 '착오에 의한 파멸'을 회피할 수 없는 '현실'적 조건으로 만들고 있다는 사실이다. 즉 핵전쟁을 궁극적 가능성으로 내장하는 냉전대립은 전 세계를 '착오에 의한 파멸'이란 현실 속으로 몰아넣고 있는 것이며, 이 현실적 조건으로부터 모든 사태는 조망되고 가늠되어야 한다는 것이 사카모토의 주장인 것이다.

> 착오에 의해 전쟁이 발발할 확률은 자신이 교통사고에 조우할 확률보다 반드시 작다고 누가 단언할 수 있을까? 게다가 핵전쟁은 교통사고와 달리 일거에 수백만 수천만의 인간을 희생하는 성질의 것이다. 그럼에도 과연 몇 사람이나 도로를 건널 때만큼의 주의를 '착오에 의한 파멸'에 기울이고 있는지 의심스럽다면, 그것은 매우 놀랄 만한 일이라 하지 않을 수 없다. 왜냐하면 거기에 포함되어 있는 것은 우리 한 사람 한 사람이 무사히 살아남을 수 있을까 하는 단순 소박한 생존 문제와 다름없기 때문이다.[12]

그러므로 사카모토에게 1959년 당시의 '방위'란 하늘에서 핵무기가 언제 떨어질지 모른다는 현실적 가능성에 대처하는 문제였다. 압도적 다수의 생명을 앗아갈 뿐 아니라 인간의 문명 전체를

12 坂本義和「中立日本の防衛構想」,『核時代の国際政治』, 7면. 이하에서 이 책에서의 인용은 본문 괄호 안에 면수만 표기한다.

파멸로 내몰 수 있는 이 현실적 가능성이야말로 안보와 방위 문제의 근원이며, 그것을 전제로 하지 않고 어떤 명분이나 이념을 내세워 국제정치를 설명하거나 대안을 설파하는 일은 모두 헛된 일에 지나지 않았다. 그런 의미에서 사카모토는 철저하게 '현실주의자'였던 셈이다. 그러나 사카모토의 현실주의는 '힘'(power)을 국제질서의 근본으로 파악하는 고전적 의미의 국제정치적 '현실주의'(realism)와는 전혀 다르다. 그의 현실주의는 어디까지나 '일상'에서의 가능성을 기준으로 국제정치를 사유하려는 시도였기 때문이다. 그래서 그는 "대외정책의 문제가 우리 한 사람 한 사람의 가장 일상적인 문제와 직결되어 있다는 점이야말로 현대정치의 하나의 특질"(8면)이라고 주장한다. 즉 국가 간 힘의 균형이나 알력이 아니라, 국가 간 관계가 미시적인 일상과 불가분의 관계로 연동되어 있다는 인식이 그의 현실주의였다. 그런데 당대의 조건은 이러한 현실주의가 좀처럼 인식되기 어려운 조건 아래 있었다. 사카모토는 그 까닭을 다음과 같이 설명한다.

> 오늘날의 핵무기는 이중의 의미에서 우리의 일상감각 세계를 넘어서버렸다. 우선 수소폭탄 한발의 파괴력을 'TNT 20메가톤'이라 표현했을 때 우리의 감각은 과연 얼마나 구체적인 참상을 표상할 수 있을까? 또한 다음으로 놀라운 사실은 원수폭이 문자 그대로 상상을 초월한 파괴력을 가졌고 군사 전문가를 포함한 많은 이가 이에 대한 지식을 가지고 있음에도, 원수폭을 실제로 본 사람은 세계에서 셀 수 있을 정도밖에 없다는 현실이다. (…) 하지만 문제는 (…) 물리적·정치

적 이유로 그것을 본 적도 없고 볼 수도 없다는 사실에 있는 것이 아니다. 오히려 원수폭을 본 적도 없고 볼 수도 없다는 사실에 우리가 아무런 놀라움도 느낄 수 없게 되었다는 점이야말로 군사 수단과 국민과의 괴리가 얼마나 뿌리 깊은지 드러내는 것이다. (9면)

따라서 언제 핵무기가 머리 위에서 떨어질지 모르는 현실적 가능성이 철저하게 일상의 의식과 생활에서 유리되어 있는 것이 당대의 또다른 현실이었다. 엄연한 현실적 가능성과 그것을 인지하지 못하는 현실, 이 사이의 괴리를 메꾸는 것이야말로 사카모토가 말하는 '현실적 이상주의'와 다름없다. "현대의 군사 메커니즘에 내재하는 위험을 정확하게 인식하기 위해서는 우리는 항상 최대한으로 상상력을 구사해야만 한다. (…) 여기서는 상상하는 일이 가장 현실적이며, 풍부한 상상력을 지니고 있는 것이 건전함의 증거나 다름없다"(10면).

이렇게 그는 현실에 다가가기 위해서는 상상력을 배제해야 한다는 '재래의 현실주의'를 비판하면서, 당대의 현실적 조건 속에서 현실주의에 충실하기 위해서는 상상력을 구사해야 함을 설파한 것이다. 이런 관점에서 그는 미일동맹이 일본의 안보를 튼튼히 하기는커녕 "우리의 생존을 상시 위협"한다고 비판한다(11면). 그 이유는 간단하다. 일본이 미국의 동맹국인 한 우선 일본 상공을 마음대로 왕래하는 미국 정찰/초계기가 '착오에 의한 파멸'을 초래할 수 있고, 소련을 위시한 적국에 의한 파멸의 가능성도 열려 있기 때문이다. 이 모든 것이 전쟁을 전제로 한 동맹을 맺는 데에서 비롯되는 현실적 가능성이며, "전쟁수단 자체가 전쟁목적을 무의미화시키는"(12면) 핵전쟁의 본질에서 비롯된다. 따라서 '착오에 의한 파멸'에서 '미소 전면전'에 이르기까지, "미일동맹체제가 지속되는 한 사태는 절망적"인 데 반해 "중립정책을 취하면 희망이 남아" 있다(14면). 방사능 오염이나 핵무기로부터 가능한 한 거리를 두는 것이야말로 생존을 위한 지름길이며, 이를 위해서는 중립정책이 가장 이상적인 현실주의이기 때문이다. 이런 맥락에서 전면전쟁이 아니라 국지전쟁을 상정하고 체결된 미일안보조약과 방위계획을 입안한 정치가들이 비판된다.

> 우리 국민들에게는 전면전쟁과 다른 '국지전쟁'은 더이상 존재하지 않는다. 그럼에도 '국지전쟁'이라는 관념은 널리 유통되고 있다. 그리고 미일안보체제도, 또한 그 일환으로서의 일본 정부의 '방위계획'도 일차적으로는 '국지전쟁'에 대비하는 것에 다름 아니다. 바꿔 말하자면 국민에게는 '전면전쟁'인 것이 미국은 물론 일본 정부 당국에게는 단순한 '국지전쟁'으로 인식되는 것이다. 그러나 미군 도착까지 3개월을 버티기 위한 목적으로 '방위계획'을 만들고, 일본 전토를 방사능 무덤으로 만드는 전장까지를 '국지전쟁'의 범주 속에 묶어버리는 정치가는 도대체 어느 국민에게 책임을 지고 있는 것일까? 또한 그들이 추진하는 '방위계획'이란 도대체 누구를 방위하기 위한 것일까? 일본 국민에게 일본 본토는 절대로 '국지'가 아니다. '국지'란 관념은 이 경우 미국 등 일본 이외의 정부에게만 의미를 갖는다.(18면)

일본에서 일어날 수 있는 전쟁을 '국지전'으로 상정한 미일안보조약과 일본 정부의 방위계획은 결코 일본 '국민'을 지키기 위한 것이 아니라는 사실, 이것이 사카모토의 비판이다. 그는 이런 측면에서 안보조약과 방위계획을 비판하면서 패전 전 초국가주의의 반복을 본다. 안보와 방위가 국민을 지키기 위해 사념되지 않을 뿐 아니라, 국민이 거꾸로 국가 안보와 방위를 위해 동원되고 희생될 수 있는 가능성을 내포한 당대의 현실 속에서 사카모토는 변함없이 굳건한 근대 일본의 초국가주의를 감지한 것이다.

이렇게 결론지은 뒤 사카모토는 미군 대신 '유엔 경찰군'의 일본 주둔을 제언한다. 그가 모범으로 삼은 모델은 한국전쟁 당시의 유엔군이 아니라 이집트 수에즈운하 분쟁 당시의 유엔 주둔군이다. 이집트에 주둔한 유엔군은 한국전쟁과 달리 미국이 주도하는 주둔군이 아니었고, 이집트가 주둔을 희망한 국가 중에서 수에즈운하와 이해관계가 없는 국가를 선별하여 구성된 것이었기 때문이다. 그렇게 구성된 유엔 경찰군이 일본에 주둔한다면 소련과 중국 등으로부터 미국의 위협이 사라졌다고 환영받아 일본에 대한 잠재적 위협이 감소됨과 동시에, 감소된 위협에 바탕하여 활발히 시장 교역을 이룰 수 있다는 점에서 미국의 이익에도 부합한다는 것이 사카모토의 현실적 판단이었다. 물론 이것이 동시에 매우 '이상적'인 주장임은 말할 필요도 없다. 그런 의미에서 이 제언에도 사카모토의 '현실적 이상주의'가 농후하게 드러나 있다고 할 수 있는데, 그는 다음과 같이 말하며 자신의 입론을 요약한다. "유엔의 이상 상태는 별도로 하더라도 현실의 유엔이 할 수 있는 일을 정당하게 평가하고 과연 그것이 평화유지상 동맹보다 우월한지 열등한지의 형태로 문제를 제기해야만 한다"(24면).

여기서 알 수 있듯 그는 유엔의 이상적 상태(가령 최근 가라타니 고진이 말하는, 유엔에 군사력을 양도하자는 주장 등)[13]를 상정하고 유엔군 주둔을 주장하는 것이 아니다. 난바라와 같이 인류 보편의 이념을 하나의 규제적 이념으로 상정함과 동시에 현실에 주어진 선택지를 냉정하게 선택해나가는 일, 그것이 사카모토의 '현실적 이상주의'였던 셈이다. 그리고 그것은 선택 가능한 안보와 방위 전략이라는 측면과 함께 현실의 위협을 판단하고 상상하는 원칙이라는 성격을 아울러 내포하는 것이었다. 그것은 일상에서 항시 현전하는 핵의 위협과 그에 따른 생명 및 생활세계의 파국 가능성이었다. 사카모토가 말하는 안보와 방위는 언제나 이 생명과 생활세계를 위한 것이었고, 그런 한에서 그에게는 (극단적으로 말해) 국가주권조차도 상대화될 수 있는 것이었다. 그것이 그의 '현실적 이상주의'에 바탕을 둔 초국가주의 비판의 요지였다.

> 미일안보체제란 결코 조약이나 기지나 재군비만을 의미하는 것이 아니라, 그 근저에서 '국민을 망각한 위정자'와 '위기를 망각한 국민'의 정신구조에 깊숙이 뿌리내리고 있음을 잊어서는 안 된다. (29면)

---

13 가라타니 고진 『세계공화국으로』, 조영일 옮김, 도서출판b 2007 참고.

"'국민을 망각한 위정자'와 '위기를 망각한 국민'의 정신구조"란 마루야마 마사오가 파악한 초국가주의의 논리와 심리와 다름없다. 그는 패전 후 진행된 일본의 방위 구상이 결국에는 초국가주의의 논리와 심리에 뿌리를 내리고 있다는 사실, 그렇기에 그 논리와 심리를 재생산하는 기제가 되고 있다는 사실을 날카롭게 적출한 것이다. 미일안보조약을 요시다 시게루가 처음 체결했고 기시 노부스케(岸信介)가 개정하여 존속시켰다는 사실이 상징하듯이, 초국가주의의 논리와 심리는 패전 전 제국일본의 상반된 정치적 스펙트럼을 아우르는 것이었다. 요시다와 키시는 영미 친화냐 대립이냐를 놓고 정치적 입장을 달리했던 정치가들인데, 국민 없는 국가의 안보와 방위를 생각했다는 점에서 두 인물은 초국가주의를 공유했던 셈이다.

그런 의미에서 사카모토의 비판은 난바라의 이상주의와 마루야마의 현실적 이상주의를 계승하면서, 1950년대 후반 이후 일본의 국가체제 속에 초국가주의가 뿌리 깊게 존속하고 있음을 보다 핍진한 언어와 섬세한 분석으로 비판했던 것이라 할 수 있다. 이런 사카모토의 현실적 이상주의는 이른바 '현실주의'로부터의 비판에 직면하게 되는데, 그는 현실주의와의 논쟁을 통해 자신의 현실적 이상주의가 국익을 계산하고 냉엄한 국제사회의 현실을 추종하는 '정치공학'과 다름을 주장하며, 국가에 대한 시민의, 현실에 대한 정치의 우위라는 원리를 내세운다. 그럼 이제 이 논쟁과 사카모토의 평화운동론을 살펴볼 차례다.

시민의 운동, 정치의 결정: 현실추종과 기술합리성 비판

1963년, 미국 유학을 마치고 돌아온 스물아홉살의 교토대학 교수가 논단에서 전후민주주의를 주도하던 가토 슈이치(加藤周一)와 사카모토를 실명으로 거론하며 비판의 화살을 날렸다. 바로 저명한 교토학파 철학자 고우사카 마사아키(高坂正顕)의 아들이자, 국제정치학에서 고전적 현실주의자를 선명하게 자처한 고우사카 마사타카(高坂正尭)였다.

「현실주의자의 평화론」이라는 이 논문에서 고우사카는 1952년 이래 제기된 중립국 구상이 이상주의라고 비판하면서, "힘으로 지탱되지 않는 이상은 환영에 지나지 않는다"고 주장하며 앞서 살펴본 사카모토의 논문을 비판의 표적으로 삼았다. 그는 사카모토가 핵시대에 국지전이란 없기에 미일안보조약이 아무런 쓸모가 없음을 주장한 것을 두고, 각 나라가 핵의 파멸적 힘을 충분히 인지하기에 핵무기를 통한 전면전보다는 재래무기를 통한 국지전이 여전히 분쟁의 수단으로 현존하고 있으며, 미일안보조약이 동북아시아에서 미국·소련·중국 사이의 힘의 균형을 통해 평화를 유지하고 있기에 의미 있다고 논박한다.[14] 그리고 고우사카가 보기에 "사카모토 씨로 대표되는 이상주의자의 논의"가 이런 현실을 포착하지 못한 것은 "현대의 악마인 핵무기 문제를 너무나 중요시한 나머지 현대 국제정치에서의 다양한 힘의 역할을 이해

14 高坂正尭「現実主義者の平和論」,『戦後日本外交論集』, 208~209면.

하지 못한 탓, 즉 권력정치를 충분히 이해하지 못한 탓"[15]이었다. 즉 핵의 현전이 전쟁을 무의미하게 만든다는 사카모토의 이상주의는 현실과 이상 사이에 엄연히 존재하는 세밀한 힘의 정치를 망각한 결과라는 비판이었다.

물론 고우사카도 핵의 현전이 전쟁을 궁극적인 분쟁의 해결책으로 삼는 고전적 국제정치의 논리를 변경시켰다는 사실을 인정하며 사카모토의 현실적 이상주의를 높게 평가한다. "인류는 원수폭의 출현으로 파멸 위기에 끊임없이 노출되기에 이르렀다. 이상주의자들은 이 사실을 명확히 인식하고 그 위에서 그들의 논리를 세운다. 절대평화 사상도 예전에는 매우 비현실적이었을지 몰라도 인류가 파멸의 위기에 직면한 지금 오히려 현실성을 갖게 되었다는 주장이 그 좋은 예다. (…) 원수폭의 출현이 국제정치의 성격을 변화시켰다는 논의는 본질론적으로는 옳다."[16] 하지만 고우사카는 이러한 본질론으로부터 전쟁의 무의미화와 중립국 구상으로 한걸음에 내닫는 사카모토의 논리를 문제 삼는다.

> 나는 사카모토 씨가 말하듯 "이 지점에서 우리가 직면한 초미의 과제는 중립으로의 방향전환이며, 만약 중립으로 방향을 틀기만하면 나머지 문제는 고도로 기술적인 것이 된다"고는 생각하지 않는다. 사카모토 씨가 말하는 "고도로 기술적인 문제"야말로 나에게 중요한 것이며, 이 "기술적인 문제"가 어떤 경우에는 목표 설정에 커다란 영

15 같은 글, 210면.
16 같은 글, 214면.

향을 미치는 것이기 때문이다. (…) 그렇기에 나에게 추상적인 동맹 대 평화 같은 것은 아무래도 좋다. 문제는 어떤 수순을 밟은 중립이냐는 것, 또한 미일안보체제의 입장에서 보자면 어떻게 개량하느냐는 것이다.[17]

따라서 고우사카의 현실주의란 '이상=목표' 자체보다는 그것을 '어떻게' 실현시켜나가느냐에 방점을 찍는 사고형태다. 핵의 현전이란 절대적 현실 규정과 직면해서 곧바로 전쟁의 무의미화와 중립국 일본이라는 구상으로 나아가는 것이 아니라, 어떤 전쟁과 어떤 중립이냐를 현실의 정세 속에서 따져 묻는 것, 이것이 고우사카의 현실주의였던 셈이다. 이를 그는 "수단과 목적 사이의 생생한 대화"[18]라고 말한다. 그가 보기에 사카모토의 이상주의는 수단과 목적 사이에 개입되어야 할 무수한 논리와 계산이 생략된 공허한 논리였다.

사카모토가 고우사카의 이러한 비판에 응수한 것은 1965년이었다. 「'힘의 균형'의 허구」라는 논문에서 사카모토는 고우사카의 현실주의가 1960년 안보투쟁 이후 새로이 등장한 보수주의의 발로라고 비판하면서 자신의 주장이 초국가주의 비판에 뿌리내림과 동시에 전후민주주의의 심화를 지향하는 것임을 선명하게 내세운다. 사카모토는 우선 고우사카에 의한 현실주의가 1960년 안보투쟁 이후 더이상 기존 논법으로는 스스로를 지탱할 수 없는

17 같은 글, 216~17면.
18 같은 글, 216면.

보수 진영으로부터 나온 새로운 논리임을 지적한다.

> 전후의 〔보수〕 반동은 약간의 뉘앙스 차이는 있었지만 헌법의 실질적 또는 명문적 개정, 재군비, 치안대책의 강화 등을 자명한 전제로 하는 점에서 공통점이 있었다. 그러나 1960년을 기점으로 이러한 '역(逆) 코스'형 반동을 대신할 보수정책의 필요성이 자각되어 반동이나 보수의 새로운 방향이 요청되었다. (…) 전후의 미일관계 특히 안보체제를 기본적으로 승인한다는 의미에서의 보수적 '현실주의'가 이런 정치상황에서 유행할 수 있었다는 점은 간과되어서는 안 된다. (…) 이는 자본주의적 경제합리성의 각도로부터 안보체제를 과거로 소급시켜 긍정한다는 점에서 치안주의적 반동과 다르다. (31~32면)

여기서 사카모토는 고우사카 등의 '현실주의'가 단순한 초국가주의로의 회귀가 아님을 주장하고 있다. '치안주의적 반동'이 전후민주주의 개혁을 전쟁 전의 전체주의로 되돌리려는 '역 코스'[19]적 발상이었다면, 안보투쟁을 거친 이후에는 그러한 '역 코스'가 더이상 추동력을 얻을 수 없는 상황이 된다. 안보투쟁이 정부의 독단적 결정 과정에 대한 광범위한 시민의 저항이었고, 기시 노부스케가 안보조약 개정의 국회 비준을 표결 시간 초과라는 편법

19 '역 코스(逆コース)'란 점령 해제 이후 일본의 정치경제적 국면에서 패전 전의 관행-관습을 부활시키고 전시 협력자들이 중앙 무대로 복귀하는 등의 반동적 흐름을 지칭한다. 전시 내각의 주요 각료로서 전쟁을 지휘했고, A급 전범으로 기소되었던 기시 노부스케가 정계에 복귀하여 수상의 자리까지 올라 미일안보조약을 정부 주도로 강경하게 밀어붙인 것은 '역 코스'의 정점을 찍은 사태였다.

으로 마무리한 뒤 사임한 것은 그 상징적 사건이었다. 기시는 미일안보조약 개정의 국회 비준을 표결이 아니라 표결 시한을 초과하여 자동 비준되는 형태로 마무리했다. 이는 강렬한 시민의 저항에 직면한 기시 정권의 궁여지책이었고, 더이상 정부의 독단적 통치 운영이 불가능하다는 사실의 증거였다. 이후 정부는 국회와 시민사회에 대해 정책 결정의 합리적 설명을 요구받게 되며, 사카모토가 보기에 '현실주의'는 이러한 변화된 상황에 대처하는 보수반동 진영의 새로운 논리였던 셈이다.

이 새로운 논리를 사카모토는 '자본주의적 경제합리성'이라 명명한다. 이 입장은 안보체제 이후 등장한 이케다 내각 시기의 '고도경제성장'과 맞물린 것으로, 경제성장을 위해서는 엄혹한 국제정치의 현실 속에서 철저하고 냉정하게 국가의 이익을 계산하고 추구해야 한다는 논리를 내장했다. 그리고 더 나아가 이 현실주의의 논리는 근대 일본이 근면하고 성실한 노동윤리와 신속하고도 창의적인 과학기술의 수용/발전을 내장했다는 역사적 평가로 이어져, 메이지유신 이래의 '산업국가'와 '평화국가' 일본이라는 자기 이미지를 창출한다. 사카모토는 이러한 경제 합리성과 자기 이미지가 초국가주의와 식민주의를 망각케 하고, 경제발전과 전통고수라는 미명 아래 미일안보체제라는 현실을 추종하게끔 한다고 비판의 각을 세웠던 것이다(33~35면).

이렇게 현실주의가 등장한 당대의 언설적 맥락을 날카롭게 정리한 뒤 사카모토는 이 입장이 배경으로 삼는 고전적인 '힘의 균형'을 이론적으로 해부한다. '힘의 균형'이란 이른바 '웨스트팔리아 체제'라고 하는 유럽 근대 초기 국제질서의 근간을 이루던 발상으로, 강대국과 약소국으로 이뤄진 국제체제에서 각 국가 사이의 합종연횡을 통해 어느 한 국가의 초강대화를 견제하면서 평형상태를 유지하는 질서체제다.[20] 사카모토는 이 힘의 균형이 기능하기 위해서는 '가치의 공유'가 필수적이라는 사실을 지적함으로써 고우사카를 비판한다. 유럽이 힘의 균형을 토대로 18세기에 평화를 유지할 수 있었던 까닭은 종교 내분을 종식시키고 군주통치의 전통과 관습을 공유했기 때문이었는데, 프랑스혁명 이래 전지구화된 혁명과 반동의 대결은 상호 간에 공유된 가치란 없고 상대방을 절멸시켜야 할 '절대적인 적'으로 인지하게끔 만들었기에 힘의 균형은 더이상 기능할 수 없다는 것이 사카모토의 주장이었다(35~42면). 즉 냉전체제에서 힘의 균형을 통한 국제평화란 궁극적으로는 상대방을 절멸시키기 위한 도정의 한 과정에 지나지 않는 의미 없는 논리이며, 이런 논리에서는 인류를 착오에 의한 파멸로 이끌 수 있는 핵시대의 파국적 위협에 대처할 수 없다는 주장이었던 셈이다.

현실주의가 이론적 배경으로 삼는 힘의 균형을 비판하면서 사카모토는 당대 현실에서 평화 혹은 균형을 가능케 하는 요인은 힘이 아니라 민주주의라는 가치체계라고 주장한다. 사카모토에 따르면 핵무기의 위협이 상존하는 냉전체제에서 전쟁을 억제하는 것은 힘의 균형이 아니라 각 국가의 민주주의에 달려 있다. 즉

20 일본 국제정치론의 맥락에서 이에 관한 가장 최근 논의로는 細谷雄一『国際秩序』, 中公新書 2012, 1장 및 2장 참고.

정쟁을 결정하는 정치가들과 그들의 결정을 감시하는 민중의 눈이야말로 평화를 유지하는 본질적 힘이라는 주장이었던 것이다. 그래서 그는 전쟁을 억지하기 위해서는 "정상적 가치체계"가 필요하다고 하면서, "정상이기 위한 최소한의 요건은 정치 지도자가 권력의 장기적 안정을 가치로 설정하고 있을 것과, 그 권력이 그 장기적 안정에 필요한 민중의 지지를 재생산하는 기능을 작동시키고 있을 것"이라 말한다(48면). 이 관점에서 고우사카의 현실주의는 다음과 같은 비판을 받는다.

> 일본의 '현실주의'는 대부분 표면상 '친미'인데도 민주주의를 위한 권력통제라는 발상—본래의 리버럴 데모크라시의 발상—이 매우 빈곤하다는 특징을 갖는다. 게다가 현실적으로 보자면 일본의 통치권력이 미국의 그것보다 훨씬 자유주의로부터 거리가 멂에도 그렇다. 그들에게 '민주주의'라든가 '자유'란 무엇보다도 체제의 현실을 긍정하기 위한 상징이지, 현상 타파의 상징으로서의 '자유'나 운동으로서의 '민주주의'라는 관점이 결여되어 있다. (54면)

사카모토의 현실주의 비판은 이렇게 민주주의와 불가분의 관계가 있다. 이때 민주주의는 제도나 이념으로서가 아니라 어디까지나 '운동으로서의 민주주의'였다. 그의 현실적 이상주의는 칸트식의 규제적 이념(regulative ideal)을 지평으로 삼는 이상주의임과 동시에, 그것을 항시적 파국의 가능성 속에 사는 민중의 운동을 통해 성취하려는 현실주의이기도 했던 것이다. 그래서 이 현실적 이상주의는 고우사카식 현실주의와 대립한다. 왜냐하면 현실주의의 입장은 주어진 현실적 여건 속에서 '국가'가 살아남기 위한 정밀한 계산합리성을 내세우기 때문이다. 마루야마를 계승한 사카모토의 현실적 이상주의는 그런 의미에서 국가에 대한 시민/민중의 우위와 계산합리성에 대한 아래로부터의 정치의 우위를 주장하는 입장이라 할 수 있다. 이는 핵의 현전이라는 절대적 조건 속에서 인간의 생명과 생활세계를 방어하기 위한 현실적이고도 이상적인 방도였으며, 이를 통해 패전 전 초국가주의의 극복과 민주주의의 심화가 기획될 수 있었던 것이다. 이렇게 전후의 현실적 이상주의는 핵의 현전이라는 전제 위에서 국제질서와 일상생활을 관통하는 비판적 관점을 제시했고, 그 전제 위에서 아래로부터의 민주주의 운동을 추동하는 강력한 논리를 제공했다. 이제 3·11이 초래한 충격을 염두에 두고 이 현실적 이상주의의 심연을 들여다보는 것으로 논의를 마무리하겠다.

계몽의 한계, 정치의 임계: 현실적 이상주의의 심연

이후 사카모토는 일생에 걸쳐 군축 및 탈핵을 자신의 과업으로 삼았다. 이미 일본에서는 1950년대 초반에 전면강화를 주장하며 부분강화에 대한 대규모 반대운동이 벌어졌고, 1954년 원양어선 '다이고후쿠류마루' 피폭 사건(미국 비키니섬 수소폭탄 실험)을 계기로 도쿄 스기나미구의 주부들을 중심으로 반핵평화운동이 전개되고 있었다. 사카모토가 아래로부터의 운동과 민주주의를 토대로 국제정치학에서 현실적 이상주의를 주장할 수 있었던 것은 이런 시민운동에 힘입은 바가 크다. 이런 맥락에서 그는 군축과 탈핵이 좀처럼 이뤄지지 않는 것은 군비확충을 통해 이익을 얻는 세력이 존재하기 때문이라 비판하며, 군축은 단순한 군비축소의 문제라기보다는 국내/국제 정치를 강력하게 규정한는 정치구조의 문제라고 파악한다. 그래서 그에게 군축은 결국 정치개혁의 문제였고, 이는 앞서 살펴본 초국가주의 비판과 일맥상통하는 판단이었다. 이 개혁을 위해 그는 '아래로부터의 운동'을 주장한 것이다.

그러한 정치구조를 바꾸는 것은 누구인가? 역사가 보여주듯 정치구조의 변혁이 그 정치구조에 기득 권익을 가지지 않는 사람에 의한, 아래로부터의 운동 없이 이뤄진 적은 없다. 군축의 경우도 마찬가지이며, 여기에 시민운동의 중요성이 있다.[21]

사카모토의 '현실적 이상주의'는 여기서 미래를 향한 실천 전략을 얻는다. 그가 유엔에서 아시아의 지역 연대를 거쳐 일본 내 평화/탈핵 운동에 이르기까지, 여러 층위의 현장을 오가며 시민들의 연대와 협력을 위해 힘쓴 까닭이 여기에 있다. 이러한 실천이 모두 생명의 위협과 생활세계의 파국이 일상 가까이에 잠재하

21 坂本義和『軍縮の政治学』, 岩波新書 1982, ii면.

는 '핵/원자력' 시대에서 비롯한 것임은 말할 필요도 없다. 그는 핵/원자력 시대에는 '국가 안보'와 '국민 방위'가 상극할 수 있다는 현실적 가능성에 바탕을 두고 이론과 실천을 조직했던 것이며, 그런 맥락 위에서 국가를 넘어선 시민들의 연대를 주장했던 것이다.

사카모토가 '국제' 대신에 '민제(民際)'라고 부른 이 연대를 위해서는 폐쇄적 공동체를 끊임없이 열어나갈 필요가 있다. 그런데 사카모토는 20세기 후반과 21세기의 현실에 직면해서 다음과 같은 우려를 표명한다.

> 가족을 포함한 모든 '공동체'를 상대화하는 일은 정보의 홍수에 휘말려 정체성(identity)의 혼미를 야기할 수 있으며, 사회관계를 파편화된 개인으로 해체해버릴 수 있다. 부모-자식 및 부부관계에 이르기까지, 사람과 사람의 끈을 희박화하여 타자와의 공생 감각을 상실한 '무연사회', 즉 '사회관계의 공동화'를 낳는 위험이 있는 것이다. 그것은 타자에 대한 관심의 상실로 이어진다. 따라서 21세기 시민이 저항하고 극복해야 하는 것은 부당한 권력이나 이윤의 추구, 격차나 차별의 구조만이 아니라 시민의 '타자에 대한 관심'이다. '무관심'이 왕왕 명시적인 '반대'보다 대응이 곤란한, 시민사회의 병폐임을 잊어서는 안될 것이다. '무관심'이나 '냉소'(apathy)를 극복하는, 인간적인 감성의 활성화를 통해 비로소 '연대'의 추구가 가능해진다.[22]

---

22 坂本義和『人間と国家(下)』, 岩波新書 2012, 230면.

사카모토는 국가와 가족에 이르기까지 폐쇄적인 공동체를 열어젖히는 것이야말로 연대의 기초라고 주장하면서도, 공동체의 해체가 파편화된 개인으로 귀결되어 사회적 무관심을 촉발하는 데로 나아가서는 안 된다고 주장한다. 그는 국제정세·자본주의·과학기술 등으로 촉진된 21세기의 사회적 생태환경의 변화가 그러한 사회적 무관심을 이끌 수 있다고 경고했던 것이다. 그가 이렇게 말할 때 염두에 둔 것은 다름 아닌 3·11이라는 미증유의 파국이다. 그는 3·11과 뒤이은 후쿠시마 원전 사태를 보면서 여전히 필요한 것은 시민의 연대와 아래로부터의 운동임을 재확인한다. 특히 3·11 이후 노정된 정부의 무능과 기업의 몰염치는 권력과 자본에 대한 시민의 감시/통제가 필요함을 새삼 되새긴 계기였던 것이다.

이 지점이 사카모토의 현실적 이상주의가 도달한 한계인 듯하다. 3·11과 후쿠시마 원전 사태를 1950년대 이래의 핵의 현전이란 패러다임 아래서 파악하는 한계를 말이다. 그의 현실적 이상주의는 애초에 '착오에 의한 파멸'의 가능성을 현실의 한계영역으로 설정하여 출발했다. 그것은 언제 어디서 자신의 생명과 생활세계가 파멸로 이끌릴지 모른다는 임박한 파국을 전제로 하는 지극히 현실주의적 논리였다. 이는 마치 만인에 대한 만인의 투쟁 아래에서 공포와 불안으로 삶을 영위하는 홉스의 자연세계와 필적하는 디스토피아적 상상력이라 할 수 있다. 홉스가 이 공포와 불안에서 벗어나기 위한 방편으로 무소불위의 '주권' 설립과 그에 대한 복종을 통한 생명의 보호를 주장했다면, 사카모토는 핵의 현전을 파국으로 이끌지 않기 위한 시민의 국가/자본에 대한 감시와 통제를 주장했다. 홉스의 자연상태가 국가를 창설했다면, 사카모토의 핵의 현전은 아래로부터의 민주주의를 추동한 셈이다.

하지만 3·11을 맞이하여 사카모토의 이러한 입장은 회의에 부딪힐 수밖에 없다. 그 까닭은 사카모토가 일본 내 여타 인문사회과학자처럼 핵무기와 국제정치에만 집중하여 원자력 발전의 진정한 의미를 등한시했기 때문이 아니다. 사카모토는 이미 1997년에 자신이 편찬한 저서 『핵과 인간(核と人間)』을 통해 핵무기뿐만 아니라 원자력 발전의 위험성에 대해서도 충분한 비판적 관심을 환기시킨 바 있었다.

그렇다면 3·11 이후 사카모토가 현실적 이상주의를 견지한 일의 한계란 무엇인가? 그것은 바로 민주주의가 핵/원자력을 통제 아래 둘 수 있다는 믿음이다. 3·11 이후에 벌어진 사태가 적나라하게 보여준 것은 핵/원자력을 위시한 과학기술이 국가는 물론이고 인간 이성의 통제 범위를 벗어났다는 엄혹하고 냉엄한 현실이다. 핵의 현전 앞에서 인간이 무력할 수밖에 없는 까닭은 사카모토가 말하듯 파편화된 개인으로 인해 시민의 연대가 불가능한 무연사회 탓이 아니다. 아무리 깨어 있는 시민이 연대하여 국가와 자본을 감시해도 핵/원자력의 근원적 위험을 통제할 수 없다는 것, 이것이야말로 3·11 이후의 후쿠시마 원전 사태가 드러낸 불편하고도 공포스러운 사실이다.

이는 계몽과 정치에 대한 냉소주의가 아니다. 오히려 문제는 과학기술적 사고방식에 내재한 근원적 한계에 있다. 핵/원자력을 통제 아래 두는 것이 궁극적으로 핵/원자력에 대한 과학기술적 지식에 바탕을 둔다면, 사카모토가 말하는 아래로부터의 민주주의를 통한 핵/원자력의 통제는 결국 과학기술적 지식에 의존할 수밖에 없다. 따라서 아래로부터의 민주주의가 할 수 있는 일의 한계는 핵/원자력 개발의 폐지일 테지만, 그렇다고 과학기술 전부를 인간의 삶으로부터 말소할 수는 없다. 즉 정치가 과학기술과 마주하는 방식은 어디까지나 과학기술적 지식의 테두리 안에서이거나, 그것을 정지시키는 일이 최대한의 가능성으로 주어져 있는 것이다. 그런 의미에서 인간의 계몽과 정치는 결코 과학기술을 궁극적으로 통제하거나 제어할 수 없다. 인간은 과학기술을 고안했고 발전시킬 수는 있었지만 그것을 지배하지는 못했다.

이것이 현실적 이상주의의 정치적 심연이다. 사카모토는 인간의 제어를 벗어난 '착오에 의한 파멸'의 가능성에서 출발하여 그것을 아래로부터의 민주주의를 통해 감시하고 통제할 수 있다는 믿음 속에서 지적 작업을 영위했다. 하지만 애초에 '착오에 의한 파멸'이 개시한 세계는 인간의 과학기술에 대한 궁극적 통제 불가능성이다. 3·11 이후의 원전사태는 이 사실을 엄청난 댓가를 통해 눈앞에 현전시켰다. 과연 이 사태가 열어젖힌 심연 앞에서 인간은 무엇을 할 수 있을까? 아마도 그것은 시민의 연대가 과학기술, 국가권력, 자본증식 등을 포함한 인간의 기술합리적 실천을 민주화할 수 있다는 믿음이 아니라, 그것이 이 일련의 실천을 정지시킬 수 있다는 잠재성으로부터 다시 시작할 때 열릴 수 있는 물음이다. 현실적 이상주의와 전후민주주의의 계보는 더 나은 사회의 실현이 아니라 항시적 파국의 정지로 정치적 상상력을 변경했을 때 한줌의 생명력을 다시금 얻을 수 있을 것이다.

3부 혁명

6장 혁명을 팔아넘긴 남자

혁명정치의 아포리아에 관하여

그 남자의 귀환

1980년 9월 3일, 두해 전 일본 지바현에 건립된 나리타공항 로비는 300명이 넘는 기자들로 발 디딜 틈이 없었다. 그날은 8월 23일 NHK 정오뉴스 보도 이래 일본 사회의 이목을 집중시킨 한 남자가 귀국하는 날이었기 때문이다. 해당 뉴스는 “이토 리츠(伊藤律) 전 공산당 간부가 베이징에서 생존”해 있다는 보도였다. 이후 일본의 모든 매체는 이 뉴스와 관련된 정보를 경쟁적으로 내보냈고, 중국 외무성 대변인의 발표와 중국 적십자사의 공식 발표로 이토가 귀국을 희망하며 일본대사관의 취조를 받고 있음을 전했다. 그로부터 귀국일까지 일본 사회는 이토 리츠가 귀국할 날을 학수고대했으며, 9월 3일이 귀국일로 알려지자 나리타공항엔 개장 이후 최대 보도진이 대기했던 것이다.

이토 리츠라는 이름이 일본 사회를 떠들썩하게 한 것은 이번이 처음이 아니었다. 1949년 2월 10일, 일본의 주요 신문 기자들은 미국 본토 육군성의 발표를 듣고 급히 취재에 나선다. 이른바 '조르게 사건'의 진상이 밝혀졌다고 육군성이 발표했기 때문이다. 조르게 사건이란 러시아 태생 독일인 리하르트 조르게(Richard Sorge, 1895~1944)가 코민테른의 지시로 첩보단을 결성하고 스파이 활동을 했다는 혐의로 1941년 9월부터 1942년 4월에 걸쳐 일본 당국에 체포/검거된 일을 말한다. 조르게 첩보단에 관련되었다는 혐의로 체포된 인물은 일본인과 외국인을 포함하여 스무명이었으며, 이 중 조르게 자신과 1930년대 후반 고노에 내각의 브레인을 담당했던 오자키 호츠미(尾崎秀実)가 사형선고를 받았고 그밖에도 대부분 징역형을 선고받아 투옥되었다.

그러나 쇼와 최대의 스파이 첩보단으로 인구에 회자된 조르게 사건은 당시 큰 논란이 되지는 않았다. 전시 일본 정부의 언론통제 속에서 사법부의 선고 후 짤막한 보도로 일반에 알려졌을 뿐이기 때문이다. 1944년 조르게와 오자키는 쓸쓸히 형장의 이슬로 사라졌고, 전쟁이 끝나고 나서야 오자키가 옥중에서 가족에게 쓴 서한을 묶은 『애정은 쏟아지는 별 저편에(愛情は降る星のかなたに)』(1946)가 출간되어 일반에 널리 알려졌다. 그러나 이 사건을 둘러싼 진상은 당시 여전히 베일에 가려진 채였다. 미국 육군성의 발표가 터진 것은 이런 상황에서다. 이 발표를 통해 육군성은 소련의 스파이 조르게의 활동과 일본 당국의 검거가 조르게 사건의 내용이라 규정하면서, 이 사건을 일본 당국에 밀고한 것이 이

토 리츠였다고 지목했다. 패전 후 재건 공산당의 젊은 스타였고 공산당 의장 도쿠다 규이치의 심복이었던 이토 리츠가 당국의 밀정이었다는 발표는 일본 사회를 놀라게 하기에 충분했다. 게다가 이토 리츠는 오자키 호츠미의 동향 후배였으며, 1930년대 후반 공산당 활동으로 옥살이를 하던 이토가 풀려나자 취직을 알선하는 등 오자키는 생활 면에서 여러모로 지원을 아끼지 않았다. 그런 이토가 오자키를 밀고했다는 발표가 있자 일본공산당은 물론 일반인들도 큰 충격에 빠졌던 것이다.

> 리츠가 배신자…… 그러나 공산당이 형을 죽인 수하인을 중앙위원으로 선출할 리가 없잖아…… 나는 의자를 잡아당기며 다시 앉았다. 생각하면 할수록 미궁에 빠졌다.[1]

오자키 호츠미의 이복동생이자 패전 후 저명한 저술가가 된 오자키 호츠키(尾崎秀樹)는 당시의 충격을 그렇게 표현했다. 그는 『살아 있는 유다(生きているユダ)』라는 책을 통해 이토 리츠 스파이설을 대중화한 장본인이었으며, 조르게 사건 주변을 탐사하면서 다수의 저서를 남겼다. 이 책 전반부에서는 이토 리츠가 패전 직후 상경했을 때부터 자신을 탐탁지 않게 여기고 될 수 있으면 멀리하려 했다고 하면서, 이토가 오자키의 동생인 자신에게 그런 태도를 보인 것이 밀고자였기 때문임을 암시한다. 이미 1955년

1 尾崎秀樹 『生きているユダ』(1959), 角川書店 1976, 116면.

에 이토 리츠는 공산당으로부터 제명된 상태였으며, 이 이유로 1930년대부터의 스파이 혐의가 지목된 바 있었다. 오자키 호츠키의 저서는 이토가 얼마나 반인륜적인 행위를 했으며, 그로 인해 오자키 호츠미의 유족이 겪어야 했던 고통을 고발하는 내용으로 점철되어 있다. 이런 이토에 대한 낙인은 저명한 소설가 마츠모토 세이초(松本清長)가 『일본의 검은 안개(日本の黒い霧)』(1961)의 한 장인 「혁명을 팔아넘긴 남자」에서 이토 리츠를 다룸으로써 정설로 굳게 된다. 이토 리츠는 공산주의자의 신념을 배반하여 자신의 이익을 탐함으로써 '혁명을 팔아넘긴' '유다'로 낙인찍혔던 셈이다.

그렇게 이토 리츠는 음흉한 스파이로 낙인찍힌 채 사람들의 기억에서 사라져갔다. 자세한 사정은 뒤에 적겠지만 이토는 1951년 GHQ(General Head Quarter, 일본 주둔 연합군 점령 사령부)의 레드 퍼지(red purge)를 피해 전년도에 먼저 베이징으로 피신한 공산당 지도부를 따라 중국으로 밀항했다. 이후 1953년 9월 21일 일본공산당 기관지 『아카하타(赤旗)』 지면에 「이토 리츠 처분에 관한 성명」이란 글이 실린다. 이 발표문에서 일본공산당은 이토 리츠를 당내 공식 지위에서 면직처분할 것을 결정했음을 알리면서, 그 이유로 1938년 이래 이토가 지속적으로 일본 당국 및 GHQ를 위해 스파이 활동을 해왔음을 지목했다. 뒤이은 1955년 당은 최종적으로 이토의 제명을 발표하기에 이른다. 이후 일본공산당은 물론 일본 당국과 중국공산당 등 관련 기관 어디에서도 이토의 생사나 소재에 관한 소식이 들린 적은 없었다. 그런 와중에 조르게 사건과 관련된 여러 저작이 출간되어 이토 스파이설은 정설이 되어 굳어졌고, 오자키 호츠키의 저서를 통해 이토는 만인이 지탄하는 음흉한 스파이로 사람들의 뇌리에 각인된 것이다.

1980년 9월 3일, 나리타공항을 통해 일본으로 귀국한다는 이토 리츠의 뉴스가 일본 사회를 충격에 빠뜨린 것은 이런 경위 때문이었다. 1951년 중국으로 밀항할 당시 이토에게는 아내와 어린 두 아들이 있었다. 이들은 30년 남짓의 시간 동안 이토가 죽은 것으로 알았고, 스파이의 가족이라는 오명을 감내하면서 삶을 견뎌내어야 했다. 노동자 출신으로 아시아-태평양전쟁 시기부터 투철한 공산당원이었던 이토 리츠의 아내 기미코는 1955년 남편의 제명 발표 직후 당의 처분에 따른다고 공식 발표한 바 있으며, 이후 스파이의 아내로 낙인찍힌 채 다양한 활동을 통해 공산당원의 본분을 다해왔다. 그런데 이토 리츠가 살아 있다는 소식이 알려진 후 일본공산당의 반응은 이런 가족에게는 놀라운 것이었다. 당시 공산당 의장이자 1952년 12월 이토를 직접 심문하여 유폐시킨 장본인인 노사카 산조(野坂参三)는 기미코가 당 본부에 이토의 귀국 희망 편지가 왔다는 사실을 알리자 그날 심야에 기미코의 자택을 방문하여 다음과 같이 힐문했다고 한다.

> 동지는 왜 리츠와 이혼하지 않았는가? 약속이 틀리지 않은가? 왜 사전에 아무런 의논도 없이 중국대사관과 연락을 취했는가? 이는 당에 대한 배신행위이자 허락될 수 없는 행위가 아닌가?

이렇게 힐난한 노사카는 이토가 아내와 함께 도쿄에 머무는 것을 어떻게든 막기 위해 "시골 동생 집에 보내는 것"이라든가 "요양소에 맡기는 방법" 등을 제안하기에 이른다. 기미코는 존경하던 공산당 지도자의 이런 태도에 큰 충격을 받는다.[2] 나중에 자세히 다루겠지만 이런 노사카의 초조하고도 신경질적인 태도는 자신의 과오가 들통날까 두려워 표출된 것이었다. 일본공산당의 살아 있는 전설로서 오랫동안 국회의원을 역임했고 종신 명예의장으로 추대된 노사카는 실상 몇겹으로 구성된 20세기 정보전의 다중 스파이였기 때문이다. 당시 이런 사실을 알 리 없었던 이토의 가족에게는 노사카의 이런 태도가 의아할 따름이었고, 이토의 귀국 이후 그의 일본 생활을 공산당과의 갈등 속에서 지켜냈어야만 했다. 그러던 중 1989년, 이토는 27년 동안 중국에서 옥중 유폐를 겪으며 얻은 병마와 싸우다가 9년의 짧은 여생을 마치고 영면한다.

고국에 돌아온 뒤 9년 동안 이토는 자유롭지 않은 몸을 이끌고 지역 철도노동조합의 세포 조직을 구성한다든지 도쿠다 규이치 전집을 편찬하는 등 왕성한 활동을 벌였다. 과연 이 기구한 운명을 어떻게 이해해야 할까? 군국주의 일본에 태어나 공산주의자가 되어 투옥과 석방을 거듭한 뒤 베이징의 차가운 감옥에서 27년의 유폐 생활을 겪고도 혁명정치를 위해 투신한 노(老) 혁명가를 어떻게 평가해야 할까? 이어지는 논의는 이토의 삶의 여정을 1945년에서 1950년대 초반까지 일본공산당이 처한 상황과 국

2 이 인용문을 포함하여 伊藤淳『父·伊藤律: ある家族の「戦後」』, 講談社 2016, 32~33면.

면 속에 자리매김하여 혁명정치의 아포리아를 적출하려는 시도다. 이때 이토의 평생을 사로잡았던 당의 진리, 유물론의 과학 그리고 노동계급의 신념을 축으로 하는 혁명정치가 어떻게 정보전·음모·대중매체라는 20세기적 패러다임과 경합하면서 공동화(空洞化)되는지를 그려낼 것이다. 우선 1945년에서 1950년대 초반에 이르는 기간 일본공산당이 처한 상황과 국면을 소묘하는 것으로 시작해보자.

상황과 국면: 일본공산당의 노선투쟁

먼저 일본공산당의 간략한 연혁을 최소한의 사실 확인 차원에서 살펴보겠다. 일본공산당은 1922년 7월 비합법 조직으로 창립된 뒤 11월 코민테른에 가입하여 코민테른 일본지부가 된다. 이즈음 코민테른에서 22년 테제가 제시되어 군주제 폐지와 민주개혁 등을 강령으로 내세웠으나 정식으로 채택되지는 않았다. 1924년의 일제 검거로 일단 해산된 후 1926년 재건된다. 이때 이론적 지주는 후쿠모토 가즈오(福本和夫)로, '후쿠모토이즘'이라 불린 이론이 강령을 주도했다. 하지만 마르크스-레닌주의에 대한 교조주의적 태도로 후쿠모토는 코민테른의 비판을 받아 실각하고 27년 테제가 등장한다. 이 테제에서는 2단계 혁명론과 반봉건 자본주의론을 채택했고 합법 조직인 노농당(労農党)을 통해 공산당 창립 멤버인 도쿠다 규이치 등이 의회에 진출했다. 그러나 1928년 이른바 3·15 사건으로 1600여명의 당원과 지지자가, 이듬해 4·16 사건으로 1000명이 모두 치안유지법 위반으로 검거되어 괴멸 상태에 이른다. 소수의 당원으로 지하에서 활동을 이어나가던 중 1932년 코민테른이 32년 테제를 결정하면서 이후 오랫동안 이어질 기본 노선을 확립한다. 이 테제에서 코민테른은 일본의 지배구조를 절대주의 천황제, 지주제, 독점자본주의라는 세 가지 주요 모순의 종합으로 규정하고, 부르주아 민주주의 혁명을 통한 사회주의혁명으로의 전진이라는 2단계 혁명론을 주창하게 된다.[3]

이후 주요 간부의 옥중 전향 및 미검거 간부들의 검거로 공산당은 강령만 남은 채 파편적으로 존속을 꾀한다. 1936년에는 미국과 소련을 오가며 일본 공산주의 운동을 해외에서 조직했던 노사카 산조 등이 「일본 공산주의자에게 보내는 편지」를 통해 1935년 코민테른 제7회 대회에서 결정된 인민전선론을 활동 원칙으로 표명한다. 이후 해외에서 미국·소련·중국 등지를 오가며 노사카는 제국일본과의 전쟁에 참여하게 되며, 도쿠다나 그밖의 간부들은 옥중에서 비전향을 지키며 공산주의 운동을 존속시켰다. 그 뒤 1945년 8월 일제가 패망하고 같은 해 10월 GHQ의 정치활동 자유화와 정치범 석방 조치로 공산당은 합법정당으로 거듭난다. 1946년 총선에서는 5석을 차지했고, 전국적으로 광범위한 세포조직을 만들어 당세를 확장했다. 1949년 총선에서는 35석으로 당

3 '천황제'라는 용어가 정착된 것은 이 32년 테제를 통해서였다.

세를 늘려 대도시뿐만 아니라 전국적으로 유력한 정치세력 중 하나가 되었으며, 의회 중심의 대중 활동 확장으로 사회주의혁명을 둘러싼 노선투쟁이 격화되는 계기가 된다.

이렇게 합법 조직으로 거듭난 일본공산당이 위기에 빠진 것은 1950년이었다. 1950년 1월 6일 『항구평화와 인민민주주의를 위하여』라는 코민포름(cominform) 기관지에 '옵저버'라는 필명으로 「일본의 정세에 대하여」라는 논문이 실린 것이 계기였다. 코민포름은 1947년에 결성된 조직으로, 소련공산당의 지도 아래 10개의 동구 및 서구 공산당이 가입해 자신들의 활동을 상호 조정했다. 코민포름은 유럽에 국한된 조직이었기에 아시아의 공산당에 개입하지 못했으나, 중국혁명의 성공으로 소련공산당과 중국공산당의 협력이 강화되면서 국제 공산주의 운동의 조건이 변화하여 사정이 바뀐다. 기본적으로 국제 공산주의 혁명 전략 차원에서는 소련이 주도하되 아시아 공산주의 운동의 조직과 전개는 중국이 주도하는 것으로 두 거대 공산당 사이에 잠정 합의가 마련된 것이다.[4] 코민포름이 일본공산당의 노선 문제에 개입한 것은 이 때문이었다. '옵저버'라는 이름으로 발표되었지만 이는 명백히 스탈린의 의중을 담은 것이었고, 중국공산당의 무장투쟁 노선을 아시아에서의 기본 전술로 채택한 두 당의 합의를 반영한 것이었다. 소련과 중국공산당은 국제 혁명 전략과 아시아에서의 전술 차원에서 일본공산당 노선을 비판했던 셈이다.

---

4 下斗米伸夫 『日本冷戦史: 帝国の崩壊から55年体制へ』, 岩波書店 2011, 150~51면.

이 짧은 논문에서 실명으로 비판된 것은 36년 이래 일본공산당의 기본 노선을 주도해온 노사카 산조였다. 그의 기본노선을 비판하기 이전에 논문에서는 일본을 둘러싼 기본 정세를 다음과 같이 정리한다. 우선 미국이 일본을 반공의 군사기지화하고 있고, 이로 인해 일본의 반동세력은 미국 자본가와 손잡고 독점체제를 강화하고 있으며, 그 결과 군국주의 일본의 잔당과 미국 제국주의자들의 연대가 실현되고 있다는 것이 코민포름의 기본 진단이었다. 이에 대해 일본의 노동자는 철저하게 일본의 군사기지화 및 식민지화에 대항해야 하며 자주와 독립을 지켜내야 함에도 노사카의 이론은 전혀 반대로 나아가고 있음이 비판된다. 노사카는 미군 점령 아래에서도 부르주아적 개혁과 사회주의혁명으로의 진전이 가능하다고 설파했기 때문이며, 이런 맥락에서 미군을 해방군으로 바라보는 근본적 오류를 드러냈기 때문이다.

> 노사카는 미국 점령군이 존재해도 평화적 방법으로 일본이 직접 사회주의로 이행할 수 있다는 부르주아적인 극악한 의견까지를 표명하기에 이르렀다. 노사카는 이런 견해를 이전에도 표명했었다. (…) 재일 미국 점령군이 마치 진보적 역할을 담당하고 일본을 사회주의 발전으로 이끄는 '평화혁명'을 촉진한다는 듯한 노사카의 관점은 일본인민을 혼란시켜 외세 제국주의자가 일본을 외세 제국주의자의 식민지적 부가물로 전락시키는 일을, 또한 동양에서의 새로운 전쟁의 불씨로 만드는 일을 조장하는 것이다.[5]

노사카를 직접적으로 지명하고 있지만 실상 코민포름은 당의장 도쿠다 규이치를 비롯한 주류파 전체를 공격의 대상으로 삼았다. 그 배경에는 중국공산당의 무장노선이 있었다. 1949년 11월 16일부터 12월 1일까지 중국 베이징에서 개최된 '세계노련의 아시아 제국 및 대양주 노동조합 회의' 의장을 맡은 중국공산당 서기이자 중국인민정부 부주석 류사오치(劉少奇)는 노동계급의 기본 노선으로 무장투쟁을 주장했으며, 중국 인민해방군에 의한 해방전쟁이야말로 앞으로의 공산주의 운동이 채택해야 할 정치 노선임을 선명하게 내세웠다.[6] 이 회의 도중 류사오치의 급진적 발언에 의문을 가진 서유럽 노동조합 지도자들이 소련에 그 타당성을 문의한바 스탈린이 류사오치의 입장을 추인하게 된다. 이로써 전술 차원으로 생각되던 무장투쟁이 냉전체제 아래의 전략적 정치 노선으로 격상되었고, 1950년의 일본공산당 비판은 이런 맥락 속에서 평화혁명 노선을 견지하던 노사카 이론을 공격의 대상으로 삼은 것이다.

코민포름의 느닷없는 비판은 일본공산당 내 주류파를 당혹스럽게 했다. 이미 미야모토 겐지 등 당내 비주류파의 공격이 거세지고 있던 상황이었다. 그런 와중에 코민포름이 주류파의 이론적 지도자로 인정되었던 노사카를 공격했고 이는 주류파의 당내 주도권을 위태롭게 만들기에 충분한 충격이었기 때문이다. 주류파

---

5 「일본의 정세에 대하여」, 『항구평화와 인민민주주의를 위하여』, 1950.1.6(渡部富哉監修, 『生還者の証言: 伊藤律書簡集』, 五月書房 1999, 372~73면).

6 下斗米伸夫 『日本冷戦史: 帝国の崩壊から55年体制へ』, 163면.

의 반응은 곧바로 이루어졌다. 노사카는 즉각 자기비판을 발표했고 코민포름의 비판 일주일 만인 1월 13일, 일본공산당은 「「일본의 정세에 대하여」에 관한 소감」[7]이라는 글을 발표하면서 입장을 표명했다. 이 안에서 일본공산당은 노사카의 여러 논문들에서 "노예의 언어"로 표현된 사상이 있었음을 인정한다. 이어 코민포름의 비판이 일본의 객관적인 조건 탓에 때로는 우회적인 표현을 선택할 수밖에 없는 사정을 감안하지 않은 것이라 섭섭함을 표명하면서도 전적으로 코민포름의 입장을 따를 것이 표명되었다. 1월 17일에는 중국공산당이 평화혁명의 오류를 지적하고 격렬한 투쟁을 내세운 코민포름 비판을 지지하는 성명을 낸다. 결국 1950년 1월 21일 『아카하타』 지면을 통해 일본공산당 중앙위원회는 향후 그런 오류에 빠지지 않겠다고 다짐한다. 이로써 표면적으로는 코민포름의 일본공산당 비판은 정리되는 모양새를 취하게 된다.

그러나 문제는 여기서 그치지 않았다. 비주류파는 일본공산당 주류파 공세에 고삐를 쥐었다. 주류파가 표면적으로는 코민포름의 비판을 수긍하는 듯 입장을 표명했지만 기본적인 강령과 전술에서 바뀐 것은 아무것도 없음을 지적한 것이다. 그리고 비주류파는 노사카의 자기비판을 당 중앙위원회가 인정하는 과정이 불투명했고 철저한 토론을 거친 것이 아니라는 점을 지적하며, 노사카뿐만 아니라 부르주아적 사고에 침윤되어 치명적인 오류를

---

7 「「일본의 정세에 대하여」에 관한 소감」, 『아카하타』 1950.1.13(渡部富哉監修, 『生還者の証言: 伊藤律書簡集, 五月書房 1999, 374~75면).

범한 주류파 전체의 책임을 물어야 한다고 전선을 확장시켜나간다. 이 '국제파 대 소감파'[8]의 대립으로 주류파는 노사카의 평화혁명론을 폐기하고 5월에 열린 제19회 중앙위원회 총회에서 「도래할 혁명에서의 일본공산당의 기본 임무에 관하여」를 제시하고 격렬한 투쟁에 나설 것을 기자회견을 통해 공표한다. 이를 지켜보던 GHQ는 6월 들어 공산당 중앙위원들에 대한 공직추방령을 발표한다. 이미 본국에서 메카시즘이 기세를 올리던 중이었고 중국혁명의 성공으로 반공의 기류가 거세지던 와중이었기 때문이다. GHQ는 중국혁명의 무장투쟁 노선을 천명한 일본공산당을 민주개혁의 일익을 담당하는 개혁정당이 아니라 제거되어야 할 급진 혁명 조직으로 재정의한 것이다.[9] 그 직후 한국전쟁이 발발했고 다음 날 『아카하타』는 1개월간의 정간 처분을 받았는데, 이후 이 처분은 무기로 연장된다. 7월에는 언론인, 공무원, 민간기업 종사자 가운데 공산당원이 모두 추방되기에 이르고, 10월에는 5월 이래 지하에 잠행하던 당의장 도쿠다가 중국으로 밀항하여 중국공산당의 협력 아래 이른바 '베이징 기관'을 결성한다.

이후 일본 내에는 비주류 국제파가 당 중앙위원회를 결성한다. 이들은 소련과 중국에 각각 도쿠다를 비롯한 주류파를 비판하는

8 일반적으로 코민포름의 비판에 따라 주류파를 공격한 비주류파를 '국제파'로, 코민포름의 비판에 「소감」 논문으로 대응한 주류파를 '소감파'로 지칭한다.

9 물론 공산당에 대한 공직추방을 GHQ의 단독 결정/집행으로 파악할 수는 없다. 오히려 당대의 레드 퍼지는 요시다 시게루(吉田茂)를 정점으로 하는 일본 정부의 강력한 의중과 계획이 실현된 것으로 보아야 한다. 이에 관해서는 明神勲 『戦後史の汚点: レッド·パージ』, 大月書店 2013 참고.

호소장을 송부했고, 이 안에서 「「일본의 정세에 대하여」에 관한 소감」의 기초자 이토가 격렬한 어조로 비판의 대상이 된다. 국제파는 당내의 새로운 강령 결정을 위해 소련과 중국이 중재에 나서줄 것을 요청했고 1951년 2월에서 5월까지 국제파와 소감파 인사들이 소련을 방문하여 몇차례에 걸쳐 스탈린과 회담을 갖는다. 그 과정에서 이토와 노사카의 스파이 혐의가 국제파로부터 고발되었으나 도쿠다는 이를 극구 부인했고 스탈린이 받아들여 무혐의 처분을 받는다. 그 후 8월 국제파와 소감파가 소련에서 회동하여 새로운 강령인 「51년 강령」을 기초하여 무장투쟁과 군사방침을 결정했고, 10월 일본 국내에서 열린 제5회 전국협의회에서 이 강령을 채택함으로써 결국 당내 노선투쟁은 실질적으로 봉합에 이른다.

이때 이토 리츠는 베이징으로 밀항한 도쿠다의 일본 국내 대리자로 활동했다. 그는 도쿠다의 입장을 일본에 남아 있던 비주류파에 맞서 지켜내려 노력했으며, 소련과 중국 공산당과의 복잡한 관계 속에서 비주류파의 동향을 도쿠다에게 보고하는 역할을 맡았다. 이 일련의 과정이 일단락된 뒤 1951년 11월 이토는 도쿠다의 요청에 따라 베이징으로 밀항하게 된다. 도쿠다는 당내 노선투쟁이 일단락된 뒤 '베이징 기관'에서 자신의 수족이 되어줄 측근이 필요했던 것이다. 이토는 앞으로 펼쳐질 27년의 가혹한 운명을 알 턱 없이 그저 당과 의장과 혁명을 위해 가족을 남긴 채 밀항선에 올라탔다. 이제 이토와 그를 둘러싸고 벌어지는 말과 행위와 사건들을 하나의 알레고리로 독해하면서 혁명정치의 아포리아에 이르는 길을 확보해보자.

혁명의 유폐와 현실의 차단: 이토 리츠라는 알레고리

이토 리츠는 구제 제1고등학교(지금의 도쿄대학 교양학부) 2학년이었던 1931년 '공산청년동맹'에 가입하여 이듬해에 학교를 제적당해 지하에 잠행한 뒤 1933년 일본공산당에 정식 가입한다. 이후 검거와 전향과 석방과 재검거를 반복하다가 1945년 8월 26일 석방된다. 1946년의 제5회 당대회에서 중앙위원이, 5월에는 정치국원에 취임하여 당내 주요간부의 자리를 차지한다. 이후 당 의장인 도쿠다 규이치의 최측근으로서 당의 주요 정책과 활동에 관여하면서 활발한 활동을 펼치는데, 주로 농업정책 분야에서 두각을 나타내며 1947년에는 당 기관지 『아카하타』의 주필을 역임하면서 당내에서 입지를 확고히 한다.

여기서 주목할 점은 이토 리츠가 도쿠다 규이치의 최측근으로 일본공산당 주류의 핵심인물이었다는 사실이다. 1945년 시점에서 32세였던 이토는 당 정치국원으로서는 최연소였고 노사카 산조, 미야모토 겐지, 하카마다 사토미(袴田里見), 시가 요시오(志賀義雄) 등 정치국의 공산당 고참들이 볼 때 '어린 놈(小僧)'에 지나지 않았다. 그렇기에 이토는 옥중과 해외에서 고난을 헤쳐나온 경험 앞에서 언제나 주눅이 들 수밖에 없었고 험담과 시기에 시달려야 했다. 이런 배경이 그가 스파이 혐의로 중국에 유폐될 운명에 내던져진 원인(遠因)이었다.

이토가 베이징에 간 지 1년 남짓 된 1952년 12월, 노사카는 갑작스레 베이징 기관 간부회의 개최를 통보했다. 도쿠다는 석달 전에 지병이 악화되어 베이징 시내 병원에서 치료를 받고 있었다. 이 회의에서 노사카는 소련 공산당 중앙으로부터 다음과 같은 지시가 있었다며 이토를 규탄했다.

> 이토 리츠는 절조 없는 인간이며 정치국은 그 증거를 가지고 있을 터이다. 즉각 모든 직무에서 추방하고 문제를 처리하라. 협력으로 얻을 수 있는 것은 이익뿐이다.[10]

노사카의 갑작스런 공격에 이토는 당황했다. 하지만 당의장의 입원 이래 노사카와 벌인 격렬한 논쟁을 생각하자니 드디어 올 것이 왔구나 하는 느낌이 들기도 했다(17면). 노사카는 소련공산당 중앙으로부터의 지시로 자신은 자세한 내용을 모르며, 다만 일본에서 제기되었던 스파이설 등으로 미루어볼 때 국제파가 소련에 밀고한 것이 아닐까 추측했다. 베이징 기관은 소련공산당의 지시이니 일단 이토를 직무 해제하고 격리시킬 것을 결정하게 된다. 이튿날 이토는 베이징 기관이 입주한 건물에서 추방되어 중국공산당이 관리하던 다른 건물로 이송된다. 이후 그는 1년 동안 그곳에서 연금생활을 보내게 된다.

---

10 伊藤律『伊藤律回想録: 北京幽閉二七年』, 文藝春秋 1993, 15면. 이하 이 절에서 이 책으로부터의 인용은 모두 본문 괄호 안에 면수만 표기한다.

도대체 베이징 기관에서는 무슨 일이 있었던 것일까? 현재 그것을 '객관적으로' 추적할 수 있는 자료는 그리 많지 않다. 베이징 기관은 중국공산당으로서도 '공식적으로는' 그 존재를 인정하지 않는 비공식 기구였으며, 그곳에 속해 있던 당사자들의 증언도 서로 어긋나는 부분이 많기 때문이다. 특히 이토의 처분에 관해서는 오로지 이토 자신의 회고록에 의존할 수밖에 없다. 일본공산당은 1950년대 이토 리츠가 취조를 받고 있으며 결국 제명되었음을 일방적으로 발표했고 1980년의 귀국 후 공산당으로서는 제명된 당원에 대해 아무런 의견이 없음을 공표했을 뿐, 베이징 기관에서 어떤 과정을 거쳐 처분이 내려졌는지에 대해 현재도 입장을 내놓고 있지 않다. 노사카 등 관련된 인사들은 당시는 물론 1980년 이토의 귀국 이후에도 이 처분에 대해 함구했다. 즉 이토가 경험한 27년 동안의 유폐는 일본공산당 내에서는 철저히 '없던 일'로 간주되어온 셈이다.

따라서 이 처분과 유폐에 관한 한 '객관적'인 사실을 논제로 삼을 수 없다. 물론 이토가 자신이 겪은 일을 회고록에서 왜곡했다는 것이 아니다. 사태의 원인을 이토의 입장에서만 서술하고 있기 때문에 여러 증언들을 대질시켜 비판적으로 객관적 사실을 추론할 수 없다는 것이다. 그래서 사료비판이 불가능한 상황에서 '사실'을 토대로 논리를 쌓아나갈 수는 없다. 다만 그런 사실에 기반한 논리와 추론의 구축이 아니라 다른 수준에서 이토의 회고는 유의미하게 독해될 수 있다. 그것이 유물론적 과학과 진리에 토대를 둔 혁명정치가 어떻게 냉전 속에서 유폐되었는가를 보여주기 때문이다. 즉 이토라는 혁명가의 유폐는 냉전질서 속에서 마르크스-레닌주의의 혁명정치가 어떻게 현실과 유리되어 고립되는지를 보여주는 알레고리로 읽힐 수 있는 것이다. 결론을 앞당겨 말하자면 혁명정치는 결국 20세기 냉전을 지탱하던 음모·배신·스캔들로 점철된 '권력의 앞마당'(Vorraum des Macht)으로 인해 아포리아에 봉착했으며, 과학과 진리를 목적이 아니라 단순한 수단으로 전락시키는 운명에 처하고 만다. 이제 알레고리의 독해를 시작해보자.

가련한 혁명가 이토는 1980년 27년 만에 아내에게 보내는 편지에서 이렇게 쓴다. "헤어지고 나서 30년의 세월이 쓸모없이 흘러갔던 것은 아닙니다. 다시 태어날 수 있었으니까요. (…) 30년 동안의 고통스러운 사상개조 과정에서 나는 처음으로 기미코 동지, 이 노동자 출신의 공산당원을 진정으로 인식했습니다. (…) 당과 인민이 나에게 속죄의 기회를 줄 것을 간절히 바랍니다."[11] 27년 만에 소식을 전하는 편지라기에는 너무나 '정치적으로 올바른' 이 문장들에서 그에게 유폐된 27년은 혁명가로서의 사상을 단련시키는 시간이었음을 알 수 있다. 실제로 그는 1953년 중국의 한 형무소에 수감된 뒤 여러 감옥을 전전하며 반우파투쟁, 문화대혁명, 그리고 개혁개방 등 중화인민공화국의 정치적 격변을 경험한다. 그 우여곡절 속에서 이토는 심신의 고통을 인민과 혁명을 위한 사상개조의 계기로 삼았고, 다시는 바깥세상을 못 본다 하더

11 『生還者の証言: 伊藤律書簡集』, 5면.

라도 혁명가로서의 신념을 버리는 데 삶을 바쳤다. 오랜 수감생활로 눈과 귀가 파괴되었고 심한 심부전을 앓는 몸이 되어 귀국한 뒤에도 그는 아들뻘 되는 젊은 활동가들과 도로 건설 반대 운동이나 공산당 세포 조직화에 헌신했다.[12] 그렇게 이토는 혁명가로서 유폐되어 혁명가로서 수감을 견디고 혁명가로서 귀국 후를 살았던 것이다. 그로 하여금 이토록 혁명가로서의 신념을 지키게 한 것은 무엇이었을까?

1930년대 후반 이후 국제 공산주의 운동이 스탈린주의로 인해 음모와 배신과 숙청으로 점철되었음은 주지의 사실이다. 레닌 사후 스탈린은 소비에트의 존속을 위해 국내적으로는 반혁명과 맞섰고 대외적으로는 반파시즘 인민연합 노선으로 서구 자유주의 세력과 연대해야 했다. 이는 기본적으로 마르크스-레닌주의의 기본 노선에 따른 전략적 선택이었다. 하지만 "스탈린의 세계관은 볼셰비키 관점의 단순한 복사판이 아니었다. 그의 세계관은 다른 원천에 기댄, 진화하는 합성물이었다. 한가지 원천은 스탈린의 국내정치 경험이었다".[13] 이토의 유폐는 1920년대 이래 소련의 국내정치 경험으로 진화한 스탈린의 세계관과 밀접한 관련이 있다. 그 세계관이란 "항상 권력을 추구하는 기회주의자"의 것으로서, "일부 경쟁자들에 맞서 다른 일부 경쟁자들과 동맹을 맺고, 그런 다음 그들 모두를 파괴"하는 것이었다.[14]

---

12 『父·伊藤律: ある家族の「戦後」』, 105면.

13 블라디슬라프 M. 주보크 『실패한 제국 1: 냉전시대 소련의 역사』, 김남섭 옮김, 아카넷 2016, 95면.

14 같은 책 96면.

이토는 이런 세계관의 희생자였다. 그는 도쿠다의 수명이 얼마 남지 않았다는 사실을 알고 “노사카의 사상과 노선을 철저하게 극복하고 당과 서기장을 지키기 위한 투쟁의 결의”(26면)로 베이징 기관 내 노사카 분파와 싸웠다. 하지만 이 혁명가는 스탈린주의자가 아니었다. 그는 이 투쟁을 ‘진리’를 둘러싼 투쟁으로 간주했기 때문이다. 1950년의 노선투쟁에서 함께 소감파에 속했던 노사카와의 투쟁은 그래서 가능했다. 그에게 노선투쟁은 권력투쟁이 아니었다. 그의 투쟁은 일본공산당이 지켜나가야 할 볼셰비키 노선의 진리를 위한 것이었지, 반대파를 파괴하기 위한 권력투쟁이 아니었던 것이다.

그래서 이토는 말한다. “이 모든 것은 단순한 개인 간의 문제가 아니라 근본에서 노선투쟁이었다”(51면). 1950년의 국제파와 소감파 사이의 대립은 베이징 기관 설립 후 묘한 뒤틀림을 경험한다. 평화혁명에 반대하고 과격노선을 주장하던 국제파는 1951년 이래 온건한 노선을 채택하면서 노사카와 결합하는 반면, 평화혁명을 주장하던 소감파는 베이징으로 밀항한 뒤 마오 노선에 충실히 따르며 무장봉기 노선을 채택한 것이다. 국제파의 리더 미야모토가 한국전쟁 발발 뒤 한 층 강화된 공산당 탄압 속에서 보다 온건하고 의회주의적 노선을 ‘현실적’이라는 이유로 채택했고, 탄압을 피해 중국으로 벗어난 도쿠다를 비롯한 주류파가 중국혁명의 성과를 보면서 마오 노선의 올바름을 확인했기 때문이었다.

이토가 노사카와 맞서 싸운 까닭이 여기에 있다. 노사카는 국제파와 결탁하여 소감파 노선을 손바닥 뒤집듯 배신했기 때문이다. 그러나 노사카와 이토는 이미 전혀 다른 지반 위에 서있었다. 이토의 말을 빌리자면 노사카는 '개인 간의 문제' 즉 사람과 사람이 이익을 위해 이합집산하여 서로를 공격하는 스탈린적 세계관으로 이토를 보았다. 반면 이토는 역사유물론과 혁명의 진리를 신봉하며 서로의 의견을 다투는 볼셰비키적 정통성의 입장에서 노사카를 상대했다. 결과는 진리에 대한 권력의 승리였다. 이토는 격리처분되어 유폐되는 처지에 놓였고, 노사카는 이후 일본으로 귀국하여 서기장을 거쳐 명예의장으로 공산당뿐 아니라 일본 정계에서 승승장구하며 일생을 구가했기 때문이다.

알레고리는 이 지점에서 시작된다. 혁명의 진리를 위해 투쟁하던 이토가 권력투쟁의 희생이 되었다는 점에서 그는 비극의 영웅일 수 있었다. 비극의 서사에서는 진리와 정의를 체현한 주인공이 자신도 인지하지 못한 운명으로 인해 희생을 감수한다. 그는 온갖 역경을 겪어 스스로의 진리와 정의를 구현하려 하지만 결국 미리 정해진 운명을 넘어서지 못한 채 좌절하게 된다. 그래서 비극의 영웅은 성격에서는 무죄이지만 태생이 유죄라 할 수 있다. 성격이 살아온 여정이라면 태생은 운명이기 때문이며, 비극은 결국 유한한 인간이 신탁이라는 절대적 구속을 벗어날 수 없다는 서사를 중심으로 한다. 그렇지만 영웅은 스스로를 희생함으로써 허위와 불의를 씻어낸다. 오이디푸스의 죽음은 신탁을 거스르면서까지 왕국의 폭정을 타도했기 때문이다. 그러나 이토는 오이디푸스가 될 수 없었다. 그가 스탈린주의에 맞서 볼셰비키 혁명정치의 진리와 정의를 지켜내지 못했다는 것이 아니다. 문제는 이토의 유폐가 권력투쟁과 혁명정치의 진정성 사이의 공백지대에 자리했다는 데에 있기에 그렇다. 비극의 문턱에서 이토는 알레고리의 주인공으로 전락하고 마는 것이다.

갑작스러운 격리조치와 1년 동안의 연금과 취조를 겪은 뒤인 1953년 12월 20일, 이토는 중국공산당의 요인들 손으로 '체포'되어 감옥에 수감된다. 간수는 이토에게 "당신을 여기서는 3호라고 부르기로 했다"(73면)고 짤막하게 말하고는 아무런 설명이 없었다. 이후 1979년 석방될 때까지 이토는 베이징 시내와 외곽의 여러 감옥을 오가며 26년 동안 수감생활을 보내게 된다. 그러나 이토는 수감생활 내내 다른 중국인 혹은 외국인 재소자와 격리된 채였다. 물론 때로는 노역과 사상개조를 지시받기도 했지만 무슨 죄목으로 언제까지 수감되는지 이토에게 통보되는 일은 끝끝내 없었다. 시간이 흐른 뒤 한 간수는 이토에게 이렇게 말했다. "당신이 어느 나라 사람이든, 특별감호 대상이든 아니든 우리 태도는 똑같다. 당신은 죄명도 없고 죄인도 아니다. 그저 맡아서 건강을 유지시키고 사상개조를 도울 뿐이다"(106면). 이토는 중국의 실정법을 위반한 범죄자가 아니었다. 그의 수감생활은 법률적 근거를 결여한 것이었다. 그저 이토는 공산주의 혁명가로서 유폐되었을 따름이었고, 중국공산당은 그를 감시하면서 혁명의 진리와 정의에 대한 의식을 벼르는 사상개조를 도울 뿐이었기 때문이다.

"되풀이하지만 문제의 기점은 당내 노선투쟁이다. 그것은 중소 양당 간의 노선투쟁 및 당내 모순과 깊게 얽혀 있다. 만약 내가 노사카 이론, 미야모토 노선과의 대결을 포기했다면 이 수난을 벗어날 수 있었으리라. 하지만 노선투쟁은 사회에서의 계급투쟁이 당내에 반영된 것이었다. 원칙적인 노선투쟁을 포기하거나 타협하는 일은 적대계급 즉 반동권력에 굴복하는 일이다"(103면). 이토는 유폐된 시간을 이렇게 혁명의 진리와 정의를 붙잡고 견뎠다. 그가 노사카와 미야모토와 타협했다면, 즉 권력투쟁의 장으로 진입했다면 유폐는 없었을 것이다. 그러나 그에게는 권력투쟁이란 반동권력에 대한 굴복, 즉 혁명정치의 파멸을 의미했다.

자신의 처분에 대해서도 이토는 혁명정치의 입장에서 부당함을 평가한다. 그가 중국공산당 간부에게 사상개조를 위한 생활면에서는 불만이 없지만 이렇게 아무런 죄목도 기한도 알려주지 않은 채 수감하는 것은 부당하지 않느냐고 물었을 때, 그 간부는 "당신의 불만은 이해하지만 이는 일본공산당의 위탁이며 일본공산당이 당신 문제를 해결할 때까지 우리는 프롤레타리아 국제주의의 의무를 다할 뿐"(125면)라고 답했다. 이에 대해 이토는 다음과 같이 평한다. "책임은 일본공산당에 있다. 미야모토 지도부와 노사카가 어떻게 변명하든 당 규약을 깨고 혁명적 인도주의에 반하는 잔혹한 처벌을 한 책임은 면할 수 없다. 중국공산당도 프롤레타리아 국제주의의 입장을 지켰을 뿐이라고 지금까지 생각해왔지만 책임이 없지 않다. 미 제국주의의 스파이라는 혐의로 일시 투옥한다면 모를까 심문도 재판도 없이 외부세계와 완전히 차단하여 27년간이나 감금한 것을 어떻게 설명할 것인가? 일본공산당과 노사카는 당 권력과 중국공산당의 권력을 믿고 이런 범죄를 저질렀다. 중국공산당은 프롤레타리아 국제주의를 구실로 일본

공산당의 '권력 범죄'에 공조한 공범이 아닌가?"(127면)

이렇듯 이토는 자신을 유폐시킨 원인도 유폐 자체의 부당함도 모두 계급혁명과 프롤레타리아 국제주의라는 혁명정치의 입장에서 생각하고 평가했다. 1959년까지 간헐적으로 이어진 일본공산당 지도부의 방문과 취조 과정에서 이토는 스파이 혐의를 인정하기만 하면 즉각 당무에 복귀시키겠다는 회유를 받는다. 그러나 이토는 그런 회유를 모두 거절하면서 "고뇌, 혼란, 분노" 속에서 괴로워했다. 자신이 처한 상황을 "자신의 사심과의 투쟁, 즉 프롤레타리아와 부르주아 세계관이 내 안에서 벌이는 투쟁"으로 이해했으며, 여기서의 승리는 일시적인 것으로 "사상개조에는 끝이 없다"(105면)는 깨달음을 얻었다고 술회한다. 알레고리는 이 지점에서 모습을 드러낸다. 신심 투철한 혁명가로서 혁명정치의 진리와 정의를 위해 유폐된 생활을 견딘 혁명가는 스파이 혐의를 끝내 자백하지 않음으로써 사상투쟁에서 승리한다. 그리하여 혁명정치의 진정성은 가혹한 조건 속에서 스스로를 증명했다. 그러나 그 승리는 유폐되어 외부와 격리된 것이었다. 그것은 오로지 자신만의 승리였으며 현실세계와 철저히 차단된 공간에서의 쾌거였다. 이토는 자신의 승리를 알리고 공유할 아무런 수단을 갖지 못했다. 거꾸로 말하면 이 혁명정치의 승리는 현실세계의 진리와 정의에 이르는 길을 전혀 찾지 못했던 것이다.

이 이토와 현실세계의 단절이야말로 혁명정치가 처한 아포리아의 알레고리이다. 이는 혁명정치를 온몸으로 지켜낸 이토가 현실로부터 유폐되었다는 안타까운 사연이 아니다. 중요한 것은 혁명정치가 승리하든 말든 현실은 이미 권력투쟁이 지배하는 공간이 되어버렸다는 점이다. 다시 말하자면 혁명정치의 승리는 권력투쟁이 마련한 유폐된 공간에서만 가능하게 되었으며, 혁명정치가 변혁시켜야 할 현실은 유폐된 공간에서만 주조되는 상상의 현실이 되어버렸던 것이다.

그런 의미에서 권력투쟁은 혁명가를 그저 유폐시킨 것이 아니다. 오히려 혁명가를 유폐시킴으로써 새로운 현실을 만들어냈다. 그곳은 진리가 존재는 하지만 유폐됨으로써 유지되는 세계다. 이토가 체현하는 끊임없는 사상개조와 객관분석은 진리임에 틀림없으나, 그것이 유폐되어 현실로 들어오지 못하는 한에서 권력투쟁의 현실은 존립 가능하다. 일본공산당이 이토로 하여금 허위를 자백하고 현실로 돌아오라고 한 것은 이 때문이다.

일본공산당이 스스로의 거처로 삼은 권력투쟁의 현실은 더이상 혁명가의 신심어린 진리나 진실을 만인이 접하고 토론하는 공간이 아니다. 그곳은 진리를 추구하는 것이 아니라 진리를 수단삼아 권력을 획득하는 공간이었기 때문이다. 그래서 이토의 유폐는 혁명정치의 진리와 정의가 빠져버린 아포리아의 알레고리다. 진리는 존재해야 하나 드러나서도 만져져서도 안 된다는 원리, 이것이야말로 이토가 몸소 27년의 가혹한 운명을 통해 육화한 아포리아의 알레고리였던 셈이다. 이제 알레고리로부터 다시 현실공간으로 되돌아올 차례다.

혁명의 소극과 음모의 서사

일본공산당은 1953년 스탈린 사망과 뒤이은 스탈린 비판 및 1954년 중국-인도 평화협정과 1955년 반둥회의 등 변화된 국면 속에서 1957년 제7회 전당대회를 통해 새로운 강령을 채택한다. 이 강령에서는 일본 사회의 성격을 미 제국주의와 국내 독점자본이 결합한 미국의 반(半)종속국으로 규정하고, 당면한 혁명 전략으로 독립과 반독점을 중심으로 하는 '인민민주주의 혁명'을 주창하여 민주개혁을 통한 사회주의혁명으로의 발전이라는 2단계 혁명을 내세웠다. 일본 사회 규정과 혁명 전략에서 이전 강령과 큰 차이를 보이지 않았지만 57년의 새로운 강령은 일본공산당의 역사에서 큰 결절점을 이룬다. 이른바 '51년 테제'를 부정했기 때문이다. 즉 무장투쟁 노선을 부정하고 다시 평화혁명 노선으로 복귀한 것이다.

이는 노사카와 미야모토의 타협의 결과이며, 스탈린 사후의 아나키한 상황과 고도 경제성장이라는 국면 속에서 결정된 이 온건 노선은 이후 일본공산당의 전략/전술을 관통한다.[15] 이후 일본공산당은 트로츠키주의의 영향을 받은 급진 학생운동과 1960년 안보투쟁의 과정에서 적대적인 관계를 형성했고, 1960년대를 통틀

15 일본공산당의 공식 입장은 日本共産党中央委員会『日本共産党の八十年: 1922-2002』, 136~62면 참고. 2002년 시점에서 쓰인 일본공산당의 공식 역사 서술에서 이 시기의 노선 변경은 당의 정통성을 보증하는 기점으로 상정되어 있다. 1957년의 강령 변경을 주도하고 1958년에 서기장에 취임한 미야모토 노선이 현재까지 일본공산당의 정통 노선으로 인정되고 있기 때문이다.

어 이른바 신좌파 계열 급진 운동조직으로부터 '당국'과 마찬가지 기득권 세력으로 인식된다.

1957년 강령과 신좌파의 등장은 일본공산당으로부터 혁명정치의 이념과 원리가 쇠퇴하는 과정을 알리는 신호탄이었다. 이 언저리부터 일본공산당은 볼셰비키적 혁명 대신 의회에서 일정 정도의 지분을 점유하는 정권 견제를 추구한다고 비판받았다. 안보투쟁 과정에서 급진 학생들의 의사당 진입에 반대한 것도 일본공산당이었으며, '가쿠마루(革マル)'나 '추카쿠(中核)'나 '가쿠쿄도(革共同)'나 '젠쿄토(全共闘)' 등 신좌파나 무당파 급진주의 분파와 물리적으로 충돌한 것도 공산당이었기 때문이다. 일본공산당은 젊은 혁명투사들이 보기에 혁명정치를 포기했으며 공산당의 이름을 내건 부르주아 정당에 지나지 않은 반동 집단으로 비쳤던 것이다.[16]

그런데 이러한 평가는 혁명정치의 진리와 정의를 기준으로 할 때 성립한다. 스탈린주의 비판 이후 온건 노선으로 선회하여 기성정당의 하나로 인식되는 일련의 과정은 자본주의 체제의 급진적 전복을 목표로 하는 볼셰비키적 정통성으로부터의 이탈이기 때문이다. 따라서 일본공산당은 스스로의 계급 정체성을 상실하여 부르주아적 적폐를 청산하지 못한 채 그것에 굴복한 것으로 평가되었다. 일본공산당에 대한 혁명정치로부터의 비판은 대부

16 안보투쟁을 전후한 반공산당 급진 신좌파의 결성과 전공투 운동에 이르는 흐름의 개괄로는 伴野準一『全学連と全共闘』, 平凡社 2010 참고. 또 공산당이 1960년대 이후의 신좌파가 지향한 변혁 어젠다와 얼마나 유리된 기성정당이었는지에 대해서는 山本義隆『私の1960年代』, 金曜日 2015 참고.

분 이러한 서사로 점철되어왔다.[17]

그러나 급진적 혁명정치가 전제하는 현실은 이미 이토 리츠를 유폐시킨 권력투쟁의 현실로 인해 부식된 지 오래였다. 고도경제성장이 가져다준 안락한 생활은 혁명이 꿈꾸게 해준 평등사회보다 달콤한 것이었고, 미디어로 전달되는 급진파들의 활극은 실제 일어난 일이지만 경험할 수 없는 시뮬라크르적 스펙터클이었으며, 연이어 쏟아지는 좌파 조직들 내부의 알력은 음모와 스캔들로 점철된 권력 다툼으로 인지되었기 때문이다.[18] 그래서 두가지 현실이 경합한다. 한쪽에는 볼셰비키적 이상을 정통으로 삼는 역사유물론적 현실이 있고, 다른 한쪽에는 대중과 스펙터클과 음모와 스캔들이 들끓는 현실이 말이다. 1992년의 노사카 산조를 둘러싼 스캔들은 그 두 현실의 경합이 정점에 달한 사건이었다.

이토를 유폐시킨 장본인 중 하나였던 노사카는 1955년 베이징에서 귀국하여 미야모토가 이끄는 국제파와 화해한 뒤 1956년 참의원 의원에 당선되었고(이후 1977년까지 4기 연임) 1958년에는 당의장이 된다. 90세가 되던 1982년에 고령을 이유로 의장을 사퇴하고 종신 명예의장에 취임하여 막강한 영향력을 여전히 행

---

17 이토 리츠가 귀국 후 옛 동지들에게 보내는 편지는 이런 입장을 고스란히 대변하고 있다(『生還者の証言: 伊藤律書簡集』 참고). 이러한 그의 관점은 임종 직전까지 중국공산당의 관료화를 증좌했던 천안문 사태에 대한 관심 속에도 드러난다(『父·伊藤律: ある家族の「戦後」』, 112~13면 참고).

18 이러한 현실 지각의 변화에 관한 가장 날카로운 성찰로는 후지따 쇼오조오 『전체주의의 시대경험』, 창비 2015, 특히 제1부를 참고. 이 책에 실린 여러 에세이에서 후지타 쇼조는 "안락의 전체주의"라는 키워드를 통해 대중사회화가 급진파를 포함한 근대정치의 여러 근본원리들을 어떻게 침윤하여 불능으로 만들었는지를 파헤친다.

사했다. 그렇게 공산당의 살아 있는 신화로서 화려한 인생을 보내고 100세 생일을 맞은 노사카는 1992년 청천벽력과 같은 보도로 당대 최고 스캔들의 주인공이 된다. 『슈칸분슌(週刊文春)』은 1992년 9월에서 11월에 걸쳐 구소련에서 공개된 자료를 바탕으로 노사카가 1930년대 후반 소련에서 동지들을 밀고한 스파이였고, 패전 후에는 GHQ 및 일본 당국과 긴밀하게 연락을 취하며 소련, 중국, 일본공산당의 정보를 빼돌렸다는 폭로 기사를 연재한 것이다.[19]

이 때문에 공산당뿐 아니라 일본 사회 전체는 충격에 빠졌다. 1922년 공산당 창당 이래 당국의 탄압을 피해 소련으로 망명하여 일본 공산주의 운동을 국제화하기 위해 소련·미국·중국을 오가며 목숨을 걸고 활동한 투사가 삼중 스파이였다니 말이다. 게다가 그 스파이 활동은 가히 경악할 만한 것이었다. 다수의 국제 공산주의 활동가가 활동하던 모스크바에서 노사카는 자신에게 불리한 정보를 제공할 수 있는 일본인 활동가를 밀고하여 처형당하도록 했고, 다양한 경로를 통한 추가 폭로에 따르면 미국에서는 일본 당국의 전술에 따라 미국공산당에 가입하여 미군의 전쟁 준비를 반체제 인사들과 함께 방해하는 임무를 맡기도 했다.[20]

1993년 사망한 노사카가 다른 의혹들에 답할 수는 없었지만, 1992년에 폭로된 소련의 스파이였다는 사실은 시인할 수밖에 없

---

19 이 연재기사는 小林俊一·加藤昭『闇の男: 野坂参三の百年』, 文藝春秋 1993으로 묶여 출판되었다.

20 ジェームス·小田『スパイ野坂参三追跡: 日系アメリカ人の戦後史』, 彩流社 1995 참고.

었다. 그는 "사실이니 어쩔 수 없다"는 말을 남겼고 일본공산당은 폭로 직후 중앙위원회를 열어 명예의장직을 박탈하고 곧바로 제명했다. 이후 일본의 대중매체는 일본공산당의 살아있는 신화가 스파이였음을 대대적으로 보도했고 공산당은 스스로의 존립근거 중 하나인 윤리와 신념에 커다란 타격을 입을 수밖에 없었다. 이 스캔들에 대해 일본공산당의 공식 당사는 다음과 같이 정리하고 있다. 다소 길지만 인용해본다.

소련 해체 후 소련공산당의 비밀자료가 공개되어 과거 당지도부였던 노사카 산조에 관한 일련의 의혹이 보도되었다. 조사 결과 노사카가 패전 전에 코민테른에서 활동하던 야마모토 겐조(山本懸蔵) 등을 적과 내통했다고 고발하여 무법적인 탄압에 가담했고, 패전 후 일본에 귀국한 뒤에도 사건의 진상을 숨기기 위해 공작하여 당과 국민을 속여왔음이 드러났다. (…) 일본 귀국 뒤에도 소련공산당의 내통자였음이 드러나기도 했다.

소련의 비밀자료 공개는 소련 패권주의의 거악의 실태를 내부로부터 해명하는 길을 열었다. 후와(不破) 위원장은 이 비밀문서를 분석하여 일본공산당과 일본의 혁명운동에 대한 간섭공격의 전모를 간섭자 자신의 자료를 통해 계통적으로 명백히 정리했다. 이 연구는 『아카하타』에 '일본공산당에 대한 간섭과 내통의 기록'라는 제목으로 1993년 1월부터 6월까지 연재되었다. 소련 패권주의의 추악한 실태와 이에 대항하여 간섭작전을 파탄으로 몰아넣은 일본공산당의 싸움이 어떤 의의를 갖는지 역사적으로 해명한 이 연구는 이후 소련 문제 등 반공

공격을 사실 차원에서 물리치는 데 큰 의의를 가진 것이었다.[21]

일본공산당은 노사카 문제를 모두 소련 패권주의 탓으로 돌림으로써 스스로를 피해자이자 피억업자로 자리매김했고, 이에 맞서 싸운 역사로 전후 일본공산당의 서사를 구축했다. 스탈린주의 비판 이후에 정도의 차이는 있지만 전 세계 공산당이 공모한 것이 이러한 서사임은 잘 알려진 사실이다. 이는 소련공산당 자신이 만들어낸 서사에서 비롯된 것으로 모든 것을 스탈린 개인의 성격으로 돌려 마르크스-레닌주의의 무오류성을 강조하거나, 이론 해석에서 개인숭배와 관료제로 기우는 경향이 있었음을 시인하는 프레임이었다.[22] 옥중에서 스탈린 비판을 접했던 이토 리츠도 다음과 같이 술회한다. "모든 문제의 책임을 스탈린 개인에게 돌리고 그의 난폭함과 개인숭배에 원인을 찾는 것은 명백히 불가능하다. 이 놀랄 만큼 중대한 오류는 당의 구조와 기질, 한마디로 말하자면 당의 체질에 기인하는 것은 아닐는지? 이제 와서 살인마 스탈린을 비난하지만, 비난하는 인간은 지금까지 그를 신으로 숭배하던 자와 동일 인물 아닌가?"[23]

이렇듯 노사카에 대한 일본공산당의 비판은 스탈린주의 비판의 논법을 이어받은 것이었다. 그것은 당과 운동의 과정에서 드

21 『日本共産党の八十年: 1922-2002』, 265면.

22 丸山真男 「'スターリン批判'における政治の論理」(1956), 『現代政治の思想と行動』, 未来社 1964. 또한 스탈린 비판 이후 소련의 국제 공산주의 운동에 대한 입장 변화에 대해서는 『실패한 제국 1: 냉전시대 소련의 역사』, 237~87면 참고.

23 『伊藤律回想録: 北京幽閉二七年』, 111면.

러난 “중대한 오류”를 개인의 품성이나 이론 해석/운용의 잘못으로 돌리는 것으로, 그렇게 하여 당과 운동의 역사를 끊임없이 재해석하여 구출하고 새로운 정통성을 세우려는 시도였다. 노사카 스캔들의 경우 개인의 부르주아적 유약한 품성과 더불어 소련의 패권주의에 모든 책임을 돌렸던 것이다. 그러나 이런 논법을 통해 일본공산당의 정통성과 혁명정치의 전통을 수호하려는 한 편에서 스파이 스캔들은 그와 다른 계열의 서사가 대중매체를 중심으로 증식하게 만들었다. 스파이 스캔들은 혁명정치가 자리할 역사유물론의 현실을 침식했던 것이다. 이 서사 안에서 공산당의 정통성 주장은 진지한 논쟁의 대상이라기보다는 하나의 음모로만 자리매김된다. 혁명을 위한 진리가 아니라 보다 자극적인 사실들의 조합이 서사를 조립하면서, 공산당이 진지하면 할수록 대중의 관음증은 걷잡을 수없이 증폭된다. 노사카가 혁명을 말하면서 화려한 소비생활과 염문을 뿌리며 살았다는 일화가 공론장을 사로잡는다. 이제 공산당의 진지한 입장 정리는 이런 서사를 희화화시키는 양념에 지나지 않게 된다. 이미 대중은 그 진지함의 이면에 무언가 지저분한 권력남용이나 음모의 냄새를 맡을 준비가 되어 있었기 때문이다.

이렇게 권력투쟁이 만들어낸 현실은 공산당의 정통성 주장을 진리로서가 아니라 하나의 일화로 탈구시키며 스캔들화했다. 그리고 이 모든 과정이 매스미디어를 통해 스펙터클로 상영된다. 이 스펙터클 안에서 일본공산당은 자신의 정통성을 지키기 위한 진정성을 보여야 한다. 그러나 그 진정성이 진정성으로 받아들여

질 현실은 존재하지 않는다. 오히려 일본공산당의 진정성은 언제나 의심의 대상이 되어 진실성이 없는 것으로 탈구되기 위해서만 요청된다. 공산당을 비판하는 급진파들의 진정 어린 혁명정치도 마찬가지다. 그들의 진리와 정의는 음모를 숨기는 포장으로 추측받기 위해서만 존재한다. 그들의 진리, 정의, 진정성 등은 이토 리츠의 유폐와 마찬가지로 실재하지만 경험할 수 없는 것으로 유폐됨으로써 이 스펙터클의 현실을 끊임없이 재생산하는 것이다.

1960년대 후반 이후 신좌파 내부의 유혈 투쟁도 이 맥락에서 이해되어야 한다. 자신들로서는 혁명을 위한 목숨을 건 투쟁이었지만, 이미 현실은 그 투쟁을 광신도들의 과격하기 짝이 없는 실사판 활극으로 간주했다. 경찰이 연합적군파의 비밀 아지트를 습격하여 그 과정의 총격전을 TV로 생중계한 '아사마 산장 사건'은 그 극적인 사례다. 혁명을 위한 인간개조가 동지의 린치와 살해로 치달은 연합적군파의 말로가 TV를 통해 스펙터클화 됨으로써 혁명정치는 실시간의 총격 활극이라는 더없이 흥분되는 볼거리가 되고 만다. 여기서 이토 리츠의 유폐가 혁명정치의 알레고리임이 여실히 드러난다. 연합적군파의 진지한 혁명적 인간개조가 현실과의 유물론적인 접점을 일체 상실한 채 스펙터클로서만 소비될 뿐임을 그의 유폐는 예고했던 것이다.

이미 이 스펙터클의 현실은 냉전 초기부터 혁명정치를 부식시키고 있었다. 그것은 2차대전 이후 미국을 비롯한 서방세계의 세계질서 구상 속에서 실행된다. 신호탄은 역시 혁명정치의 스캔들화였다. 세계 도처에서 소련은 이미 1920년대부터 음흉한 정보전을 전개한 세력으로 지목된다. 수단은 다양했다. 작가 이언 플레밍(Ian Fleming)은 1952년 『카지노 로열』을 시작으로 동서 대립을 서로 다른 진리와 정의의 충돌이라기보다는 정보와 음모와 스캔들로 가득 찬 세계정복의 서사로 변환했다. 이후 '007'에서 '마징가' 시리즈에 이르기까지 세계정복을 꿈꾸는 악의 무리와 그것에 맞서 싸우는 다양한 히어로들의 대결은 대중 서사물의 단골손님이었다. 그 세계에서는 과학기술이 이데올로기를 능가하고, 정의보다는 권력이 모든 것을 지배하며, 위기는 역사유물론에 기반한 객관분석이 아니라 한발 빠른 정보의 획득으로 극복된다. 이 스펙터클의 현실은 폭발적인 기술 발전과 자본 투하에 힘입은 전방위적 미디어의 일상화로 모든 고전적인 정치 투쟁, 즉 무엇이 옳은 것이며 누가 내 편인가의 물음을 스펙터클의 현실 속으로 빨아들인다. 1950년대 이래의 스파이 첩보물이 모두 선과 악의 대립이라기보다는 미와 추 혹은 세련과 낙후 혹은 쿨함과 더티함의 대립을 축으로 한 까닭이 여기에 있다. 진리와 정의는 이 스펙터클의 현실 속에서 핵전쟁의 위기를 막는 미남 배우를 위한 무대장치에 지나지 않는 것이다. 그리고 패전 후 일본에서 이런 현실의 창안은 대중문화의 영역이 아니라 국가기구를 통해서도 이뤄졌다.

GHQ에서 민정(民政)과 관련하여 중요한 역할을 담당했던 부서가 G2라 불리던 점령군 참모2부, 즉 정보부였다. G2의 기본 임무는 일본 국내의 사회 및 정치 동향을 살펴 정세를 파악하는 일이었는데, 단순한 정보수집에 그치는 것이 아니었다. G2를 위시한 정보 관련 부서는 패전 후 일본 사회에 적극적으로 개입하여 일본을 미국적 민주주의가 관철되는 국가로 만들기 위해 전력을 다했기 때문이다. 이미 1942년 미국의 OSS는 일본의 통계자료 및 지도·사진·영화를 통해 정치경제 구조만이 아니라 생활양식이나 국민성이나 대중문화까지를 포괄하는 전쟁 및 점령 계획을 입안하고 있었다.[24] 이런 계획을 통해 미국은 전후 일본의 개혁을 정치경제 제도의 거시적 변환뿐만 아니라 일상 차원에 스며드는 '문화'적 차원에서도 전개하려 했던 것이다. 천황을 군국주의의 지도자에서 평화의 상징으로 변화시켜 통치에 활용하겠다는 전략도 이런 맥락에서 도출된 것으로, 헌법 차원에서는 국민통합의 상징으로 규정되었지만 그것을 일상 차원에서 관철시킨 것은 군복에서 양복으로 갈아입힌 미디어 전략을 통해서였다.[25]

이렇듯 일상 차원을 대상으로 한 미국의 '전쟁'은 스파이 영화, 코카콜라, 청바지, 대중음악, 자유로운 군인, 탈권위적 정치가 등 수많은 표상을 통해 수행되었다. 이런 전략은 냉전에서도 그대로 전개되었는데, 일본의 경우 그 신호탄은 서두에서 언급한 육군성

---

24 加藤哲朗『情報戦と現代史: 日本国憲法へのもうひとつの道』, 花伝社 2007, 62면. OSS는 2차대전 당시 당대 미국의 인문사회과학자들을 대거 채용하여 전쟁 수행과 전후 질서 구상을 위해 유럽과 아시아 방면의 광범위한 조사 활동을 전개했다. 특히 RA(Research & Analysis Branch)에는 유럽으로부터의 망명 지식인이 대거 참여하여 독일에 대한 심층적인 정보를 축적했는데 프랑크푸르트 사회조사연구소 일원이던 마르쿠제(H. Marcuse)와 노이만(F. Neuman)이 주축으로 참여한 바 있다. M. Katz, *Foreign Intelligence: Research and Analysis in the Office of Strategic Service 1942-45*, Harvard UP 1989 참고.

25『情報戦と現代史: 日本国憲法へのもうひとつの道』, 82~112면; 加藤哲朗『象徴天皇制の起源: アメリカの心理戦「日本計画」』, 平凡社 2005, 1·3·5장 참고.

의 조르게 사건 관련 발표였다. 이미 G2 책임자 윌러비(Charles A. Willoughby) 소장은 1945년 부임 후 발 빠르게 조르게 사건의 자료를 수집하여 일본에서의 대소련 방어책에 이용하려 했다.[26] 1949년의 육군성 발표는 이 윌러비의 조사를 토대로 한 것이었으며, 윌러비는 1952년 자신의 이름으로 『상하이 음모: 조르게 첩보단』(*Shanghai Conspiracy: The Sorge Spy Ring*)이란 책을 출판했다. 이 책에서 윌러비는 조르게가 이미 1930년 초반에 상하이에서 스파이단을 결성하여 활동했으며, 소련이 연합군의 일원으로 반파시즘 전쟁을 수행하는 이면에서 정보전을 펼쳤음을 주장했다.

그는 미국이 평화를 위해 적국의 정보를 수집하고 분석했던 것과 달리 소련의 정보전은 철저하게 자국의 이익을 위한 것이었으며, 인류의 보편적 정의와 역사의 진리를 내건 프롤레타리아 혁명은 사실 상대국의 비밀을 몰래 빼내 뒤통수를 치는 음흉하고 치졸한 사술에 지나지 않음을 규탄하는 서사를 내세운다.[27] 즉 GHQ 고위 인사가 스파이 영화와 같은 서사로 실제 사건을 그려낸 것이며, 그가 공식 정보를 다룰 수 있는 특권적 지위에 있다는 사실에 비춰볼 때 이 서사가 어떤 함의를 갖는지는 상상하기에 어렵지 않다. 그것은 냉전이 옳고 그름의 싸움이라기보다는 비겁함과 당당함의 싸움이라는 프레임을 '공식적으로' 창출하는 의미

---

26 加藤哲朗『ゾルゲ事件: 覆された神話』, 平凡社 2014, 76면.

27 C.A.ウィロビー『ウィロビー報告: 赤色スパイ団の全貌ーゾルゲ事件ー』, 福田太郎 訳, 東西南北社 1953. 본문에서 언급한 윌러비의 책은 1953년 일본어로 번역·출간되었다. 당시 이 책은 대중적으로 인기를 얻었으며, 조르게 사건이 대중화되는 데 커다란 역할을 했고, 이토 리츠가 오자키를 밀고했다는 설이 널리 퍼지는 계기가 되었다.

를 가졌다. 이는 혁명정치를 음모론으로 프레임화하는 시초였으며, 이를 통해 혁명정치의 진리와 정의는 '소극(笑劇)'화한다.

이 윌러비의 책이 대중화됨으로써 조르게 사건을 당국에 밀고한 것은 이토 리츠라는 설이 널리 수용된다. 이후 서두에서 언급한 오자키 호츠미의 이복동생 오자키 호츠키의 『살아 있는 유다』가 출판되면서 이 설은 결정적인 것으로 굳어진다. 이 안에서 오자키 호츠키는 이토 리츠를 음흉한 인물로 묘사하면서 오자키의 혁명적 열정과 진실을 무참하게 배신한 비열한으로 그려진다. 호츠키는 이토를 처음 만났을 때의 인상을 다음과 같이 묘사한다. "깔끔하게 빗어진 머리. 딱 떨어지게 입은 양복. '이것이 공산당원이라고?'"[28] 또한 오자키 호츠미에 대해서는 "스파이가 아니라 공산주의자로서 의식적으로 행동한 인물로, 전투적인 평화주의자로서 일본의 침략전쟁과 파시즘에 대항하는 과감한 투쟁에 목숨을 바쳤다"[29]는 묘사를 책을 통틀어 몇번이나 반복한다. 이 이토와 오자키의 대비가 이 책을 이끄는 기본 구도다. 배신자 이토에게 모든 것을 아낌없이 베풀던 오자키의 인성과 결코 굽히지 않았던 심성, 이것이 호츠키의 주요 모티브였던 것이다.

스파이의 동생으로 지목되어 쓰디쓴 세월을 견뎌야 했던 호츠키로서는 이토라는 비열한이 예수를 팔아넘긴 '유다'임에 틀림없었다. 그러나 중요한 것은 이 서사가 자리하는 현실은 호츠키가 호츠미에게 투영한 혁명정치가 자리하는 현실이 아니었다. 호츠

28 『生きているユダ』, 42면.
29 같은 책 45면.

키의 서사는 이미 스파이 영화나 윌러비의 서사가 창출한 스펙터클의 현실 속에 자리 잡았으며, 그런 까닭에 이 책은 호츠미의 혁명정치를 계승하는 것이 아니라 "'유다'로 그려진 검은 그림자의 배경에 전전, 전후를 관통하여 변화지 않고 세계사의 심부에서 지배력을 휘두르는 어떤 힘"[30]에 대한 묘사로 독해된다. 오자키 호츠미는 이 책에서 진리나 정의를 넘어선 곳에서 세계를 지배하는 어떤 음흉한 힘의 희생자일 수밖에 없다. 그의 신념은 그저 그 힘의 부당함을 지시하며 쓰러진 신파적 장치로 전락하는 것이다. 이는 이토 리츠의 유폐를 선취하는 형상화다. 호츠미의 진정성은 그저 저 힘을 지시하는 한에서만 의미화된다. 그 진정성이 목표로 했던 세계와 인간의 현실은 여기서도 여전히 유폐되고 있다. 혁명정치의 진리와 정의가 유폐되기 위해 요청되는 스펙터클의 현실은 이렇게 서서히 역사유물론의 현실을 부식시키고 있었던 셈이다.

이후 마츠모토 세이초의 「혁명을 팔아넘긴 남자」는 이토 리츠와 조르게 사건을 하나의 스캔들로서 스펙터클의 현실 속에 가두는 데 결정적 역할을 했다. 이 글은 세이초의 연작 『일본의 검은 안개』에 수록된 것으로, 패전 직후부터 1960년에 이르기까지의 이른바 미제 사건이나 괴사건을 모두 GHQ나 소련 등의 음모로 해석한 논픽션 추리물이다. 여기서 세이초는 이토 리츠 밀고설을 GHQ의 음모와 연관시켜 다룸으로써 이토를 혁명가가 아니라

---

30 같은 책 321면. 이 말은 해설을 쓴 저명한 작가 이츠키 칸지(五木寛二)의 것이다.

여러 세력 사이를 줄타기한 아슬아슬한 스파이로 그려냈다. 이런 세이초의 묘사는 다음과 같은 기본 관점에서 비롯된 것이었다.

> 미국이 일본의 민주주의 과잉을 시정하려 한 것은 일본을 극동의 대공산권 방파제로 명확히 의식한 시기에 시작된다.
>
> 그러나 하나의 커다란 정책 전환은 그것만으로 쉽게 이뤄지지 않는다. 그에 어울리는 분위기를 미리 만들어야 한다. 이 분위기를 만들기 위한 공작이 일련의 여러 기이한 사건으로 나타났다고 생각한다.[31]

세이초의 생각은 명료하다. 이미 동서 냉전이 진리나 정의를 다투는 '성전'이 아니라 차가운 권력투쟁이라는 판단을 전제하고 있으며, 그것을 지탱하는 현실은 냉전 자체가 아니라 냉전이 일상 속에서 자리 잡기 위한 분위기를 만들어내는 공작을 본질로 한다는 것이다. 이미 여기에는 조르게, 오자키 호츠미 그리고 이토 리츠가 꿈꾸던 혁명정치의 진리와 정의를 위한 자리는 없다. 그것이 역사유물론의 과학적 분석에 힘입은 볼셰비키적 변혁의 전망을 전제한다면 말이다. 오히려 여기서 이 등장인물들은 저 '분위기를 만드는 공작'을 위해 정의와 진리를 둘러싸고 음모와 배신의 드라마를 열연한 이들로 소환된다. 여기서 그들은 어디까지나 진실되게 진리와 정의를 추구하는 혁명정치의 전사(혹은 그 배신자)여야 하지만, 그 진정성 이면에 음모나 배신이 있어야

31 松本清長『日本の黒い霧 下』(1961), 文春文庫 2013, 301면.

만 드라마의 서사구조에 자리를 차지할 수 있다. 진정성은 존재하지만 여기서도 여전히 그것은 유폐된 채 누구에게도 의미를 갖지 못한다. 그 혁명가의 진리나 정의는 권력의 음모가 득실거리는 현실 속에서 우스꽝스러운 광대의 몸짓이거나 비열한의 연기여야만 했기 때문이다.

이토가 귀국한 것은 이런 스펙터클의 현실이 혁명정치의 진정성을 이미 충분히 능가한 1980년이었다. 27년 동안의 진실은, 나리타공항에 모인 기자들로 상징되듯 노동계급이 아니라 미디어를 위해서만 의미를 갖는 현실이 그를 기다리고 있었다. 많은 이가 이토 리츠의 누명을 벗기려 노력했고, 1993년 한 젊은 활동가의 손으로 오자키 호츠키와 마츠모토 세이초가 확립시킨 이토 리츠 밀고설은 거짓으로 판명 났다.[32] 현재 시점에서 밀고자는 이토 리츠가 아니라 노자키와 조르게 사건 연루자 가와이 데이키치(川合貞吉)라는 설이 유력한데 그것은 여기서의 논점이 아니다. 여기서 중요한 것은 이토의 명예가 회복되고 진실이 밝혀졌음[33]에도 이토의 혁명정치는 유폐된 채로 남아 있다는 사실이다. 밝혀진 진실은 이토가 유다가 아니었다는 사실이었지만, 중요한 것은 이토가 아닐 뿐 유다가 어디엔가 반드시 존재한다는 사실이 변하

32 渡部富哉『偽りの烙印: 伊藤律·スパイ説の崩壊』, 五月書房 1993.

33 와타베(渡部)의 책이 출판된 이후 유족들은 출판사 분게이슌주(文藝春秋)를 대상으로 출판정지 가처분 신청을 낸다. 세이초의『일본의 검은 안개』가 이토의 명예를 훼손했음이 분명히 밝혀졌다는 이유에서였다. 여러차례 조정을 거쳐 출판사와 유족들은 2013년 출판된 문고판에 이토 관련 서술이 잘못된 사실관계를 담고 있음을 공지하는 후기를 게재하는 것으로 합의를 보았다.

지는 않았기 때문이다.

그렇게 유다가 존재해야 예수도 존재할 수 있다. 이제 문제는 예수의 진실이 아니다. 유다가 예수보다 미리 무대에, 언제나 이미 서 있기에 그렇다. 혁명정치의 아포리아는 여기서 자기 모습을 드러낸다. 예수보다 유다가 먼저 나타나는 현실, 이 스펙터클의 현실 속에서 말이다. 이 현실 속에서 혁명가는 여전히 진정성과 신념을 영광스레 뽐낼 것이다. 그러나 그것은 유폐되기 위해서만, 배신당하기 위해서만, 그리고 소극의 무대장치로서만 존재를 보장받는다. 혁명정치의 아포리아는 이렇게 이토의 27년을 훌쩍 넘어 현실 자체를 삼켜버렸다.

20세기의 보편주의와 혁명정치의 종언

카를 슈미트는 1923년의 한 저서에서 18세기의 합리주의와 계몽주의에 마르크스주의의 과학성을 대치시키면서 다음과 같이 말했다.

> 마르크스주의적인 역사철학과 사회학의 철학적·형이상학적인 매력은 자연과학성에 있는 것이 아니라, 마르크스가 인류사의 변증법적 발전의 사상을 고수하고 이 발전을 구체적이고 일회적이며 유기적인 힘을 통해 자기 자신으로부터 생산해내는 반정립적인(antithetisch) 과정으로 고찰한 방식에 있다. (…) '자유의 왕국으로의 도약'은 오로

지 변증법적으로만 이해되어야 한다. 기술의 도움만으로 이 도약은 시도될 수 없을 것이다. 그렇지 않다면 사람들은 실제로 마르크스주의적 사회주의에 대해 정치적 행동을 하는 대신에 새로운 기계를 발명하는 것이 더 나을 것이라고 요구해야만 할 것이다.[34]

그는 인용문에서 자연과학, 기술, 기계에 반정립, 변증법, 정치를 대립시킨다. 마르크스주의의 역사에서 보자면 이는 카우츠키(Karl Kautsky)의 제2인터내셔널과 레닌의 볼셰비키 사이의 대립, 즉 자본주의 체제의 자동적 붕괴냐 노동계급의 의식적 혁명이냐의 대립을 연상시킨다. 슈미트는 이 대립을 주권과 정치 차원으로 이행시킨다. 그것은 정치신학에서 켈젠(Hans Kelsen)을 주권자보다 규범을 우위에 놓았다고 비판했던 논법과 동일하다.[35] 법규범이 주권자의 자의적 판단을 규제해야 한다는 켈젠의 법실증주의는 노동계급의 의식보다 마르크스주의의 과학적 법칙을 우위에 놓은 카우츠키류의 수정주의와 동일선상에서 이해되고 있는 것이다.

슈미트는 이 두가지 상이한 분야의 유사한 사고방식이 모두 18세기 합리주의와 계몽주의에서 비롯된 것이라 본다. 우주를 관통하는 보편적 법칙처럼 인간의 질서와 역사도 모두 이성에서 비롯된 보편적 규범과 법칙에 따르리라는 믿음 말이다. 이처럼 슈미트는 혁명정치의 진수를 마르크스주의의 자연과학성이 아니라

---

34 카를 슈미트 『현대 의회주의의 정신사적 상황』, 나종석 옮김, 길 2012, 112면.
35 칼 슈미트 『정치신학』, 김항 옮김, 그린비 2010, 3장 참고.

볼셰비키의 정치적 행동으로 이해함으로써, 합리주의와 계몽주의를 근간으로 하는 18세기 이래의 보편주의에 대항시키려 했던 것이다.[36]

이때 슈미트의 주안점은 레닌의 이데올로기가 아니라 행위에 주목하여 '정치적인 것'을 변증하는 일이었다. 노동계급의 혁명이 아니라 혁명이라는 주권적 행위가 슈미트에게는 중요했던 것이다. 그러나 2차대전 이후 미국과 소련의 냉전체제는 슈미트로 하여금 주권과 정치 사이의 틈새를 엿보게 만든다. 상황을 장악하고 결정을 내리는 주권자는 이미 역사의 최종 목적(인류 평화 혹은 노동자의 세계)이 절대화된 조건 속에서 불필요한 잉여가 되고 말았기 때문이다. 이제 주권자는 온갖 권모술수와 음모로 가득한 앞마당 뒤에 마련된 방에 유폐된다. 체제의 존립을 정당화하는 궁극의 근원인 주권은 저편에 존재하지만 결코 가닿을 수 없는 곳에 자리하며, 현실에서는 그곳에 이르는 길을 차지하려는 온갖 술수가 정치를 대신하는 것이다.

이것이 스탈린 집권 이후 소련에서 벌어진 활극이었다. 물론 스탈린 개인의 성향이나 일탈 탓일 수도 있다. 그러나 마루야마 마사오가 지적했듯[37] 그런 관점은 마르크스주의에 이미 언제나 도사리고 있던 아포리아를 외면하고픈 심정에서 비롯된 오판일 뿐이다. 스탈린주의는 마르크스주의의 역사철학과 혁명정치 사

36 이에 관해서는 김항 「20세기의 보편주의와 '정치적인 것'의 개념: '적'을 둘러싼 정치사상의 계보학」, 『종말론 사무소』, 문학과지성사 2016 참고.

37 丸山真男 「'スターリン批判'における政治の論理」(1956) 참고.

이의 양립할 수 없는 모순 속에서 비롯된 필연적 산물이었기에 그렇다. 그것은 노동계급의 계급의식을 미래로부터 빌려왔던 마르크스주의가 채무 불이행상태로 빠져버린 귀결이었다. 루카치가 역사와 계급의식을 자기비판 하면서 말했듯이, 노동자의 계급의식이란 결코 사회학적인 진실도 역사철학적인 전제도 될 수 없다.[38] 사회학적으로 보자면 노동자는 혁명적 계급으로는 한참 모자라는 시정잡배일 뿐이고, 역사철학적으로 보자면 노동계급의 완성(역사의 종언)은 노동계급의 해소(보편적 인간의 등장)를 의미할 뿐이기에 그렇다.

따라서 계급의식을 가진 노동자가 혁명을 완수한다는 말은 형용모순이다. 노동자의 계급의식이야말로 혁명의 목적이기 때문에 그렇고, 혁명의 완수는 노동계급의 해소를 의미하기 때문이다. 그런 의미에서 마르크스주의의 보편주의와 정치 사이에는 뒤틀린 관계가 도사리고 있다. 정치행위는 한편에서 보편주의를 목적으로 하지만, 한편에서 보편주의 위에서 전개될 수 있다. 달리 말하자면 혁명정치는 도래할 노동계급을 현재의 노동계급에 중첩시켜 이뤄지는 탓에 '계급의식의 신용대출'에 의존할 수밖에 없는 것이다.

그런 의미에서 스탈린주의는 과도한 이자 지불에 시달려야 했다. 노동계급의 완성을 위해 정적을 제거하는 것이 스탈린주의의 정치였다면, 어느샌가 목적과 수단은 역전을 맞이했기 때문이다.

---

38 게오르그 루카치 『역사와 계급의식』, 박정호·조만영 옮김, 거름 1986, 20면(1967년 서문) 참고.

이는 스탈린의 오류가 아니다. 사회주의 조국 수호라는 노선 자체가 이 역전을 예견했다. 계급의식을 가진 노동자의 궁극적 세계는 조국을 가질 수 없다. 그런데 스탈린 정치의 임무는 사회주의 조국의 수호였다. 즉 해소되어야 할 조국을 수호하면서 사회주의 정치를 수행해야 하는 전도가 스탈린주의의 요체였던 셈이다. 이제 혁명정치의 진리와 목적은 수단을 위해 봉사한다. 도래할 노동계급은 모두 정적의 제거를 위해 필요한 논거일 뿐이다. 도래할 노동계급이 어떤 존재이며 어떤 세계를 만들지, 그리고 그런 존재와 세계를 위해서 무엇을 해야 할 것인지는 철저하게 공백으로 남는다. 중요한 것은 그런 역사철학적 질문을 정치로 전화시키는 이론과 실천이 아니라, 도래할 노동계급 혹은 노동자의 세계라는 구호뿐이었기에 그렇다.

이토 리츠를 가혹한 운명으로 내몬 유폐는 이 지점에서 비롯된다. 27년간의 유폐 속에서 이룩해낸 고독한 자기 단련은 스탈린주의 이후의 사회주의 속에서 철저하게 무의미한 행위였다. 이토가 추구해 마지않았던 마르크스주의의 절대적 진리는 정적을 견제하고 말살하는 권력투쟁 속에서 설 자리가 없었던 셈이다. 미국의 냉전 전략이 공격한 곳은 바로 이 지점이다. 상술했듯이 서방세계는 2차대전 이후 스탈린주의의 전도된 사회주의를 음모론의 프레임 속에 편입시키는 데 성공했다. 이토 리츠의 자기단련을 비롯한 마르크스주의의 혁명정치는 이 프레임 안에서 광대이거나 기만이거나 낭만으로밖에는 표상될 수 없었다. 이 안에서 정치는 음모와 술수가 지배하는 권력투쟁으로, 진리는 그런 정치를 드라마화하는 효과로서만 통용되었던 것이다. 마치 주권자에 이르는 '권력의 앞마당'에서 벌어지는 음모와 술수가 어느새 주권자를 조롱하면서 모든 것을 결정하는 장이 되는 것처럼 말이다.

그런 의미에서 이토 리츠가 헤어날 길 없는 유폐 속에서 바라보았던 절망은 21세기에도 여전히 현재진행형이다. 벗어날 길이 있을까? 이 물음에 답하기란 불가능하다. 그러나 한가지만은 확실하다. 역사의 진보를 목표로 하는 정치는 여전히 이 유폐의 상황에서 출발해야 한다는 사실 말이다. 세계 어딘가에서 벌어진 테러와 폭격이 TV에서 스펙터클화하고, 열거할 수 없는 뉴스가 SNS를 타고 일상 속에 침투하는 시대에 음모와 술수가 판치는 '권력의 앞마당'은 제어 불가능할 정도로 도처에 열려 있다. 이런 상황에서 공론장(public sphere)과 앞마당은 식별 불가능하다. 따라서 근대의 합리주의와 혁명정치에서 비롯된 정치와 주체의 조건은 전면적으로 재검토되어야 한다. 이토 리츠의 유폐는, 그래서 궁극적으로 현재 상황의 알레고리로 당분간 우리 곁을 오랫동안 떠돌 것이다.

7장 요도호 납치 사건과 혁명의 황혼녘

비밀, 음모, 테러와 북한이라는 무대장치

독일의 저명한 계몽주의자 레싱(G.E. Lessing)은 1776년에 결성된 비밀결사 일루미나티(Illuminati)에 큰 영향을 준 프리메이슨이었다. 그는 1778년에 쓴 한 팸플릿에서 "프리메이슨의 진정한 존재론"을 제시했고, 그 안에서 영국, 프랑스 그리고 특히 독일의 프리메이슨 멤버에게 지침이 되는 인도주의적(humanitarian) 목적을 설정한 바 있다. 프리메이슨이 분열이나 차이 없는 인류사회의 건설이라는 유토피아 전망을 내세운 것은 익히 알려져 있다. 그래서 그들은 절대주의 국가, 사회적 신분 차이, 그리고 종파갈등을 인류의 분열을 지탱하는 악(evil)의 제도로서 비판의 표적으로 삼았다. 하지만 레싱은 이 세가지, 특히 국가를 "피할 수 없는 악"(the inescapable evil)이라 규정하면서 결코 사라지지 않을 거라 믿었는데, 인류의 분열은 "존재론적 사실(ontological facts)이라 근절될 수 없고 그 사이를 가교할(bridge) 수 있을 뿐"이기에 그렇다. 따라서 레싱은 프리메이슨이 추구하는 세계의 도덕적 개혁(악의 일소를 통한 인류의 통일)이 정치적 성격을 가진다고 생각했다. 도덕적 개혁은 내면의 훈련을 통해서 이뤄지지만, 그 훈련의 목적이 인류 분열의 가교인 이상 "국가적 정치 영역"(the sphere of national politics)과 필연적으로 연관될 수밖에 없기 때문이다.[1]

이것은 도덕의 내면적 훈련과 교육을 추구하던 프리메이슨이 스스로의 정치적 힘을 깨닫는 원천적 장면이다. 이후 일루미나티는 도덕 개혁을 정치적 힘으로 전유하여 유토피아 건설을 꿈꾸게 된다. 그 이전까지 프리메이슨이 군주를 도와 국가개조를 이뤄내는 방식을 취했다면, 일루미나티는 군주를 무시하고 국가 바깥에 도덕적 권력을 마련하려 했던 것이다.[2] 하지만 일루미나티가 국가를 공격하고 대중을 선동하는 등의 공공연한 정치활동을 개시했던 것은 아니다. 레싱은 프리메이슨의 정치활동이 비밀 속에서 이뤄져야 한다고 말한다. 프리메이슨 "상위층에 속하는 개인은 잠행하며(stealthly), 보이지 않게(invisibly), 조용히(silently) 세계의 피할 수 없는 악, 즉 국가에 대한 전쟁을 수행해야 한다. 그것이 프리메이슨의 비전(the esoteric)이며 비밀(the secret)이다".[3]

그렇기에 국가권력으로부터 독립한 도덕적 내면이라는 프리메이슨의 요새는 그저 국가 바깥에 구축된 자족적인 장이 아니다.

1 Reinhart Koselleck, *Critique And Crisis: Enlightenment and the Pathogenesis of Modern Society*, The MIT Press 1988, 86~90면.

2 같은 책 92면.

3 같은 책 90면.

그것은 비밀리에 국가권력을 침식하는 정치적 성격을 갖는 것이다. 왜 이것이 공공연하게 이뤄지는 것이 아니라 비밀리에 이뤄져야 하는 것일까? 북부 독일 일루미나티의 지도자 보데(Bode)의 자문자답을 보면 그 이유는 명료하다. "왜 비밀결사인가? 답은 간단하다. 상대방이 패를 손에 쥐고 안 보여주는데 우리 패를 보여주는 것은 어리석은 일이지 않은가."[4] 즉 국가권력이 비밀에 싸여 있기에 일루미나티는 비밀리에 결사하고 행동할 수밖에 없다는 것이다. 따라서 일루미나티의 비밀정치는 16세기 이래 국가이성(raison d'état) 논의의 중심 논제였던 '통치의 비밀'(arcana imperii)을 전제로 한다. 그것은 "군주는 어리석은 대중에게 비밀을 결코 털어놓지 않아야 한다"[5]는 격률로 상징되듯이, 화려하고 장엄한 자기 표상 뒤에 통치와 관련된 지식과 기술과 결정을 감추어야 한다는 원리다. 일루미나티의 비밀정치는 이러한 통치의 비밀과 짝패를 이루는 셈이다.

비밀스런 최고 권력이 존재하는 곳에서는 그것에 반대되는 권력 또한 비밀스러워지는 경향을 갖는다. 보이지 않는 권력과 보이지 않는 대항권력은 동전의 양면이다. 모든 독재권력의 역사와 음모의 역사는 서로 간에 대칭된다. 비밀권력이 존재하는 곳에서는 거의가 그 자연적 부산물로서, 음모, 책략, 비밀결사, 쿠데타, 선동적 행위나 쉽게 알아차릴 수 없게 계획된 반란이나 폭동의 형태를 띤 마찬가지의

4 같은 책 92면.
5 노르베르토 보비오 『민주주의의 미래』, 윤홍근 옮김, 인간사랑 1989, 123면.

'비밀스런 대항권력'이 왕궁의 작은 방에서 음모를 꾸몄다. 지배자가 가능한 한 일반 국민에게 보이지 않는 곳에서 행위하는 것과 마찬가지로 말이다. 비밀반란(arcana seditionis)의 역사는 동일한 많은 정교함을 가지고서 비밀지배(arcana dominitions)의 역사를 따라왔다고 기술될 수 있다. 그러나 국가기밀 또는 비밀권력의 주제는 오직 권력의 공공성의 원리만을 주장하는 근대 입헌국가의 출현과 함께 정치학과 공법에 관한 논문들로부터 사라지게 되었다.[6]

그러므로 일루미나티의 비밀정치를 "왕궁의 작은 방"이 아니라 국가 바깥의 비밀결사(개인의 도덕적 내면을 규합한)에서 모의된 음모라 이해할 수 있을지 모른다. 하지만 일루미나티의 비밀정치는 왕궁에서 벌어지는 음모와 결정적 차이를 갖는다. 후자가 비밀스러운 군주 권력을 고스란히 놔둔 채 그것을 전복하거나 무력화하거나 찬탈하려 한다면, 전자는 군주 권력이 터를 잡고 있는 통치의 비밀을 투명하게 공개할 것을 요구하기 때문이다. 굳이 칸트와 하버마스를 인용하지 않더라도 계몽(Aufkläung/Enlightenment)의 전형적 이념은 공공성(공개성, Öffentlichkeit/publicity)이며, 그것은 권력의 모든 것을 만천하에 드러내 비추는 빛(illumination)으로 상징되어왔다. 일루미나티가 부르주아 계몽주의의 이념을 통해 세계를 도덕화하는 결사의 명칭일 수 있던 까닭이다. 그러나 정작 일루미나티는 비밀리에 결사를 유지하고

6 같은 책 127면.

권력과 맞선다. 계몽주의는, 그런 의미에서, 철저하게 자신을 숨기면서 세상의 모든 것을 공개하라고 요구해온 셈이다.

그러나 앞의 인용문대로, "오직 권력의 공공성의 원리만을 주장하는 근대 입헌국가의 출현과 함께" 이 일종의 역설은 정치적 담론의 지평에서 사라진다. 거울처럼 서로를 비추던 비밀의 원리가 정치와 연관된 담론에서 부차적인 차원으로 밀려났다는 것이다. 근대 입헌국가가 하나의 예외 없이 비밀경찰과 스파이를 운용했음을 모르는 사람은 없을 것이고, 레닌에서 마오를 거쳐 게바라와 호치민에 이르기까지 혁명의 영웅들이 지하조직에서 신출귀몰하던 게릴라였음은 주지의 사실이다. 하지만 공공성의 원리가 권력 담론의 중심에 자리하면서 전자는 구시대의 관습이자 필요악으로 간주되었고, 후자는 당국의 탄압을 피하기 위한 불가피한 전술로 이해되었다. 즉 비밀은 통치와 혁명의 부작용 혹은 불가피한 전술로 간주된 것이다.[7]

그런데 카를 슈미트의 지적대로 주권의 결정이 군주로 통하는 앞마당(Vorraum) 없이 작동 불가능하다면,[8] 비밀과 음모란 주권적 통치의 부작용이라기보다는 본질 그 자체일지 모른다. 상대의 패를 모르는 상태에서 패를 보여줄 수 없는 대항권력의 혁명 또

---

7 공공성의 원리 위에 구축된 정치 담론을 비껴가며 부패·폭력·배신·거짓말 등 통치 과정의 필요악 혹은 부작용이 실제로는 통치를 지탱하는 핵심 기능을 담당함을 주장한 Carl J. Friedrich, *The Pathology of Politics: Violence, Betrayal, Corruption, Secrecy and Propaganda*, Harper and Row 1972 참고.

8 Carl Schmitt, *Gespräche über die Macht und den Zugang zum Machthaber*, Klett-Cotta 2017.

한 말이다. 그런 측면에서 공공성의 원리를 중심에 둔 정치 담론은 비밀과 음모를 본질로 하는 주권과 혁명에 무지했다고 볼 수 있다. 자유·평화·정의·민주주의·인민주권 등 빛나는 이념적 수사(rhetoric)에 눈이 가려, 공안경찰과 스파이 혹은 게릴라와 테러리스트를 그야말로 음지에서 양지를 떠받치는 존재로만 취급해왔던 것이다. 실제로는 빛이 어둠을 떠받치고 있을지 모른다는 일말의 의심도 없이 말이다.

그러나 중요한 것은 주권적 통치(마찬가지로 혁명도)의 본질이 빛이냐 어둠이냐, 공공성이냐 비밀이냐를 결정하는 일이 아니다. 문제는 공공성의 원리가 공적(public/official) 정치의 전면을 장악하면서, 비밀과 음모가 대중 미디어의 스펙터클 속에서 소비된다는 점이다. 즉 여전히 주권과 혁명의 한가운데에 자리하면서도 비밀과 음모는 점점 스스로의 좌표를 대중 미디어의 스펙터클 속으로 전이시키는 것이다. 그래서 한 편에는 제임스 본드가, 다른 한 편에선 테러리스트가 엔터테인먼트와 뉴스를 장악한다. 스파이는 주권적 영광을 위한 능력자로, 혁명가는 음험한 지하 동굴에서 일을 꾸미는 인류의 적으로 스펙터클화하는 것이다. 이제 주권과 스파이, 혁명과 테러리스트 사이를 대중 미디어가 매개하면서 단절시킨다. 한쪽에서 통치의 비밀을 공개하라는 계몽의 압력은 미디어 스펙터클 속에서 대리보충되면서 국가기밀이란 명분 아래 좌절된다. 다른 한쪽에서 혁명의 비밀정치는 글로벌 뉴스 네트워크를 통해 광신도들의 폭력과 음모로 범죄화된다. 이렇게 비밀은 주권/혁명과 유리된 채 대중매체의 표상 속에서 영속되는 것이다.

이 장에서는 이상의 논의를 전제로 하여 1970년 3월에 일어난 요도호 납치 사건과 이후 이 사건을 다뤄온 담론을 분석한다. 나중에 이야기하겠지만 전후 일본의 신좌파 조직 공산주의자동맹(분트) 내 적군파는 세계동시혁명론과 국제근거지론을 바탕으로 무장봉기를 준비한다. 이런 전략 아래 북한에 근거지를 마련하여 훈련한 뒤 일본으로 돌아가 혁명을 일으키는 것이 요도호 납치 사건의 목적이었다. 이들의 작전은 일단 성공을 거뒀다. 하지만 이 작전은 위에서 말한 비밀과 음모의 스펙터클화라는 프레임 속에 이미 포획되어 있었으며, 이 스펙터클은 동아시아 식민/냉전의 기억과 감각이 분출하는 장이었다. 그리고 이러한 포획을 가능케 한 것은 적군파의 행선지가 다름 아닌 북한이라는 사실이었다. 우선 적군파의 결성과 요도호 납치 사건의 전개부터 알아보자.

적군파 결성과 요도호 납치 사건

1951년 10월, 일본공산당은 제5회 전국협의회에서 군사 무장혁명 노선을 결정한다. 농촌에서 전력을 길러 농촌 게릴라로서 봉기하여 도시를 포위한다는 중국공산당 혁명 모델에 따른 것이다. 그리하여 산촌 지주의 타도를 목적으로 하는 '산촌공작대(山村工作隊)', 대중운동을 방어하는 '중핵자위대(中核自衛隊)', 군사행동에 전념하는 '독립유격대(独立遊擊隊)' 등 군사조직이 활동을 개시한다. 하지만 1952년 샌프란시스코 강화조약 체결로 일본은 냉전체제 아래 미국의 동아시아 전초기지가 되었고, 일본 정부는 확고한 반공 노선을 전면에 내세워 공산당이 주도한 무장투쟁 노선을 철저히 탄압했다. 1952년의 '피의 메이데이 사건' '스이타(吹田) 사건' 그리고 '오스(大須) 사건'은 전후 3대 소란 사건으로 기록될 정도로 일본 사회에 큰 충격을 주었고, 이 일련의 사건을 계기로 공산당의 무장투쟁을 제압하기 위해 '파괴활동방지법'이 제정되기에 이른다.[9]

사실 공산당의 무장투쟁이 실제 전개된 것은 1951년 10월의 노선 결정에서 이듬해 10월까지의 1년 남짓한 기간이었다. 이미 이 시기에 언론에서는 독립유격대 등을 유랑게릴라로 희화하거나 화염병투쟁을 위험한 불장난으로 조소하는 분위기가 팽배해 있었다. 하지만 젊은 대학생들을 중심으로 당의 노선을 절대시하던 당원들은 무장투쟁 노선에 모든 것을 걸었고, 실제로 도쿄대학 공산당 조직에서는 적지 않은 학생들이 산촌 게릴라가 되기 위해 대학에서 모습을 감추기도 했다.[10] 하지만 1955년 여름, 모든 것을

---

9 伴野順一『全学連と全共闘』, 平凡社新書 2010, 24~25면. 이 세 사건은 메이데이 집회, 한국전쟁 반대 데모, 그리고 중일무역협정 체결 환영식 반대 데모에서 비롯된 것으로, 모두 1000명 이상의 시위대가 화염병으로 경찰과 전투를 벌였다. 이를 계기로 제정된 파괴활동방지법은 이후 반체제 활동가에 대한 광범위하고 강도 높은 탄압을 정당화하는 법률로 기능한다. 사상범과 스파이 추적과 감시와 말살을 위해 광범위한 정보활동을 전개하던 패전 전 특별고등형사의 기능이 이 법률을 통해 여러 공안 조직 속에서 부활했다고 해도 과언이 아니다.

10 같은 책 27면.

버리고 게릴라 활동을 위해 온몸을 바친 학생들에게 청천벽력과 같은 소식이 전해진다. 7월에 개최된 제6회 전국협의회에서 당의 방침이 180도 뒤바뀌었기 때문이다. 그때까지의 무장투쟁 노선을 '극좌 모험주의'로 규정하면서, 대중적 지지를 얻는 최우선 목표로 하겠다는 성명을 발표한 것이다. 이 공산당의 노선 변경이 패전 후 일본 공산주의 운동에서 '신좌파'를 탄생시키는 계기가 된다.

이미 1956년 이래 파괴활동방지법 제정 이후 집요하고 대대적인 당국의 탄압에 맞서 싸워온 시마 시게오(島成郎)와 모리타 미노루(森田実) 등 공산당 학생조직의 주요 활동가들은 1958년 12월 새로운 조직을 결성하기로 한다. 일국사회주의 절대화와 세계혁명 포기, 내부 배신과 혁명이론의 결여, 그리고 스탈린주의적 관료주의 등 일본공산당의 체질을 비판하면서, 1847년 런던에서 망명 독일인들을 중심으로 결성된 '공산주의자동맹'(der Bund der Kommunisten)을 새 명칭으로 한 혁명 전위당이 결성된다. '분트'(Bund, ブント)라 불린 이 조직은 1959년 1월에 정식으로 기관지를 간행하여 조직활동을 개시했으며, 소련을 맹주로 한 기성 공산 진영과 결별함으로써 세계혁명의 전망 아래 새로운 '인터내셔널'을 지향했다.

세계혁명이란 말은 스탈린이나 일본공산당의 일국사회주의 혁명론에 대항하여 마르크스·트로츠키로부터 원용한 것이다. 하지만 나에게는 단순한 혁명전략론에 그치지는 것이 아니었다. 미국을 맹주로 하는 제국주의 진영과 소련·중국 등 사회주의 체제 사이의 대립이란 세계 인식에 대한 안티테제였기 때문이다. 미국과 소련 양쪽 모두를 포함하여 현대 세계질서에 대한 근본적 비판이라는 장대한 꿈의 말이기도 했다. 반스탈린주의는 그저 독재 공포 정치에 대한 반발이 아니었다. 세계적 존재가 된 소련이란 국가독점자본주의 국가의 연명을 가능케 했고, 자국 민중을 억압함과 동시에 세계의 인민운동을 자신의 민족국가 방어를 위한 외교 도구로 이용한 세계혁명 방해자에 대한 단죄였기에 그렇다. 그리고 일본에서는 패전과 미군 점령 속에서 부활한, 세계시장에 새로이 등장할 정도로까지 발전한 고도자본주의 사회구조 자체를 공격하기 위한 이념이기도 했다.[11]

이 인용문에는 1950년대 후반 일본공산당뿐만 아니라 국제 사회주의 운동의 일대 지각변동을 추동한 정치적 배경이 응축되어 있다. 그것은 스탈린의 지시에 따라 우왕좌왕하는 일본공산당, 스탈린 비판으로 드러난 독재와 공포정치, 그리고 1956년의 헝가리 사건이 보여준 일국사회주의 수호를 위한 인민운동 탄압 등이다. 분트는 이런 국제정세 아래 "음습한 공산당 내부 투쟁에서 해방되어 공공연하게 스스로의 주장을 펼칠 자유를 선택"[12]하기 위해 결성되었다. 스탈린의 공포 독재 정치로 상징되듯 당대의 공산주의 국가 및 공산당 모두가 비밀로 음모로 가득 찬 부패한 집단이라는 판단 아래, 분트는 정세 분석, 혁명 노선, 조직 강령 등 모든

11 島成郎·島ひろ子『ブント私史』, 批評社 1990, 60면.
12 같은 책 18면.

부분에서 공개적이고 자유로운 정치활동을 지향했다. 즉 공산주의 국가와 공산당의 비밀정치에 맞서 공공성의 원리를 통한 세계혁명을 목표로 했던 것이다.

이후 분트는 1960년 안보투쟁을 선도하며 대중조직으로 발전하게 된다. 하지만 조직은 얼마 못 가 공중분해를 맞이한다. 학생조직 중심으로 출발한 분트는 이미 결성 당시 몇몇 분파의 내분에 시달리고 있었으며, 안보투쟁을 거치면서 확대되고 다양화된 조직 구성과 정치 노선을 감당하기 불가능했기 때문이다.[13] 제1차 분트 해체 후에도 간사이 지방위원회는 조직을 유지하여 '간사이 분트'를 결성하고, 도쿄를 중심으로 한 간토 지방에는 분트의 하위 조직인 '사회주의학생동맹'이 결성된다. 이후 신좌파 계열의 여러 조직이 이합집산 속에서 태어나고 사라져가는 과정을 거쳐, 1966년 간사이와 간토의 분트 잔존파들이 통일위원회를 결성하여 분트를 재건한다(제2차 분트). 이들과 신좌파 타 분파의 연합 아래 이른바 '3파 전학련(全学連, 전일본학생자치회총연합)'[14]이 결성되어 공산당계 학생자치회와 대립을 이루며 급진적 투쟁 노선을 강화하게 된다. 이들이 1967년 사토 수상 베트남 방문 저지를 위한 하네다 투쟁 등 무장투쟁을 주도하게 되며, 1960년대 일본 학생운동의 익숙한 표상, 즉 헬멧과 각목과 화염병과 바리케이드는 이들에 의해 전면에 등장한 것이었다.[15]

---

13 패전 직후 학생운동에서 제1차 분트 결성과 해체까지의 역사에 관해서는 山中明『戦後学生運動史』, 青木新書 1961 참고.

14 3파는 제1차 분트 해체 이후 결성된 중핵파(中核派), 사회주의학생동맹 마르크스전기파(社学同マル戦派), 사회주의청년동맹 해방파(社青同解放派), 이상 세 정파다.

적군파(赤軍派)는 이런 소용돌이 속에서 등장한 제2차 분트 내부의 무장파 조직이었다. 적군파의 상징적 인물 중 하나인 시게노부 후사코(重信房子)는 적군파 참여의 계기를 1968년 3월에 제2차 분트 주도로 개최된 '국제반전집회'라고 회상한다.

> 이 집회 참여는 나 자신의 획기적 전환이라 기억된다. 현대사상연구회의 동지들과 준비를 돕고 세계의 친구들과 함께 하는 분트 노선에 적극적인 의의를 느낄 수 있었다. 미국의 블랙팬서, 학생비폭력 조정위원회, 민주사회주의학생동맹, 쿠바를 중심으로 창설된 라틴아메리카 인민연대전선, 서독의 사회주의학생동맹, 파리 5월투쟁을 주도한 프랑스혁명적 공산주의청년동맹 등이 해외에서 참가했다. 분트는 세계의 동지들과 (…) 국제주의에 기초한 새로운 인터내셔널 창설과 학생연합의 결성을 제안했습니다. (…) 분트는 이 집회를 통해 '프롤레타리아 국제주의와 조직된 폭력'을 슬로건으로 삼는 노선을 지향하게 됩니다.[16]

국제주의와 조직된 폭력, 적군파의 기본 노선이 여기에 선명하게 천명되어 있다. 적군파는 이러한 분트의 기본 노선을 가장 급

---

15 3파전학련 및 신좌파에 대해서는 蔵田計成『安保全学連』, 三一書房 1969의 통사적 설명을 참조했다. 또한 신좌파 운동을 지성사, 문화예술, 하위문화 등 광범위한 맥락 속에 자리매김한 문화정치사적 작품으로는 絓秀実『革命的な、あまりに革命的な:「1968年の革命」史論』, 作品社 2003 참고.

16 重信房子「国際主義に目覚めて」, 三浦俊一 編『追想にあらず: 1969年からのメッセージ』, 講談社 2019, 214~15면.

진적으로 추구하려는 그룹 주도의 정파였다. 하지만 적군파 결성의 직접적 계기는 분트 내부의 노선 분열과 '우치게바'였다. 우치게바란 1960년대 후반 공산당 계열 청년 조직과 신좌파, 또한 신좌파 정파 사이에서 일어난 폭력 공격으로, 일본 학생운동을 분열과 자기붕괴로 이끈 주요 원인 중 하나로 평가된다. 적군파 결성 또한 이 우치게바에서 비롯했지만 제2차 분트의 붕괴를 초래했다.

1969년 4월 28일, 미일안보조약 자동 갱신을 저지하기 위해 오사카와 도쿄에서 분트를 포함한 신좌파 정파들이 대규모 시위를 전개했다. 같은 해 1월 도쿄대학 야스다강당 바리케이드 투쟁이 경찰의 대규모 작전으로 진압당한 이후 최대 규모의 투쟁이었다. 하지만 공안 당국은 계엄령에 가까운 태세로 대응하여 야스다강당 공방을 상회하는 인원이 체포되는 결과를 낳았다. 이미 야스다강당 공방으로 다수의 활동가가 체포된 바 있는 분트 내부에서는 지도부의 투쟁 노선을 놓고 격렬한 내분이 일어난다. 그런 가운데 이 국면을 더욱 과격하고 급진적인 무장투쟁으로 돌파하려는 시오미 다카야(塩見考也)의 그룹이 "전단계 무장봉기" 노선을 주장하면서 전국 지부에 자파의 문건을 회람토록 했다. 이로써 분트 본부와 급진파 사이의 논쟁이 폭력 사태로 나아간다. 7월 6일 시오미를 중심으로 한 급진파가 당시 메이지대학에 머물던 분트 위원장 사라기 도쿠지(さらぎ徳二)를 습격하여 린치를 가해 중상을 입힌다. 이를 계기로 경찰이 메이지대학에 난입하여 지명수배 중이었던 사라기 의장을 체포하여 제2차 분트는 사실상 와

해된다. 이것이 일본 신좌파 운동을 이끈 전위당 분트 붕괴의 순간이자, 무장급진파 적군파가 탄생하는 순간이었다.

적군파는 분트 개혁이 좌절되었다는 무장급진파의 판단에 따라 결성된 조직이었다. 이들의 기본 노선은 체 게바라의 게릴라 전쟁과 1968년의 국제 반전집회에서 확인된 국제주의였다. 이를 담당하고 수행할 수 있는 일본의 주체 형성을 위해 적군파는 해외에 근거지를 만들어 군사훈련을 거듭한 후 일본으로 귀국하여 전단계 혁명을 일으키려 했다. 세계동시혁명의 정세를 창출하기 위해 선진 자본주의 지역에서 제3세계 혁명과 공명하는 봉기를 일으키고자 했던 것이다. 이를 위해 적군파 의장 시오미 다카야의 지도 아래 적군파는 일본 국내에서 스스로가 '전쟁'이라 부른 투쟁을 전개한다. '오사카 전쟁'과 '도쿄 전쟁'을 통해 경찰서 폭파를 시도했고, '다이보사츠(大菩薩)' 고개에 베이스캠프를 차려 군사훈련을 전개했다. 하지만 '전쟁'과 '훈련'은 모두 경찰에 진압 혹은 사전 발각되어 적군파는 괴멸상태에 이른다. 시게노부 후사코의 회상대로 "혁명을 향한 주관적 낭만"[17]에서 비롯된 "군사 놀이(軍事ごっこ)"[18]는 조직된 폭력은커녕 '진지한' 정치 문제로도 간주되지 못한 셈이다.

요도호 납치는 이런 상황에서 기획되고 실행된 작전이었다. 지도부가 대부분 검거되고 조직이 사실상 해체된 상황에서 살아남

17 重信房子「国際主義に目覚めて」, 232면.

18 이는 당시 신문 보도에서 적군파를 희화화하면서 묘사하던 표현이다. '장난(ごっこ)'이란 표현에서 알 수 있듯이 당시 이미 이들의 무장노선은 '진지한' 혁명 노선이 아니라 유아적이고 철없는 행동으로 프레임화되었던 셈이다.

은 소수의 적군파는 팔레스타인과 북한으로 향했던 것이다. 요도호 납치 사건의 주모자 중 한 사람인 고니시 다카히로(小西隆裕)는 다음과 같이 회상한다.

> 가을 무장봉기를 위한 군사훈련과 국제근거지 건설을 위해 조선으로 간다. 방법은 하이재킹. 이전부터 '국제근거지'의 후보로 거론된 곳은 쿠바였다. 배로 어떻게 갈 건지 논의가 분분했다. 하지만 쿠바가 거절하면서 가깝고 좋은 나라란 이유에서 조선을 추천했다고 한다. (…) 조선이란 나라를 잘 몰랐다. 하지만 일본에서 나쁘게 이야기하는 나라니 우리에게는 가장 좋은 나라일지 모른다는 생각이 들었다. 그렇게 생각하니 큰 의의를 느낄 수 있었다. 하이재킹은 단순한 도항 수단이 아니다. 그것 자체가 투쟁이며 최고의 프로파간다였기 때문이다.[19]

그리하여 1970년 3월 31일, 도쿄 하네다를 이륙하여 후쿠오카를 향해 이륙한 요도호 납치가 실행된다. 탑승검문이 느슨했던 당시 요도호에 일본도(日本刀), 권총, 수류탄(모두 모조품이었다)으로 무장한 일군의 젊은이들이 탑승한다. 이륙 직후 안전벨트 해제 사인이 뜨자 이들은 조종석으로 난입하여 선체를 평양으로 돌릴 것을 요구한다. 이후 4월 3일 평양 도착까지 이들은 요도호를 납치한 채 일본과 한국 정부 그리고 북한 당국과 교섭하면서 작전을 수행한다. 이렇듯 요도호 납치 사건은 궁지에 몰린 적

---

19 小西隆裕「ハイジャック闘争を総括する」, 三浦俊一 編『追想にあらず: 1969年からのメッセージ』, 50~51면.

군파가 혁명 수행과 조직 수호를 위해 감행한 사건이었다. 그 기획과 실행은 놀라울 정도로 치밀하지 못한 것이었다. 최종 목적지 북한에 대한 정보는 전무한 상태였고, 분단 상황의 한반도와 냉전체제 아래의 동아시아라는 국제정치적 감각도 둔하기 그지없었기 때문이다. 그리고 그들의 무지는 스스로의 행위가 동아시아 냉전체제의 문화정치 속에서 어떻게 전유될 운명인지에 대한 무지로 이어졌다. 그들의 혁명적 낭만은 냉전과 미디어 스펙터클 속에서 유아적 놀이로 희화화되거나 지하에서 모의된 범죄로 표상될 뿐이었기 때문이다.

비밀과 음모로 점철된 혁명

일본공산당의 무장투쟁 노선을 배경으로 한 '화염병 투쟁'이 파괴활동방지법 제정으로 이어진 1952년, 일본 정부는 법무부 산하 특별심사국을 공안조사청(公安調査庁)으로 독립시켜 과격한 정치활동에 대한 정보 수집·관찰·단속을 체계적으로 전개한다. 하지만 이것은 공안 행정의 본격적 개시를 알리는 것이 아니라, GHQ 통치 아래 추진된 이른바 '레드 퍼지' 체제를 쇄신하는 일이었다. 또한 GHQ의 레드 퍼지가 일본 정부와의 긴밀한 협력 아래 이뤄진 것임을 감안할 때, 공안조사청을 비롯한 1952년 이후의 공안 행정은 패전 전의 치안유지법 체제를 계승하는 것이었음을 알 수 있다. 패전 직후 일본 정부는 GHQ의 지령으로 치안유지법을 즉시 폐지하지만, 천황제 국체에서 반공과 자유민주주의로 지켜야 할 대상이 바뀌었을 뿐 반체제 인사나 조직에 대한 추적과 단속과 탄압은 치안유지법 아래의 통제 방법이 고스란히 이어졌기 때문이다.[20]

이런 당국의 탄압과 맞물리면서, 냉전체제가 혁명정치의 진리와 정의를 스파이 서사라는 프레임으로 미디어 스펙터클화한 것은 이미 앞 장에서 살펴본 바 있다. 1950년대 후반, 공산당을 탈당하고 새로운 전위정당 분트 결성을 주도한 시마 시게오가 (앞서 인용한 대로) "음습한 공산당 내부 투쟁에서 해방되어 공공연하게 스스로의 주장을 펼칠 자유를 선택"한 것은 이런 맥락에서다. 물론 시마는 일본공산당에 대해 어디까지나 정치 이념의 수준에서 비판하고 대립했다. 하지만 시마가 일본공산당 내부에서의 이념 투쟁을 포기하고 당을 버리기로 결정한 까닭 중 하나가 '음습한' 분위기를 감지했기 때문임을 부정하기는 어렵다. 그에게 일본공산당은 이미 관료주의와 비밀주의에 침윤되어 있었고, 그는 당 중심에 '통치의 비밀'이 자리하고 있음을 감지한 것이다. 그래서 시마는 분트를 기성 공산당과의 대비 아래 "축축한 파벌 싸움이 난무하는 정치적 거래가 아니라, 태양 아래 대중운동이라는 용광로 속에서 통 큰 가혹함을 겪으며 단련되어야" 한다고 했던 것이다.[21]

---

20 치안유지법과 패전 후 GHQ '인권지령' 사이의 연속과 단절에 대해서는 明神勲『戦後史の汚点レッド·パージ: GHQの指示という「神話」を検証する』, 大月書店 2013, 89~106면.
21 島成郎『ブント私史』, 64면.

그런 의미에서 일본공산당을 위시한 기성 공산주의는 1950년대 이래 두 관점의 교차점 속에서 전유되고 있었다. 한 편에서 공산주의는 정치적 이념이 아니라 비밀과 음모를 획책하는 음험한 집단이었고, 다른 한 편에서 공산당은 국가 통치와 유사한 관료주의에 침윤된 조직이었다. 분트는 이런 측면에서 보자면 절대주의 국가에 대항한 프리메이슨과 일루미나티의 반복으로 보일지 모른다. 기성 공산당을 포함하여 당대의 정치를 통치의 비밀이란 맥락에서 비판했기 때문이다. 1959년 전학련 장악 뒤 최초의 기자회견에서 "천진난만하게 파업과 데모를 하겠다"고 표명한 까닭이다.[22] 이 기자회견 이후 분트는 "빨간 태양족"이라 불리며 화제를 불러 모았으며, 시마의 말대로 기성 공산주의에서는 볼 수 없었던 "새로운 흐름"이었는지도 모른다.[23] 하지만 공개성과 투명성을 지향한 분트는 1년 남짓한 활동 이후 해체를 맞이한다. 분파 간의 분열과 관료주의 때문이었다. 이후 신좌파의 여러 조직은 거듭되는 내부 분열과 상호 대립 속에서 더욱더 비밀을 증폭시켜 나간다. 그리하여 신좌파는 혁명의 대의를 공개적으로 알리고 정치이념 차원의 투쟁을 전개하기는커녕, 공안 조직과의 쫓고 쫓기는 추격전과 상대 정파와의 우치게바에 전념하게 된다. 물론 이들이 전개했던 나리타 투쟁 등 국가와 자본의 폭력에 대항한 여러 투쟁을 폄훼하자는 것이 아니다. 중요한 점은 그러한 투쟁이 비밀과 음모

---

22 같은 책 84면.

23 이시하라 신타로(石原愼太郎)의 소설 『태양의 계절(太陽の季節)』에서 유래한 '태양족'이란 용어는 패전 후의 경제발전 속에서 자유분방한 문화를 향유한 부르주아 계층의 젊은이들을 말한다.

서사를 통해 내부로부터 형해화하고 있었다는 사실이다.

1968년 이후 전학공투회의(全学共闘会議, 전공투)를 필두로 한 '무당파 급진운동'(non sect radical)이 등장한 것은 이 때문이다. 전공투의 등장은 우치게바·린치·프락치로 점철된 신좌파 운동에 대한 염증에서 비롯된 것이다. 기성 정파에 속하지 않고 '자기부정'이란 슬로건 아래 권력과 직접적으로 맞서는 것이 이들의 원칙이었다. 그것은 역사철학에 기초한 정치 이념이라기보다는, 신체적 감각에서 비롯되는 저항의식의 발로였던 것이다. 미래를 위한 청사진이나 현단계 자본주의의 성격 따위를 따지면서 진리를 논하고 싸우는 것이 아니라, 자신이 소속된 대학이나 직장을 점거함으로써 권력의 공백지대를 만들어내는 것이 이들의 행동이었기에 그렇다.[24] 그러나 이들의 직접행동이 1969년 1월, 도쿄대학 야스다강당 공방으로 막을 내린 이후 혁명정치는 이제 미디어 스펙터클 속으로 결정적인 좌표 이동을 경험한다. 아니 실시간으로 보도된 야스다강당 공방 자체가 이미 완성이자 시작이었는지 모른다. 뒤이은 요도호 납치 사건과 1972년의 연합적군파 '아사마 산장 사건'[25]을 통해 신좌파는 미디어 활극 속에서 테러와 광신도 집단으로 실시간 스펙트클화하면서 시각적이고 감각적인

---

24 小阪修平『思想としての全共闘世代』, ちくま新書 2006 참고.

25 괴멸상태인 적군파 잔존 활동가와 '게이힌 안보공투(京浜安保共闘)'가 연합하여 만든 조직으로, 1972년 일본 중부 산악지대 아사마산의 한 산장에서 군사훈련을 벌이는 도중 사상개조를 이유로 동지를 린치하여 살해한 사건이다. 이들의 사회심리학에 대한 분석으로는 파트리샤 스타인호프 『적군파: 내부 폭력의 사회심리학』, 임은정 옮김, 교양인 2013 참고.

소비 대상으로 전락하기 때문이다.

연합적군파의 경찰과의 충격이 실시간으로 보도되어 테러와 광신도 집단이란 표상이 자리 잡은 같은 해 말, 일본 소년들은 새로 방영된 애니메이션에 열광했다. 광학기술의 완성을 통해 세계정복을 꿈꾸는 '닥터 헬'을 빌런으로 내세운 「마징가Z」였다. 여기서 광학기술이 원자력 기술의 알레고리임은 누구나가 감지할 수 있는 사실이었고, 주인공 가부토 고지는 광학기술로 만든 마징가Z를 조종하여 닥터 헬의 군단에 맞서 세계를 지킨다. 여기서 가부토 고지가 원자력의 평화적 이용이라는 패전 후 일본의 정책방향을 상징하는 존재임은 말할 필요도 없다. 그 평화로운 기술을 탈취하여 세계정복을 꿈꾸는 닥터 헬은 삐뚤어진 과학자로, 국가와 자본에 의해 스스로의 능력을 인정받지 못하고 추방당한 과학자로 그려진다. "인류는 결단하지 못한다"며 현 체제를 비웃는 닥터 헬의 존재는 자연스레 당대 반체제 세력과 중첩된다. 그런 그가 비밀군단을 조직하여 기습공격과 기술탈취를 일삼는 것은 우연이 아니다. 이 애니메이션은 육중한 로봇들의 '화려한' 액션을 매회 클라이맥스로 삼지만, 서사를 움직이는 것은 닥터 헬 군단이 기업이나 정부기구를 공격함으로써 최첨단 과학기술 정보를 빼돌리려는 비밀스러운 음모이기 때문이다.

요도호 납치 사건은 혁명정치에 대한 이런 프레임 전환 속에서 일어난 일이었다. 그것은 패전 직후부터 일본에 유입되기 시작하는 할리우드 영화, 코카콜라, 로큰롤 등을 앞세운 미국의 문화냉전이 벌인 지구전의 결과이기도 했다. 제임스 본드의 세련된 매너와 태도 저편에 음흉하고 을씨년스러운 '빌런'이 있다. 최신 유행하는 슈트를 몸에 두른 본드의 무기는 최첨단 기술이 응축된 것이며, 그의 헤어스타일과 유머는 어떤 상황에서도 흐트러지는 법이 없다. 그렇게 체제는 멋과 청결을 장착하면서 선망을 끌어모은다. 아마도 질투나 시기, 아니면 반사회적 광기일 것이다. 체제에 대항하는 것은 말이다. 여기에 가부토 고지의 순진무구한 정의감이 추가된다. 이 지점에 오면 빌런은 증오심으로 가득 찬 사이코패스의 혐의가 짙어진다. 요도호 납치 사건에 대한 담론은 이러한 문화정치의 지구전을 북한이란 행선지를 무대장치로 삼아 반복한 것이었다.

시민의 의혹과 혁명의 형해화

요도호 납치 사건의 당사자 중 한명인 고니시의 회상을 따라, 1970년 3월 31일 후쿠오카에서 김포공항까지의 비행을 정리해보자.

요도호는 후쿠오카를 출발한 뒤 김포공항에 나흘 머문 뒤 평양으로 향한다. 고도를 높인 기체에서는 한반도의 동쪽 해안선이 한눈에 들어왔다. 요도호는 해안선을 따라 북상 중이었음을 확인할 수 있었던 것이다. 조종실에 난입한 고니시 다카히로에게 기장은 계기를 보여주면서 38도선을 지나는 중임을 알렸다. 이때 요도호 오른쪽 아래에서 전투기가 다가왔다. 국가 표식이 없고 조종석에는 백인이 앉아 있었다. 조종사는 끊임없이 왼쪽으로 선회할 것을 수신호로 알렸다. 고니시는 어리둥절할 뿐 어느 나라의 전투기가 어떤 이유로 요도호에 다가왔는지 알 수 없었다.

그때 관제탑과 통신이 시작됐다. 조종사는 계속 평양, 평양,이라고 말했고 관제탑에서는 상륙 허가가 떨어졌다. 요도호는 선체를 좌선회하여 서쪽으로 방향을 바꾸었다. 고니시는 이때부터 의심하기 시작했다. 아래로 보이는 논밭의 경계가 모두 구불구불했기 때문이다. 전형적인 자영농의 논밭이었다. 사회주의의 집단농업에서는 볼 수 없는 형태였던 것이다. 그러는 사이에 요도호는 공항에 착륙했고, 주위에 환영 인파가 몰려왔다. 우두머리로 보이는 사람이 일본어로 '환영합니다'하며 다가왔고, 기장은 이제 왔으니 내리라 했다. 고니시는 조종석 밖으로 머리를 내밀고 바로 아래에 있던 군인에게 영어로 물어봤다. "히어 서울?" 군인은 얼떨결에 "예스 서울"이라 한 뒤 즉각 "노노 평양, 평양" 하며 말을 주워 담으려 했으나 이미 컵은 엎어진 뒤였다. 지루한 한국 정부와의 협상이 시작되는 순간이었다.[26]

이후의 전개는 익히 알려진 바와 같다. 한국 정부가 협박과 회유와 설득을 통해 평양에는 보낼 수 없다고 버티는 한편에서, 일본 정부는 운수성 차관 야마무로 신지로(山村新治郎)를 파견하여 사태 수습에 나섰다. 평양행을 절대 허용할 수 없다는 한국 정부의 고집스런 입장에도 결국 요도호는 평양으로 향하는 것으로 결정되었다. 야마무로 차관이 승객들을 대신해 인질로 평양에 동

26 小西隆祐,「ハイジャック闘争を総括する」, 56~57면.

행하는 것을 조건으로 말이다. 요도호는 일본 국내 여객기이기에 승객이 한국에 입국할 수 없었다. 국내 여객기 승객은 국내에서의 이착륙만이 허가되기 때문이다. 따라서 승객은 모두 김포공항 활주로 위에서 일본 정부가 마련한 특별기에 탑승해야만 했다. 그렇게 활주로 위에서 야마무로 차관과 승객의 교환이 끝나고 요도호는 평양으로 향했다. 북쪽으로 바로 가는 항로가 아니라 동해 쪽 공해로 일단 나간 뒤 북한 영공으로 진입하는 방식이었다. 한국 영공에서 북한 영공으로 직접 항해하는 것은 한국 정부 입장에서 결코 용납할 수 없었다. 그것은 월북에 해당하는 행위였기 때문이다. 요도호는 어디까지나 공해에서 북한 영공으로 진입한 일본 국적기여야만 했던 셈이다.

우여곡절을 거쳐 요도호는 평양에 도착하여 야마무로 차관 및 승무원은 일본으로 귀국한다. 이후 적군파 요도호 그룹의 북한 생활이 시작되었다. 당초 이들은 북한 측에 군사훈련을 희망한다고 했으나 받아들여지지 않았고 사상 학습만이 허용되었다. 북한은 이들에게 북한의 사회주의혁명사 등을 강의하는 강사를 붙여주었고, 요도호 그룹과 강사 사이에 연일 열띤 토론이 벌어졌다. 고니시의 회상을 다시 들어보자.

논쟁에서 조선 측의 참여자들은 노동현장이나 군대생활을 경험한 소박하고 강건한 사람들이었다. 말 하나하나가 스스로의 생활이나 체험에 뿌리내리고 있어 흔들림이 없었다. "세계혁명이냐 일국혁명이냐"라는 논의에서도 "세계혁명은 좋지만 '세계혁명이 끝나지 않으면

> 자국의 혁명이 끝나지 않는다'고 자국민에게 말할 것이냐? 그것보다 '자국의 혁명은 우리 손으로, 그리고 세계혁명을 이뤄내자'고 말하는 것이 얼마나 인민의 힘이 될까 생각해보았는가?"라고 우리에게 되물었다. 이렇게 논쟁을 지속하는 과정에서 결정적이었던 것은 우리 자신의 투쟁이 처한 현실이었다. 하이재킹으로 강화될 국내 조직이 적의 강력한 탄압으로 견딜 수 없게 되었다는 사실 말이다. 하이재킹의 의미 자체가 토대에서 무너져 내리는 현실과 직면해서 우리는 적군파의 이론과 노선을 근본에서 다시 볼 수밖에 없었다. 답은 명백했다. 우리는 '인민을 위해서'라 하면서 인민에 의거하지 않았고, 인민이라는 큰 바다에서 뛰쳐나온 물고기에 지나지 않았기 때문이다.[27]

이후 고니시는 적군파의 노선을 관념과 혁명적 낭만으로 가득했다고 회고하면서, 적군파의 혁명주체가 구체적 현실의 '일본 인민'이 아니었다고 자기비판을 전개한다. 그 뒤 요도호 그룹은 '일본주체의 입장' '인간주의의 관점' '진정한 민주주의의 실현'이라는 세가지 관점을 토대로 기관지 『일본을 생각한다』를 간행하면서 일본의 현실에 입각한 혁명을 구상해나가게 된다. 이는 세계동시혁명과 국제주의를 중심으로 한 적군파 노선의 근본적 폐기라 할 수 있다. 이런 입장 전환은 요도호 그룹뿐 아니라 팔레스타인으로 가서 일본 적군파를 결성한 이들에게서도 볼 수 있는 것이다.

---

27 같은 글, 63면.

> 민족주의와 국제주의는 여기 팔레스타인에서 동의어로 이어져 있다. 그리고 팔레스타인에서의 무장투쟁은 조국을 해방한다는 인민 스스로의 불가분한 전략 실현의 길이며, 그것은 또 일상적으로 인민의 생활을 지키는 '생존 투쟁'이기도 하다. 그런데 우리가 일본에서 했던 '무장투쟁'을 생각해보면 인민은커녕 진보적인 친구들의 협력조차도 얻지 못한 것이었다. (…) 팔레스타인 혁명을 보면서 자각한 것은 '자기 변혁 없이 세계 변혁은 없다'는 당연한 진리였다.[28]

이런 인식의 변화는 1988년 요도호 그룹 리더인 다미야 다카마로(田宮高麿)의 『우리 사상의 혁명』에서 이미 표명된 바 있었다. 이 책에서 다미야는 북한에서 보낸 18년을 총괄하면서 적군파 노선의 관념성을 스스로 비판하며 인민의 주체성에 입각한 혁명 노선을 천명했기 때문이다.[29] 그러나 이런 다미야의 입장을 위시해 요도호 그룹의 입장 선회는 "북한 당국의 세뇌"에 의한 것이라 여겨져왔다. 특히 2002년 북한에 의한 일본인 납치 사건이 불거져 요도호 그룹이 유럽 등지에서 납치를 실행했던 범인이라 지목되면서부터는 기정사실로 받아들여졌다.[30] 북한에 의한 일본인 납

---

28 重信房子「国際主義に目覚めて」, 242~43면.

29 다미야 다까마로『우리사상의 혁명』(1988), 코리아미디어 2005.

30 西岡力『横田めぐみさんたちを取り戻すのは今しかない』, PHP研究所 2015, 4장 참고. 또한 요도호 그룹과 납치 사건을 연결시킨 음모론적 저작으로 NHK報道局「よど号と拉致」取材班『よど号と拉致』, NHK出版 2004 참고. 이 책은 NHK의 스페셜 다큐멘터리를 단행본으로 묶은 것으로 큰 반향을 일으켰다. 북한 정보기관이 북한 체제에 물든 요도호 그룹을 이용하여 일본인 납치를 실행했다는 내용을 다양한 정황 증거를 통해 그려내고 있는데, 다큐멘터리를 끌고 가는 기본적인 서사는 북한의 정보기관이 비밀리에 일본인 납치라는 음모를 꾸미는 범죄 집단이란 규정으로 시종일관한다. 이런 서사와 표상이 일

치 사건은 2001년의 9·11 테러와 맞물려 일본 내 북한 표상을 획기적으로 변화시킨 커다란 계기였다. 이후 공안조사청과 경시청의 테러 관련 정보 보고서는 모두 요도호 그룹과 납치 사건의 연루를 기정사실화하고 있으며,[31] 북한은 테러 지원국으로 간주되고 있다. 그리고 공안조사청의 문건에서는 미국 국무성 「테러리즘 국가별 보고서」를 들어 국제수배범인 요도호 납치 그룹을 보호하고 있다는 점이 북한을 테러 지원국으로 지목한 이유 중 하나임을 강조한다. 함의는 명료하다. 북한과 테러, 테러와 요도호 그룹을 잇는 서사가 정보기관에 의해 설파되고 있는 것이다. 요도호 납치 사건이 앞서 살펴본 비밀과 음모의 서사 속에서 담론화되는 것은 이런 배경에서다.

이제 서사의 기본 틀 아래 이야기는 증폭된다. 1970년 4월 3일 당시 요도호 탑승객 중 미국인 한 사람이 김포공항에서 사라졌다. 이는 명백히 항공법과 관련된 국제협약 위반으로 결코 있을 수 없는 일이었다. 의심과 추측은 서사와 연결된다. 내린 미국인이 CIA 요원이며 미국은 이 때문에 요도호의 평양행을 필사적으로 막았다는 것이다.[32] 이는 곧바로 당시 일본 언론들의 순진한 대응을 질책하는 데로 이어진다. 당시 일본 언론들의 보도 방향

본에서의 북한 이해에서 주류임을 부인하기는 어려울 것이다.

31 公安調査庁『国際テロリズムの要覧2021』, www.moj.go.jp/psia/ITH(2021.10.21. 방문) 및 警察庁HP, www.npa.go.jp/archive/keibi/syouten/syouten271/japanese/0302.html(2021.10.21. 방문) 참고.

32 島田滋敏『「よど号」事件最後の謎を解く: 対策本部事務局長の回想』, 草思社文庫 2016, 201~208면.

은 승객들을 위해 곧바로 평양으로 보내 요도호 그룹을 내린 후 귀국하는 것이 인도주의적 조치라는 것이었다. CIA가 관여했다는 음모론은 이런 태도를 조소하면서 비판한다. 당대 일본 언론의 인식이 얼마나 무사태평한 것인지를 나무라면서 말이다. 이 음모론에 따르면 요도호 납치 사건은 미국·일본·한국 그리고 북한이 엮인 동아시아 냉전의 전개 그 자체였으며, 그것은 미국의 정보를 캐치하고 한국과 북한 정부의 동향을 캐치하는 발 빠른 정보전을 응축한 사건이었다는 것이다. 그럼에도 일본 언론은 이러한 냉전의 실상에 무지한 채 인도주의나 평화만을 앵무새처럼 되풀이했다는 지적이었던 셈이다.[33]

이런 음모론이 얼마만큼의 진실을 담고 있는지는 여기서의 관심이 아니다. 중요한 점은 이런 종류의 담론이 요도호 그룹을 철저하게 정보전과 음모론의 프레임 안에 가두면서 그들의 정치 이념을 망각을 넘어 무의미한 것으로 전제한다는 사실이다. 이들의 정치 이념이 아무리 자기비판을 통해 새로운 미래를 향한 전망을 발신하더라도,[34] 그것이 향하는 '일본 인민'은 공안 조직의 발표와 미디어의 프레임 탓에 이념과 전망을 정면에서 받아들이기 어려운 조건에 처하게 된다. 일본 시민이 모두 당국에 세뇌당했다는 의미가 아니다. 그들의 이념과 전망을 비판적으로 가늠하고

33 같은 책 246~56면.

34 요도호 그룹은 자신들의 정치 이념을 널리 알리기 위해 지금도 홈페이지 등을 통해 활동 중이다. 이들의 현재 사상과 활동에 대해서는 www.yodogo-nihonjinmura.com(2023.10.21. 방문) 참고.

토론에 나서는 시민들도 다수 존재하기 때문이다.[35] 문제는 이념과 전망을 이념과 전망으로서 받아들이는 시민들까지 포함하여, 이들의 존재와 주장을 음모론 속에서 가늠해야 한다는 근원적 조건이다. 공안 조직과 미디어가 나서서 오랫동안 만들어낸 프레임은 이념과 전망을 정치적으로 받아들이기 위해 음모론을 부정해야 한다는 조건을 만들어내기 때문이다. 다시 말해 이들의 주장은 일본의 자본주의와 민주주의를 중심으로 논의되기 이전에, 비밀과 테러와 음모라는 프레임을 거쳐야만 하는 것이다. 이제 이런 혁명이 처한 조건이 북한이란 무대장치를 전제로 마련됨을 간략하게 살펴보면서 논의를 마무리하겠다.

북한이라는 무대장치

혁명의 이념과 전망이 정보전과 음모론을 거쳐야만 한다는 조건을 만들어내는 일, 그것이 냉전 이후 오랫동안 대항권력에 대처해온 자본주의 체제의 공안 통치 방식이었다. 혁명은 조목조목 반박될 필요가 없다. 혹은 혁명이 비밀리에 음모를 꾸민다는 사실도 증명될 필요가 없다. 그저 혁명이 음모론의 프레임을 통과해야 된다는 조건을 만드는 것이 중요하기 때문이다. 요도호 그룹과 관련한 음모론에 공적 확신을 주는 것은 일본의 공안조사청

35 홈페이지와 트위터 등의 대화에서 확인할 수 있다.

과 경찰청을 필두로 한 공안 조직인데, 정작 이들 조직은 국가기밀을 구실로 이 모든 음모론의 진실 여부를 확인해주는 일이 없었다. 요도호 그룹의 남성들은 1970년대와 1980년대 북한을 방문한 일본인 여성들과 결혼하여 가족을 이루게 된다. 2001년 배우자 중 한 사람이었던 야오 메구미(八尾恵)가 일본으로 귀국하여 경시청 조사를 받은 후, 자신이 일본인 납치에 관여했다는 증언을 하게 된다. TV아사히는 이 증언을 바탕으로 「전처의 증언(元妻の証言)」이란 다큐멘터리를 제작하여 야오가 납치에 관여했다는 '뉘앙스'로 보도했다. 이후 야오는 2002년 『사죄합니다(謝罪します)』라는 책을 발간하면서 납치 사건에 대한 관여를 기정사실화하기에 이른다.

하지만 이에 대한 당국의 확실한 답변은 여전히 없다. 2002년 3월 20일 일본 국회 참의원 외교방위위원회는 경찰청에 야오의 자백과 납치 사건 수사의 진전에 대해 답변을 요구한다. 당시 경찰청 경비국장은 "우리는 아직 시효가 안됐다는 입장에서 수사를 진행하고 있다"고 답변했지만, 야오 자신은 기소도 체포도 되지 않았다. 2013년 183회 참의원 의원 아리타 요시오(有田芳生)가 요도호 그룹과 납치 사건의 연관성에 대해 질문했지만 참의원을 통한 정부질의에 구체적인 답변은 없었다. 2014년의 중의원 예산위원회에서도 마찬가지 일이 반복되었다. 아리타 요시오 의원의 질의에 당시 외무장관 기시다 후미오(岸田文雄)는 다음과 같이 답했다.

질문하신 '테러 지원단체'가 무엇을 의미하는지 명백하지는 않습니다. 이 사건의 실행범은 혁명을 일으킨다는 목적을 달성하기 위해 북조선 등 '국제근거지'에 보낸 활동가에게 군사훈련을 받게 한 뒤 우리나라에서 다른 활동가와 함께 무장봉기를 실행한다는 구상으로 하이재킹을 실행한 테러리스트입니다. (…) 문제는 이 카드를 얼마나 쓸 수 있을지의 문제입니다. 핵 문제도 그렇고 납치 문제에서도 어느 정도 쓸 수 있을지가 중요합니다. 일본이 이 카드를 더 쓸 수 있지 않을까 하는 의견인 것입니다. 보다 긴밀한 협의를 해나가겠습니다.[36]

여기서 말하는 카드란 미국이 북한을 테러 지원단체로 지목한 일을 뜻한다. 북한과의 협상에서 그것을 카드로 쓸 수 있지 않을까 미국이 일본에게 메시지를 주고 있다는 것이다. 외무장관으로서 외교를 위해 여러 사안을 협상 카드로 삼는 것은 당연한 일이다. 하지만 중요한 점은 외무장관이 요도호 그룹과 납치 사건의 연관성을 묻는 질문에 연관성 자체의 확인이 아니라 사안을 협상 카드로 간주한다는 답변을 했다는 점이다. 게다가 미국이 주장하는 테러 지원단체가 무엇을 의미하는지도 명백하지 않은 상황에서 말이다. 서사는 이런 틈새를 타고 증폭된다. 기시다 장관이 단언하듯 요도호 그룹은 테러리스트, 그것도 북한이 보호하는 테러리스트다. 이들이 말하는 혁명의 주장은 자본주의를 옹호하거나 부르주아 정치 이념과 대립하지 않는다. 북한이라는 무대장치

---

36 三浦俊一「拉致問題と〈よど号〉」, 三浦俊一 編『追想にあらず: 1969年からのメッセージ』, 210면.

가 음습하게 설치된 비밀과 음모와 테러의 스펙터클 속에서, 이들의 이념은 논리적 반박이 아니라 심리적 의혹과 싸워야 하기 때문이다.

이렇게 혁명의 진리는 형해화된다. 체제의 억압이 아니라 시민의 의혹과 싸워야 할 때 요도호 그룹의 혁명은 스스로의 무기를 박탈당한다. 그러나 그들에게 구원의 길은 없어 보인다. 그들의 투명성과 진실성은 북한이라는 무대장치 앞에서 결코 증명될 수 없기 때문에 그렇다. 북한이 실제로 테러 지원을 했는지, 납치를 했는지, 비밀스러운 음모를 일삼는지를 가늠하는 것은 중요치 않다. 문제는 북한을 계속해서 정보와 외교의 테두리 안에 가둬두는 부르주아 체제의 연출이다. 그리고 협상의 난해함과 불가능함이 정보 부족과 비밀 통치 탓임을 끊임없이 환기시키는 일이다. 즉 북한에 대한 실제 앎이 부족하고 부정확할수록 부르주아 체제는 안정적으로 영속화할 수 있는 것이다.

물론 체제 내부의 다른 요인으로 위기를 맞이할 수도 있을지 모른다. 하지만 적어도 혁명이라는 대항권력이 힘을 얻을 가능성은 지극히 작다. 북한이 여전히 혁명을 내세우는 한, 혁명은 시민의 의혹이라는 늪에 빠져버릴 것이기에 그렇다. 요도호 납치 사건과 이후의 담론들은 부르주아 체제가 전개한 이 장대한 지구전을 증좌한다. 그런 의미에서 진정한 대장정은 프롤레타리아혁명이 아니라 부르주아 체제의 전유물일지도 모르겠다. 그 많던 파르티잔 모두를 지하 베이스에 숨어 있는 빌런의 부하라는 의혹에서 자유롭지 못하게 만든 것이 부르주아 체제의 집요한 문화정치

이자 정보전이었으니 말이다.

마오의 대장정은 이렇게 적들의 손으로 지속되고 있다. 적을 인민의 바다에 빠뜨리라는 마오의 명령은 거꾸로 마오를 비롯한 혁명가들을 인민의 바다에 빠뜨리고 말았다. 혁명가들은 인민의 의혹이라는 헤어나올 수 없는 깊은 바다에서 허우적대고 있는 것이다. 구조의 길이 있을까? 아마 바다에서 건져낼 수는 없을 것이다. 이제 보편주의와 식민주의의 중첩을 문제화하는 정치는 파도와 풍랑을 헤치며 인민의 바다를 항해하는 혁명의 선박으로는 수행 불가능하다. 그 정치는 바다에 빠진 채로, 난파당한 채로, 산산조각 난 선박의 파편을 붙잡고 살아남으려는 발버둥에 가까울 것이다. 표류하는 바다에서 물에 빠진 이들이 서로 손을 잡는 일, 그것이 난파한 해적들에게 얼마 남지 않은 생존의 길이다.

에필로그

양 떼, 늑대 무리 그리고 기민棄民

포스트 3·11의 사회 풍경에
대한 소묘

'결정적 국면'이란 그 이전과 이후의 사회제도 및 관습을 판이하게 변화시킨 역사의 변곡점을 뜻한다. 이 국면 속에서는 다양한 행위자의 상호 교섭, 우연한 결정, 그리고 행위의 예측 불가능한 귀결이 중첩되어 이후의 제도와 관습에 오랫동안 영향을 미치는 패러다임이 형성된다.[1] 이런 관점에서 보자면 2011년 3월 11일의 도호쿠 대지진과 후쿠시마 원전 사태는 결정적 국면임에 틀림없다. 글로벌한 차원에서 탈원전을 중심으로 하는 미래 에너지 정책의 새로운 패러다임을 추동했기 때문이다. 스리마일과 체르

1 '결정적 국면'에 관해서는 Giovanni Capoccia and R. Daniel Kelemen, "The Study of Critical Junctures: Theory, Narrative, and Counterfactuals in Historical Institutionalism," *World Politics* Vol.59, No.3 (Apr., 2007), 341~69면 참고. 사회과학 분야, 특히 다양한 영역의 비교연구에서는 이 개념을 통해 시대·지역·국가에 따른 서로 다른 발전 경로를 이론화하는 데 힘써왔다. 그 효시는 혁명이나 내란이 어떻게 국가나 지역에 따라 민주주의와 독재로 귀결되는 차이를 보였는지 규명한 배링턴 무어(Barrington Moore)의 1966년 저작 『독재와 민주주의의 사회적 기원』(진덕규 옮김, 까치 1990)을 들 수 있다.

노빌을 다시금 소환하면서 3·11 이후 글로벌 사회는 탈원전이라는 새로운 패러다임 아래 미래 에너지 정책을 입안하고 결정해나갈 수밖에 없다. 탈원전의 길 앞에서 주저하는 국가가 여전히 많다 하더라도 말이다. 그런 의미에서 3·11은 각 국가의 미래 에너지 정책이 어떻게 분기하는지의 변곡점이 되는 결정적 국면이었다고 할 수 있다.

그렇다면 일본 국내로 눈을 돌려보면 어떨까? 과연 3·11을 결정적 국면으로 자리매김할 수 있을까? 이를 가늠하기는 쉽지 않다. 물론 3·11을 그 이전과 이후의 제도 및 관습의 분기점으로 삼아 과거를 성찰하고 미래를 전망하는 기획은 다양하게 시도된 바 있다. 패전 후의 원전 개발과 전시기 과학기술정책 사이의 연속성[2], 도쿄전력을 중심으로 한 정·관·재계의 검은 카르텔[3], 오키나와와 후쿠시마라는 희생의 식민주의와 전후 일본 국가의 번영[4] 등에 대한 비판과 성찰은 3·11을 계기로 전후 일본뿐만 아니라 근대 일본의 발자취 자체를 근본에서 되묻는 시도였다. 메이지 이래의 근대화 정책, 전쟁과 식민지 지배, 그리고 패전 후의 경제성장이 서로 얽히면서 뿌리내린 일본 사회의 폐단을 후쿠시마 원전 사태 속에서 목도하고, 이 초유의 사태를 계기로 삼아 제도, 관습, 심성의 대대적 수술을 통해 새로운 미래의 패러다임을

---

2 山本義隆『近代日本一五〇年ー科学技術総力戦体制の破綻』, 岩波新書 2018.

3 志村嘉一郎『東電帝国ーその失敗の本質』, 文藝春秋 2011; 広瀬隆·明石昇二郎『原発の闇を暴く』, 集英社新書 2012.

4 高橋哲哉『犠牲のシステム 福島·沖縄』, 集英社新書 2012; 高橋哲哉·徐京植『奪われた野にも春は来るか』, 高文研 2015.

예견하고 제언했던 것이다.

일련의 제언과 뒤따르는 실천이 과연 3·11을 결정적 국면으로 삼아 새로운 패러다임을 형성했는지를 세세히 가늠하기는 어렵다. 하지만 "지진과 원전사고로부터 2년 지난 지금, 때는 다시 돌아와 봄이 왔다. 그런 엄청난 경험을 했음에도 이미 망각의 기운이 맴돌고 있다"[5]는 위기의식이 예견했듯 3·11로부터 10여년이 지난 현재, 역사의식 및 사회구조에 대한 반성에서 비롯된 새로운 패러다임의 징후는 좀처럼 감지하기 힘들다. 3·11은 국방, 에너지 정책, 지방자치의 영역에서 근본적인 변화를 이끌어내지 못했다는 리처드 새뮤얼스(Richard Samuels)의 지적을 염두에 둔다면,[6] 3·11 직후 시민들의 자발적 운동 속에서 고조된 개혁의 가능성[7]은 꽃을 피우지 못한 채 시들어버렸다는 인상이 드는 것도 그저 기우라고는 할 수는 없을 것이다.

감각적 증거는 거론하기가 벅찰 정도다. 탈원전을 뒤로한 채 어느새 9기의 원전이 재가동 중이고,[8] 정·관·재계의 검은 네트워크는 3·11 이후 재집권한 자민당 정권 아래 일소되었기는커녕 굳건함을 일련의 정치 스캔들이 보여준 바 있다. 또한 후쿠시마와

---

5 高橋哲哉·徐京植『奪われた野にも春は来るか』, 13면.

6 Richard J. Samuels『3·11 震災は日本を変えたのか』, 英治出版 2016. 저명한 일본학 연구자인 저자는 이 책에서 방대한 자료의 검토를 통해 3·11 이후 뚜렷한 변화는커녕 오히려 기존 질서가 더욱 공고해졌다는 결론을 내린다.

7 이에 관해서는 김항「계몽의 한계와 대중지성의 전개: 3·11 이후 일본 지식사회의 지형 변화」,『창작과비평』2012년 여름호 참고.

8 일본의 원전 현황에 관해서는 www.nippon.com/ja/japan-data/h00967 참고(2021.10.12. 방문).

오키나와에 대한 탈식민주의적 비판을 비웃듯 일본과 주변 국가들의 관계는 혐한·혐중 및 자이니치 공격의 전면화로 점철되었다. 일상적으로 접하는 일본 관련 보도를 통해서만 보면 3·11은 결정적 국면이라기보다는 패전 후 공개적으로는 표명하기 어려웠던 마음과 행태가 노골적으로 표면화된 계기인 것처럼 보인다 해도 과언이 아닌 셈이다. 패전 후 일본에서 3·11 이후처럼 정치가나 기업가뿐만 아니라 일반 시민들이 조직적으로 '역사부정'(historical denial)에 나선 적은 없고, 공문서 위조나 부정 정치자금 사건을 저토록 뻔뻔하고 고압적으로 돌파한 일은 없기 때문이다.[9]

이러한 3·11 이후의 전개를 어떻게 평가할 것인가? 3·11은 새로운 미래를 향한 결정적 국면이기는커녕 노골적인 부패와 타자 혐오가 분출하는 퇴보의 변곡점이었던가? 이에 대한 총체적인 평가나 세세한 분석은 아래에서의 과제가 아니다. 총체적으로 평가하기에 10년 남짓은 성급한 시간이기에 그렇고, 세세하게 분석하기에는 필자의 능력이 모자라기에 그렇다. 이어지는 논의에서는 3·11을 결정적 국면으로 자리매김하려던 여러 시도를 염두에 두면서, 포스트 3·11의 사회 풍경이 이전 시기의 패러다임과 어떤 연속과 단절의 양상으로 정리될 수 있는지를 스케치하여 이 책의 에필로그로 삼고자 한다. 우선 마루야마 마사오의 전후민주

9 이에 관해서는 수많은 비판이 쏟아졌으나, 공문서 위조와 관련된 법제도에 관해서는 三宅弘『監視社会と公文書管理』, 花伝社 2018을, 아베 정권의 정치수법에 관해서는 中野晃一『私物化される国家』, 角川新書 2018을 참고.

주의론을 음미하는 것으로 시작해보자.

내란과 제도의 변증법: 서로가 서로에게 늑대인 민주주의

1960년 3월, 미일안보조약 개정의 국회 비준을 둘러싸고 격렬한 정치 공방이 전개되는 가운데, 마루야마 마사오는 주오코론샤(中央公論社) 편집자 에사카 미츠루(江阪滿)가 주재한 동인지 『라(鑼)』에 한편의 에세이를 기고한다. 「권총을……」이라는 이 에세이에서 마루야마는 "전국 각 세대에 권총 한정씩을 배분하여 세대주 책임 아래 관리함이 어떤가"라며 도발적인 제안을 했다. "일본의 양식을 대표하는 이들에게 진지한 검토"를 촉구하면서 마무리되는 이 에세이가 진지하게 권총 배급을 촉구할 의도로 집필됐을 리 없음은 물론이다. 이른바 '안보투쟁'이 고조되어가는 이 시기에 이 에세이의 주제는 근대 자연권 개념을 다시금 음미하는 일이었기 때문이다.

미국 수정헌법 제2조에 규정된 개인의 무기소지권 조항을 해석하면서 근대의 자연권이 어디까지나 "전(前)국가적 권리"(vorstaatliche Recht)임을 확인한 뒤, 마루야마는 그런 까닭에 "근대적 제도가 기성품으로 수입되어 처음부터 국가법의 형태로 강림한 일본"이 이를 실감하기 어렵다는 점을 지적한다. 권총을 배급하여 "어떤 권력이나 폭력에 대해서도 자연권을 행사할 준비가 되어 있다는 마음가짐"을 갖는 일이 자연권을 "사회과 교과서에서 배우는 것보다 훨씬 효과적"이라 주장하는 이유가 여기에 있다. "기본적 인권의 설교만 앵무새처럼 떠들어대는 현대 일본"에서는 국가권력을 포함한 온갖 권력/폭력을 자연권 행사로 저지하겠다는 생각이 뿌리내리기 힘들다는 것이 마루야마의 판단이었다. 안보투쟁이 고조되고 민주주의가 커다란 슬로건으로 거리 곳곳에 울려퍼지는 상황에서, 그는 근대 민주주의의 원점(자연권)으로 돌아가 이른바 일본의 '전후민주주의'를 다시금 정초하려 했던 것이다.[10]

그가 "대일본제국의 '실재(実在)'보다 전후민주주의의 '허망(虛妄)'"[11]을 선택한 것은 이런 맥락에서였다. 이 발언은 1964년 시점에서 전후민주주의가 '신화화'되어 이미 거기 성립해 있는, 혹은 허황된 상상의 신기루로 받아들여지는 상황에서 이뤄졌다. 마루야마는 전후민주주의를 불변의 실체로 신봉하거나 점령군의 이데올로기로 치부하는 당대의 분위기에 이의를 제기한 것이다. 그랬을 때 '허망'이란 허무한 망상 따위를 의미하는 개념이 아니다. 대일본제국의 실재와 대비되어 있다는 점에서 알 수 있듯이, 전후민주주의의 '허망'은 어디까지나 '픽션'(fiction)이란 의미이며, 이때 픽션은 사람이 제도나 관습을 만드는 일을 뜻한다.

> 픽션이란 (…) 라틴어 fictio에서 유래한 것으로 원래 '틀 짓다'라든가 '형상화하다'라는 의미에서 '상상'이나 '거짓'이란 뜻이 파생되었다. 즉 원래 인간이 목적 혹은 아이디어에 따라 무언가를 만들어내는

10 이상의 인용은 모두 「拳銃を……」(1960), 『丸山眞男集 6』, 岩波書店 1996, 279~81면.
11 丸山眞男 『現代政治の思想と行動』, 未来社 1964, 585면.

일을 뜻하는 것이다. (…) 자연적이고 감각적인 실재성이 전혀 없이 오로지 인간이 어떤 목적의식에 따라 순관념적으로 만들어낸 것이 가장 픽션다운 픽션이기에 여기서 '의제(擬制)'라든가 '허구(虛構)'라는 의미가 나온다. (…) 그래서 픽션에는 거짓이라는 나쁜 의미까지 부착되는데, (…) 근대정신은 거짓을 현실보다 존중하는 정신이라 말해도 좋을 것이다. 그것은 매개된 현실을 직접적인 현실보다 고도의 것으로 간주하는 정신이다.[12]

그에게 민주주의란 이런 의미에서의 픽션이었다. 그것은 인간이 목적의식에 따라 '만들어'나가는 것으로, 민주주의란 이미 거기 있는 실체나 공허한 이데올로기가 아니라 사람의 손으로 만드는 과정 그 자체라고 할 수 있다. 그리고 그 제작 과정은 언제나 자연권이라는 궁극의 목적 위에서 이뤄져야 한다. 다시 말해 부단히 원점으로 되돌아와 현실을 자연권에 비춰 인식하고 만들어가는 과정이야말로 민주주의의 본령이었던 셈이다.

나는 언제나 자연상태로부터 생각해본다. 가령 한 사람 한 사람이 자신의 생활이나 행복이라는 것을 자신의 책임 아래 지켜나가야만 한다고 가정해보자. 즉 밖으로부터의 침해에 대해 개개인이 몽둥이든 뭐든 사용해서 스스로 몸을 지켜야 한다는 상태를 상정해보자. 만인에 대한 만인의 투쟁이라는 극한상태가 언제나 생생한 이미지가 돼야

12 같은 책 382~83면.

비로소 국가가 폭력을 독점하고 있다는 사실의 의미—이때 의미란 동시에 한계를 뜻한다—가 냉엄하게 물음의 대상이 될 수 있다. (…) 그런데 일본은 예전부터 자연적·지리적 경계가 동시에 국가였다. 그래서 아무래도 '자연상태'의 이미지가 생겨나지 않았다. 만약 그 비슷한 것이 있다면 공동체일 텐데, 공동체적 자연상태로는 아무리 해도 폭력의 제도화라는 절실한 필요가 생겨나지 않는다. 그런 일본의 역사적 조건에서 보자면 내가 말하는 무수의 내란상태와 제도라는 이중의 이미지가 널리 퍼져나가는 것은 절망적일 만큼 어려운 것으로 생각된다.[13]

내란상태와 제도라는 이중의 이미지, 이것이 마루야마가 말하는 정치와 민주주의의 요체이다. 자연권과 자연상태를 원천으로 상정하고(내란상태라는 픽션), 그로부터 부단히 질서와 규범을 만들어나가는 실천(제도라는 픽션)이야말로 정치과정이자 민주주의인 것이다. 이를 위해서는 눈앞의 현실을 직접적으로 수긍하는 대신 언제나 자연권 혹은 자연상태, 즉 내란상태라는 픽션을 통해 매개하여 인식하는 태도가 요구된다. 이 태도를 체화한 존재야말로 마루야마가 요청해 마지않았던 전후민주주의의 주체, 즉 '시민'이었다. 그리고 시민의 민주주의는 실제 내란이나 혁명과 같은 예외적 상황이라기보다는 일상 속에서 이뤄져야만 한다.

13 丸山眞男「5·19と知識人の軌跡」(1960), 『丸山眞男集 16』, 32~33면.

정치행동에 대한 관점을 바꿀 필요가 있습니다. 그것을 보통 사람들과 동떨어진 구름 위 특정 집단의, 특출 난 사람들의 일이라고 생각하는 대신, 혹은 우리의 평범한 일상생활을 단념하고 전혀 다른 세계로 뛰어드는 일이라고 생각하는 대신, 우리의 아주 평범한 일상 속 아주 작은 부분이라도 지속적으로 이어지는 일로, 그리고 아주 평범하고 작은 사회적 의무를 이행하는 일로 생각하는 습관, 이것이 어떤 장대한 이데올로기, 형식적으로 정비된 어떤 제도보다도 민주주의의 진정한 기초입니다.[14]

2015년 신안보법제 반대 운동에 관해서는 이 책 3장에서 다룬 바 있다. 이 운동을 이끌었던 시민들과 마루야마가 요청한 시민의 차이는 명료하다. 전자의 시민들이 자연권이나 자연상태가 아니라 보편주의와 이상주의를 자유민주주의의 원천으로 삼은 데 반해, 마루야마의 시민은 일상을 내란 혹은 자연상태라는 픽션을 통해 전유하여 부단히 작은 부분부터 새로 만들어가는 존재이기 때문이다. 만약 마루야마가 신안보법제 반대 데모에 나선 양들의 전투를 봤다면, 그의 눈에 그들은 모두 민주주의를 “사회과 교과서에서 배운” 이들로 비쳤을 것이다. 보편주의와 이상주의를 핵심으로 하는 전후민주주의는 내란을 모델로 한 정치가 아니라 유순한 양들이 배움을 청하는 교육을 고유의 장으로 삼아 실현되는 것이었기 때문이다.

14 丸山眞男「現代における態度決定」(1960),『現代政治の思想と行動』, 458면.

그런 의미에서 신안보법제 반대 데모는 정치의 실종 위에서 벌어진 양들의 전투였다. 다시 한번 말하지만 그 열기의 진정성을 부정하자는 것이 아니다. 문제는 그것이 헌법 수호의 미명 아래 전후 체제에 대한 근본적 성찰을 가로막는 효과를 초래한다는 데 있다. 마루야마의 민주주의론을 소환한 까닭이 여기에 있음은 말할 필요가 없을 것이다. 물론 그의 입론이 절대 타당한 민주주의론이라 주장하는 것이 아니다. 마루야마의 입론은 3·11을 결정적 국면으로 전유하지 못하는 근원적 이유 중 한 단면을 보여줄 뿐이다. 즉 저 파국적 경험 뒤에도 전후민주주의에 대한 물신화된 신뢰가 있는 한 미래를 향한 새로운 패러다임은 창출될 수 없다는 것이다.

더 고약한 것은, 그것이 (마루야마가 예견했듯) 전후 체제의 유지는커녕 붕괴를 자초한다는 불안한 예감이다. 이를 증좌하듯이 포스트 3·11의 사회 풍경은 그야말로 풍화를 거듭해왔다. 서두에서 언급했듯이 유래 없는 아베 정권의 장기집권 동안 전후 체제는 그야말로 파괴된 듯 보이기 때문이다. 다음으로는 그 풍화의 양상을 다른 각도에서 조명해본다. 그 양상이란 역사적으로 양떼로부터도 늑대로부터도 배제되어온 타자들과 관련된 것이라 할 수 있다. 야쿠자를 하나의 극한적 형상으로 하는 이 역사적 타자들의 생존 방식이 파괴되어 그들이 어떻게 기민(棄民)으로 변모하는지를 추적해보자.

야쿠자의 개별사회: 원시적 축적과 타자의 연대

1980년대 들어 이른바 '포스트모더니즘'이 일본의 지식·문화계를 석권했을 때, 마루야마 마사오는 '근대주의자'로 비판의 표적이 된다. 자율적 의지로 주체적 결단을 내리는 근대적 주체란 실상 무의식적 구조의 효과에 지나지 않는다는 포스트모더니즘 혹은 포스트구조주의의 관점에서 보자면, 눈앞의 현실과 마주하여 항시 주체적으로 자연권과 자연상태로 되돌아가는 마루야마의 주체는 허상일 뿐이었기 때문이다.

그러나 2장에서도 언급했듯 1980년대 포스트모더니즘을 이끈 '뉴아카'의 주도자 가라타니 고진은 이러한 마루야마 비판에 위화감을 느꼈다고 고백한다. 포스트 담론의 주요 비판 대상 중 하나는 대중에 대한 지식인의 계몽과 지도라는 모델이다. 이런 맥락에서 마루야마 마사오가 패전 후의 대표적 지식인이었던 한에서, 그의 이론뿐 아니라 그의 존재 자체가 비판 대상이었음은 말할 필요가 없다. 하지만 가라타니는 이러한 포스트 담론의 비판이 허수아비를 세운 자가발전적 비판이었다고 회고한다. 그가 보기에 마루야마는 대중을 지도하는 지식인이라기보다 상황에 개입하는 비평가였기 때문이다. 2장에서 인용한 구절을 다시 한번 참조해보자.

> 마루야마 마사오는 한편에서 경험론적이고 리얼리스틱한 태도를 설파하면서도, 다른 한편에서 반대로 사상이나 원리를 설파한다. 그

> 는 어느 쪽이 위라든가 혹은 그것들의 '종합'이 필요하다고 말하지 않는다. 그저 자신이 속한 맥락이 사상을 경시한다면 사상을 중시할 뿐이다. (…) 마루야마 마사오의 이런 역설적 스탠스와 기민한 풋워크는 하나의 입장에서 이론체계를 만드는 학자에겐 불가능한 일이다. (…) 〔그런 의미에서〕 나는 마루야마의 작업을 '비평'으로 보고자 한다. 일본 학자 중에 마루야마와 같은 비평가는 없었다.[15]

가라타니는 그렇게 마루야마를 파악하면서 그의 민주주의론 혹은 시민론의 함의를 새롭게 파악한다. 서로가 늑대인 정치적 주체는 항시 자연권으로 되돌아가 눈앞의 현실을 만들어낸다는 점에서 전형적인 근대적 주체다. 포스트 담론 속에서 그가 비판의 표적이었던 까닭이다. 하지만 가라타니는 이러한 마루야마의 논의가 원리적인 것이라기보다는 맥락적인 것이라 평가한다. 즉 자연공동체에 매몰되어 개인이 개인으로서 자립할 수 없었던 전근대 일본의 맥락에서 자율적 시민을 비판의 형상으로 내세웠다는 것이다. 그렇기에 마루야마의 정치적 주체에 관한 논의는 매우 유연할 수 있다. 특히 1960년대 이후의 대중사회화 속에서 개인의 고립화를 극복하기 위한 사회적 연대를 강조하는 마루야마의 논의가 그렇다.[16] 가라타니는 미야자키 마나부

15 柄谷行人「丸山真男とアソシエーショニズム」,『思想』2006.8. 이 글은 www.kojinkaratani.com/jp/essay/post-68.html에서 전문을 읽을 수 있다(2021.10.12. 방문).

16 이에 관해서는 酒井哲哉「未完の新左翼政治学?」,『現代思想』2014年8月臨時增刊号 참고. 이 글은 마루야마 정치학이 대중사회론과 근접해가는 과정을 신좌파 정치학의 계기로서 독해한다.

(宮崎学)의 개별사회 논의와 동일선상에 마루야마의 논의를 자리매김한다.

> 미야자키는 개별사회라는 개념을 제기한다. 그것은 가족·마을·노동조합·동업자조합·경제단체 등 기초적 집단을 의미한다. 사회학에서는 그런 사회는 전체사회에 대한 부분사회라 불린다. 미야자키가 그것을 개별사회라 부르는 것은 전체를 구성하는 일부로서가 아니라 전체에 저항하는 일부라는 의미에서 포착하기 위해서다. (…) 근대 일본에 관한 미야자키의 생각에는 몇몇 선구자가 있다. 그중 한 사람이 마루야마 마사오다. 그는 일본 사회에 중간세력이나 개별사회가 미약했음에 주목해온 사상가였다. (…) 최근까지 마루야마 마사오는 근대주의자, 시민주의자 그리고 진보적 지식인의 전형으로 간주되어 왔다. 그러나 여기서 그는 서양에서 '학문의 자유'라는 전통을 만들어온 것은 진보파가 아니라 오히려 낡은 세력, 즉 자주적 집단 혹은 중간세력이라 말하고 있는 것이다.[17]

마루야마는 1950년대 후반에서 1960년대에 걸쳐 미국 정치학과 사회학의 논의를 참조하면서 대중사회 현상에 지대한 관심을 표명한 바 있다.[18] 그것은 개인이 파편화되고 원자화되어 '고독한 군중'(the lonely crowd)이 되는 상황에서 정치적 주체화의 가능

---

17 柄谷行人「解說」, 宮崎学『法と掟と』, 角川文庫 2009. 이 글은 www.kojinkaratani.com/jp/essay/post-35.html에서 전문을 읽을 수 있다(2021.10.12. 방문).

18 이와 관련된 1960년대 일본 사회과학의 지적 맥락에 관해서는 森政稔『戦後「社会科学」の思想』, NHKブックス 2020 참고.

성을 타진하는 일과 맞닿아 있었다. 이때 마루야마는 원리적으로 보이는 내란과 제도의 변증법이 아니라, 중앙집권적 근대국가의 형성과정에서 국가와 대립하면서 자율적 영역을 확보하려 했던 교회나 대학 등의 중간집단에 주목한다.[19] 근대적 자유가 비롯된 원천을 자연상태나 자연권이 아니라 다른 맥락에서 추출하고 있는 것이다.[20] 이런 관점에서 보면, 마루야마가 말한 서로가 서로에게 늑대인 시민이란 항시 자연권과 자연상태로 되돌아가는 계몽된 주체임과 동시에, 스스로가 태어나고 성장해온 신체적 감각 속에서 익힌 일상적 생활세계를 지켜가는 주체이기도 하다. 다시 말해 늑대는 한 마리가 아니라 무리로서 시민이라는 정치적 주체성을 형성하고 있는 셈이다.

따라서 보편주의와 이상주의에 입각한 전후민주주의란 공허하고 추상적인 체제순응 논리에 지나지 않는다. 가라타니가 마루야마의 계승자라고 평가한[21] 미야자키 마나부의 논의에 따라 근대의 인간 공동체를 전체사회와 개별사회로 구분해본다면, 전체사회는 국가에 해당되고 개별사회는 마을·조합·종교공동체 등 사적 결사로 대별될 수 있다. 이때 전체사회는 구성원 모두를 균질

---

19 丸山眞男「思想と政治」(1957),『丸山眞男集 7』, 128~29면 참고.

20 그 까닭은 근대 일본에서 중앙집권적 국가가 일사불란하고 신속하게 성립한 이유가 중간집단의 부재에 있었음을 지적하기 위해서였는데, 이는 자율적이고 계몽된 근대적 정치주체를 일본의 전통적 공동체에 대립시켰던 것을 생각하면 자기배반으로 보일지 모른다. 하지만 마루야마가 비평가였다는 가라타니의 지적을 염두에 둔다면, 즉 그에게 원리적 입장보다 상황과 맥락에 대한 개입이 중요했다면, 이는 자기배반이라기보다 당대의 상황에 따른 전통의 비판적 독해라고 이해될 수 있다. 즉 이론의 일관성이 아니라 상황의 다면성이야말로 마루야마의 지적 영위를 지탱하는 원리였던 셈이다.

21 柄谷行人「解説」, 宮崎学『法と掟と』. 물론 이 평가는 과도한 수사라는 혐의가 짙다.

적으로 전제한 뒤 모두에게 적용 가능한 법규범을 질서의 근간으로 삼게 된다. 반면 개별사회는 외부에는 통용되지 않는 내부 규범이 지배하는 결사이다. 성문화되는 일이 극히 드물지만 개별사회의 내부 규범은 반드시 지켜야만 하는 불문율이다. 그리고 국가의 질서를 위반하면 공적인 사법처리를 받는 것과 달리, 내부 규범의 위반에는 공동체의 배제나 사적 응징이 뒤따른다. 그런 만큼 개별사회는 응집력이 강하다. 외부 규범보다 내부 규범을 상위에 두며, 구성원의 자기 정체성 원천을 형성하기 때문이다.[22]

따라서 개별사회의 차원에서 보자면, 국가화된 규범을 내재화하고 수호하자는 보편주의와 이상주의는 자유의 보장이라기보다 자유의 박탈로 해석된다. 물론 헌법적 차원의 자유와 개별사회가 지키고자 하는 자유는 차원을 달리한다. 전자가 보편적 인간을 자유의 주체로 삼는다면, 후자는 국가권력이 일방적으로 흡수하려는 각기 다른 자율 영역을 자유의 내실로 삼기 때문이다. 그렇기에 후자의 자유는 근대국가가 압도적 통치력과 균질적 법률규범으로 지배를 확장하는 과정과 충돌한다. 그것은 천부인권과 같이 침해할 수 없는 추상적이고 보편적인 자유라기보다는, 지배와 저항이 부딪치는 실제적 대립 속에서 포착되는 구체적이고 특수한 자유라고 할 수 있다. 그런 의미에서 양들의 전투라기보다는 늑대와 닮은 전투이며, 개인이 아니라 집단이라는 점에서 늑대 무리의 자유라고 할 수 있다. 그렇기에 그것은 언제나 '무법

22 이상은 宮崎学『法と掟と』의 내용을 요약한 것이다.

자' 혹은 '무법지대'와 같이 '무법'의 형상으로 표상된다. 자연권과 자연상태로 돌아와 제도를 다시 만들어나가는 근대적 주체와 달리, 개별사회의 정치는 언제나 국가의 법률 규범을 위반하며 그 바깥에 머무르려는 실천일 수밖에 없기에 그렇다. 그 극한의 형상이 바로 야쿠자다.

근대 일본에서 야쿠자는 19세기 말 새로운 산업도시가 형성되면서 함께 등장했다. 와카마츠(규슈)·고베·요코하마 등은 모두 석탄산업과 항만산업의 융성과 함께 발전한 도시였고, 근대 야쿠자의 전형이라 할 수 있는 집단은 모두 이들 도시에서 형성되었다. 그 특징은 다음과 같다. 우선 이들은 근대사회에 새로이 형성된 최하층 사람들로 구성되었고, 둘째 직업조합이나 노동조합 성격을 갖는 단체였으며, 셋째 노동력 공급을 고유 기능으로 삼았고, 넷째 스모나 예능의 흥행을 관장했다.[23] 그런 의미에서 이들은 마르크스의 이른바 자본의 원시적 축적 단계에서 등장한 룸펜 프롤레타리아트였다고 할 수 있다. 그리고 이 시기에는 고용 및 노동 관련 법률은 물론이고 호적에 따른 신원증명도 전혀 정비되지 않았던 탓에, 산업도시에 흘러들어온 이들은 모두 법 바깥, 즉 국가 통치 바깥에 내던져진 이들이었다.

이런 저변 노동의 세계는 근대국가의 법 지배가 아직 미치지 못한 영역이었다. 여기에 내던져진 이들은 법에 의해 보호받기는커녕 원시

23 宮崎学『ヤクザと日本ー近代の無頼』, ちくま新書 2008, 56~58면.

적 축적기 자본의 가차 없는 착취에 노출되어 실력만으로 살아남아야 했다.[24]

근대 야쿠자는 무엇보다도 먼저 자본의 원시적 축적 속에서 형성된 개별사회다. 그것은 노동조합과 달리 법률이 정비되기 이전에 룸펜 프롤레타리아트가 스스로를 지키기 위해 만들어낸 집단인 것이다. 그 과정에서 폭력을 통한 위계가 자리 잡고 각종 이권을 탐하며 경쟁하면서 도시로 흘러들어오는 주변적 존재들을 흡수하는 개별사회로 성장한다. 이렇게 성립한 야쿠자가 통치영역을 체계적으로 확장하여 지배체제를 구축한 국가권력과 대립하는 것은 당연한 일이었다. 물론 그것은 야쿠자가 법률 질서의 테두리 안에서 일상생활을 영위하는 일반적 사람들과 마찰을 빚었기 때문이기도 하지만, 야쿠자의 존재 자체가 국가권력의 공백을 의미한다는 점에서 통치자에게는 커다란 위협이었기 때문이다. 근대 야쿠자는 그렇게 국가 내부에 뚫린 구멍처럼 반국가적 존립을 지켜온 것이다.

여기서 논점은 야쿠자를 정치적 저항의 맥락에서 독해하는 것이 아니다. 이권을 둘러싼 폭력과 기성 정치권력과의 결탁 등 근대 야쿠자의 발자취는 그야말로 현대 일본 사회의 폐단을 고스란히 보여주는 사례이기 때문이다. 하지만 그럼에도 주목해야 할 점은 야쿠자를 극한의 형상으로 하는 개별사회의 형성 그 자체

24 같은 책 56면.

이다. 존립 자체가 국가권력의 공백을 형성하는 이런 개별사회는 원천적으로 '시민'의 테두리 바깥 혹은 그 경계선에 자리한 이들을 구성원으로 한다. 그들은 모두 근대국가 형성 이전부터 정상사회의 주변부에 자리했거나, 근대국가와 자본주의 체제가 성립하면서 사회의 경계선에 자리하게 된 존재들이다.

야쿠자뿐만 아니라 부라쿠해방동맹(部落解放同盟)이나 자이니치 단체들이 여기에 해당됨은 주지의 사실일 터이다. 이들은 제국일본의 '신민'뿐 아니라 전후민주주의의 '시민'이 형성될 때에 폭력적으로 배제되거나 경계선에 내몰린 존재들이기 때문이다. 따라서 루소의 『사회계약론』 주네브 초고에 등장하는 유명한 테제 "시민(citoyen)이 되어야 인간(homme)이 된다"를 염두에 둔다면, 이들은 보편주의와 이상주의가 궁극의 적으로 삼는 해적들이다. 즉 시민을 주체로 삼는 정치공간은 이들 앞에서 문을 닫아버리는데, 그것은 국가권력의 배제 탓도 있지만 무엇보다도 스스로의 의지에 따른 일이다.

부라쿠해방동맹과 일본공산당 사이의 역사적 갈등은 부라쿠해방동맹이라는 개별사회가 시민을 전제로 한 제도정치와 본원적 불화를 겪을 수밖에 없음을 극명하게 보여주는 사례라 할 수 있다.[25] 부라쿠 해방투쟁의 동지였던 공산당은 1960년대 중반 이래 해방동맹을 이권 추구와 부패 단체로 비난하며 격렬하게 대립한

25 부라쿠해방동맹과 일본공산당 사이의 역사적 갈등에 관해서는 筆坂秀世·宮崎学 『日本共産党部落解放同盟』, モナド新書 2010, 3장 이하 참고. 이하의 논의는 해당 부분의 주요 내용을 요약한 것이다.

다. 그들이 시민이 아니라 부라쿠민이란 정체성에 매몰된 채 빠져나오지 못함을 비판한 것이었다. 공산당의 주장은 명료했다. 해방동맹이 주장하던 '동화정책'은 이제 제도적 차원에서 어느정도 실현되었기에 해방동맹은 부라쿠민의 이권보다는 일상에 잔존하는 문화적 차별을 시정하는 방향으로 나아가야 한다는 촉구였다. 하지만 이것은 철저하게 '시민'의 입장에서 비롯된 주장이다. 왜냐하면 부라쿠민에게 이권과 인권은 분리 불가능한 것이었기 때문이다.[26]

근대 일본의 자본주의 체제는 원시적 축적기 이후에도 부라쿠민이나 식민지 출신자들에 대한 구조적 차별을 공고히 유지했다. 이른바 산업예비군이라 범주화할 수 있는 유휴 노동력을 안정적으로 확보해야 했기 때문이다. 이런 의미에서 부라쿠민을 비롯한 국가 내 해적들의 집단적 이권이란 국가와 자본주의 체제에 맞서서 획득한 권리였다. 이들에게 이권이란 단순한 물질적 욕망의 실현이 아니라 인간으로서의 존엄성을 확인하는 투쟁의 댓가였던 셈이다. 그렇기에 공산당의 철저하게 시민적인 요구는 부라쿠민들로서 받아들이기 힘든 것이었음에 틀림없다. 이권의 포기는 바로 존엄의 포기이며, 이는 인권이란 허울 아래 여전히 지속되는 침묵의 차별을 수용하는 항복 선언이었기에 그렇다.

그런데 포스트 3·11의 사회 풍경은 이러한 개별사회의 권리를 급격하게 파괴하고 박탈하는 방향으로 나아가고 있다. 그 결과

26 같은 책 174~202면 참고.

개별사회의 해적들은 이권과 범죄와 폭력에 연루되면서도 위태롭게 지켜낸 자신의 자리, 즉 시민과 해적의 경계에 마련된 자리에서 추방당하고 있다. 해적은 섬멸되는 것이 아니라 버려진다.

늑대 무리의 실종과 기민

근대 일본의 개별사회란 해적들의 권리와 존엄을 위한 투쟁의 거처였다. 물론 그것이 이권을 둘러싼 야합과 사기 행위, 집단 내의 가부장적 위계질서, 그리고 반사회적 흉악 범죄 등과 깊숙이 연루된 것은 사실이다. 하지만 '합법적'으로 설립되고 운영되는 기업이 저지르는 숱한 범죄들과 이들의 반사회적 범죄 사이의 거리는 그리 먼 것일까? 오히려 이들의 이권 자체가 애초에 법의 테두리 바깥에서 점유되고 분배되는 것이기에 실제 범죄행위 이전에 이미 언제나 잠재적 범죄로 규정되는 것은 아닐까? 다시 한번 강조하지만 이들이 자행해온 숱한 범죄나 폭력 행위를 미화하자는 것이 아니다. 하지만 성찰해봐야 할 것은 그들에 대한 구조적 차별 속에서 안정적 사회를 구축해온 근대 일본의 발자취이다. 과연 포스트 3·11의 사회 풍경에서 이들은 어떤 자리에 있을까.

1992년에 재정된 '폭력단 대책법(暴力団対策法, 이른바 폭대법)'은 이후 몇차례 개정을 거치면서 폭력 조직을 뿌리 뽑겠다는 의지를 표명해왔다. 특히 2008년 이후의 법률과 시행령 개정은 폭력 조직 경험자의 사회 복귀 자체를 원천봉쇄하는 조치를 실현시켰다.[27] 또한 2000년대 이후의 신자유주의화는 토건산업의 관행이었던 공사 분배를 위한 담합 행위를 원천봉쇄로 몰아넣었다. 담합이란 물론 자본주의 자유경쟁을 염두에 두면 폐단이 틀림없고, 부패의 온상이었던 것도 사실이다. 하지만 담합은 역사적으로 거대 토건기업에 맞서 군소 토건업자들이 스스로의 이권을 지키는 수단이기도 했다. 담합을 통해 군소 토건업자들은 덤핑 등 파괴적 경쟁에 내몰리는 일 없이 직업을 지켜온 것이다.[28]

이렇듯 포스트 3·11의 일본 사회에서 개별사회는 붕괴 과정을 경험 중이다. 그것은 잠재적 범죄 집단을 일소하고 전근대적 폐단을 청산하여 보다 안전하고 위생적인 사회를 만드는 과정으로 해석될 수 있다. 하지만 개별사회가 붕괴됨에 따라, 안전하고 위생적인 사회가 만들어짐에 따라, 시민과 비시민의 경계 위에서 하루하루를 살아가던 이들의 자리는 점점 사라지고 있다. 폭력조직에 가담했다는 이유로 시민으로서의 일상을 박탈당하는 이들, 책방 서가에 자신을 증오하는 책들을 목격해야만 하는 자이니치들, 이제 자랑스러운 일본 시민이니 배타적 이권을 포기하라 강요당하는 부라쿠민들, 그리고 산산조각 난 소규모 토건 노동자 조직의 자리 말이다.

이들 모두는 합법과 비합법 사이 회색지대에서 생명과 육체를 위태롭게 보전해왔다. 하지만 포스트 3·11의 사회 풍경은 이들로

---

27 亀井静香·又市征治·宮崎学『排除社会の現場と暴対法の行方』, 同時代社 2012 참고.

28 이에 관해서는 武田晴人『談合の経済学: 日本的調整システムの歴史と論理』, 集英社文庫 1999; 宮崎学『談合文化』, 祥伝社 2014 참고.

부터 그 '회색의자'까지 박탈하려 한다. 인권과 평화와 자유민주주의를 사랑하는 양심적 일본 시민들이 전후민주주의를 수호하려 거리로 나서는 한편, 정작 그 거리로부터는 인권과 평화와 자유민주주의로부터 가장 먼 곳에 있는 이들의 자리가 말소되고 있는 것이다.[29] 이것이 양들의 투쟁이 전후민주주의를 결단코 지켜내리라 거리로 나선 포스트 3·11의 사회 풍경이다. 양들이 침묵하고 늑대 무리가 사라진 거리에 어떤 존재가 남았을까? 누가 남았는지 모르지만 그 텅 빈 거리에는 지금 승전 퍼레이드가 한창이다. 철학자가 패배했다는 그 싸움에서 이긴 자들의 승전보는 이렇듯 오래된 혐오를 타고 끝을 모른 채 울려퍼지는 중이다.

---

29 이를 상징적으로 보여주는 최근 사례로 이른바 '배제 벤치(排除ベンチ)' 혹은 '배제 공원(排除公園)'을 상기할 수 있다. 배제 벤치는 도시의 공원에 비치된 벤치를 오래 앉거나 눕기 곤란하게 만듦으로써 홈리스가 공원에 상주하는 것을 원천적으로 차단하는 기능을 갖는다. 이는 도시 공간에 시민의 위생과 안전을 위협하는 그 어떤 요소도 허용하지 않겠다는 '과방비도시(過防備都市)'의 이상을 구현하는 것으로 읽힐 수 있다. 이에 관해서는『美術手帖』웹진에 게재된 五十嵐太郎「排除アートと過防備都市の誕生ー不寛容をめぐるアートとデザイン」2020.12.12, bijutsutecho.com/magazine/insight/23127 참고(2021.10.12. 방문).

참고문헌

1장

김항 「'광역권'에서 '주체의 혁명'으로: 근대초극, 미완의 법기획, 그리고 한반도」, 『제국일본의 사상』, 창비 2015.

____ 「전시기 고바야시 히데오의 대륙여행기와 식민지」, 『일본학보』 제88집, 2011.

이지형 「고바야시 히데오 비평의 방법—초기 비평을 중심으로」, 『일본학연구』 제27집, 2009.

______ 「전시기 고바야시 히데오의 대륙여행기와 식민지」, 『일본학보』 제88집, 2011.

이한정 「고바야시 히데오의 '아시아' 체험」, 『일어일문학연구』 32권, 1998.

Collier, Ruth Berins and David Collier, *Shaping the Political Arena: Critical Junctures, the Labor Movement, and Regime Dynamics in Latin America*, Princeton UP 1991.

青野季吉 『サラリーマン恐怖時代』, 先進社 1930.

浅田喬二 「満州農業移民と農業·土地問題」, 『岩波講座 近代日本と植民地』 3, 岩波書店 1993.

尾上新太郎『戦時下の小林秀雄に関する研究』, 和泉書院 2006.
江藤淳『江藤淳著作集』, 講談社 1967.
柄谷行人「近代の超克」,『〈戦前〉の思考』, 文藝春秋 1994.
金杭『帝国日本の閾』, 岩波書店 2010.
小林秀雄『小林秀雄全集』1~16, 新潮社 1981.
________「三つの放送」,『現地報告』, 1942.1 (http://homepage2.nifty.com/yarimizu2/kobayashiwar1.html).
小林秀雄 他「コメディ·リテレール 小林秀雄を囲んで」(1946),『新潮』, 2001.4.
酒井哲哉「国際秩序論と近代日本研究」,『近代日本の国際秩序論』, 岩波書店 2007.
坂口安吾「教祖の文学」,『坂口安吾全集』15, ちくま文庫 1991.
思想の科学研究会 編『転向』上·中·下, 平凡社 1966.
島木健作『島木健作全集 13 : 満州紀行』, 国書刊行会 1980.
戸坂潤「日本イデオロギー論」(1935),『戸坂潤全集』5, 勁草書房 1966.
西田勝「小林秀雄と「満洲国」」,『すばる』37(2), 集英社 2015.
松本健一「解題」,『近代の超克』, 富山房百科文庫 1979.
丸山眞男『日本の思想』, 岩波新書 1961.
森本淳生「批評言語と私-小説-論 ヴァレリーから小林秀雄へ」,『言語社会』5, 2011.
浜崎洋介「「歴史の反省」は可能か-小林秀雄はなぜ反省しなかったか」,『文藝春秋 special』9(2), 2015.
保田與重郎『蒙彊』, 新学社 2000.
安彦良和「戦後世代の「満州」紀行」,『潮』390, 潮出版社 1991.

2장

김진「칸트의『시령자의 꿈』에 나타난 비판철학의 요소들」,『칸트연구』32권, 2013.
안천「가라타니 고진과 '보편'」,『한국학연구』29호, 2013.

임승필 「칸트의 『형이상학자의 꿈에 비추어 본 시령자의 꿈』: 칸트철학에 미친 스웨덴보르그의 영향」, 『철학』 98집, 2009.
정운영 「현기증 나는 '유식'과 구제불능의 '무식' 『마르크스 그 가능성의 중심』」, 『출판저널』 262호, 1999.
후지따 쇼오조오 『전체주의의 시대경험』, 이홍락 옮김, 창비 2014.
Cassirer, Ernst, 『カントの生涯と学説』, 岩尾龍太郎 訳, みすず書房 1986.
Kant, Immanuel, *Dreams of a Sprit-Seer: Illustrated by Dreams of Metaphysics*, trans. by Emanuel F. Goerwitz, NY: The McMillan co. 1900.
柄谷行人 「マクベス論ー意味に憑かれた人間」(1972), 『意味という病』, 講談社学芸文庫 1989.
________ 『マルクスその可能性の中心』, 講談社学術文庫 1990.
________ 『定本 柄谷行人集 3: トランスクリティークーカントとマルクスー』, 岩波書店 2004.
________ 「丸山真男とアソシエーショニズム」, 『思想』, 2006.8.
________ 『政治と思想: 1960-2011』, 平凡社 2012.
柄谷行人·浅田彰, 『柄谷行人浅田彰全対話』, 講談社文芸文庫 2019.
坂部恵 『カント』, 講談社学術文庫 2001.
丸山眞男 『日本の思想』, 岩波新書 1961.

3장

박유하 『화해를 위해서』, 뿌리와이파리 2007.
______ 『제국의 위안부』, 뿌리와이파리 2015.
Cicero, Marcus Tullius, *On Duties*, M. T. Griffin and E. M. Atkins trans., Cambridge UP 1991.
Heller-Roazen, Daniel, *The Enemy of All*, Zone Books 2009.
Rediker, Marcus, *The Amistad Rebellion: An Atlantic Odyssey of Slavery and Freedom*, Viking-Penguin 2012.
Schmitt, Carl, *The Concept of the Political*, George Schwarb trans., Chicago

UP 2007.
________ *The Nomos of the Earth*, G.L. Ulmen trans., Telos Press 2010.
安倍能成『岩波茂雄伝』, 岩波書店 1957.
小出達夫「公共性と教育(4): 教育基本法と南原繁(序説)」,『公教育システム研究』第14号, 2015.
北岡伸一 編『戦後日本外交論集』, 中央公論社 1995.
高坂正堯『宰相吉田茂』, 中央公論社 1968.
南原繁『南原繁著作集』, 岩波書店 1973.
松沢弘陽·植手通有·平石直昭 編,『丸山真男 回顧談』下, 岩波書店 2006.
丸山真男·福田歓一,『回想の南原繁』, 岩波書店 1975.

4장

김항「동아시아 속의『창작과비평』」,『한결같되 날로 새롭게: 창비 50년사』, 창비 2016.
남기정『기지국가의 탄생: 일본이 치른 한국전쟁』, 서울대학교출판문화원 2016.
박유하『제국의 위안부』, 뿌리와이파리 2013.
와다 하루키 외 공편『군대위안부 문제와 일본의 시민운동』, 이원웅 옮김, 오름 2001.
존 다워『패배를 껴안고: 제2차 세계대전 후의 일본과 일본인』, 최은석 옮김, 민음사 2009.
하종문「무라오 지로, 세지마 류조, 와다 하루키」,『역사비평』84호, 2008.
江藤淳『1946年の憲法ーその拘束』(1980), 文春学芸ライブラリー 2015.
加藤一郎『象徴天皇制の起源: アメリカ心理戦「日本計画」』, 平凡社 2005.
菅野完『日本会議の研究』, 扶桑社 2016.
南原繁『南原繁著作集』2, 岩波書店 1974.
______「祖国を興すもの」(1946),『南原繁著作集』7, 岩波書店 1974.
______「貴族院本会議での質疑」(1946),『南原繁著作集』9, 岩波書店 1974.

吉田茂「日本外交の歩んできた道」〔1957〕, 北岡伸一 編『戦後日本外交論集』, 中央公論社 1995.
和田春樹「韓国の民衆をみつめること ―歴史の中からの反省」,『展望』, 1974.12.
________「自由光州の制圧に思う」〔1980〕,『世界』, 1980.7.
________「私たちも´ともに」〔1980〕,『韓国からの問いかけ』, 思想の科学社 1982.
________『北朝鮮ー遊撃隊国家の現在』, 岩波書店 1998.
________『朝鮮戦争全史』, 岩波書店 2002.
________『東北アジア共同の家』, 平凡社 2003.
________『「平和国家」の誕生: 戦後日本の原点と変容』, 岩波書店 2015.
________『ある戦後精神の形成』, 岩波書店 2016.

5장

가라타니 고진『세계공화국으로』, 조영일 옮김, 도서출판b 2007.
김항「해적, 시민, 그리고 노예의 자기인식: 한국전쟁과 전후일본의 사산된 유산」,『제국일본의 사상』, 창비 2015.
井上寿一『吉田茂と昭和史』, 講談社現代新書 2009.
開沼博『「フクシマ」論ー原子力ムラはなぜ生まれたのか』, 青土社 2011.
加藤哲郎「日本における「原子力の平和利用」の出発ー原発導入期における中曾根康弘の政略と役割ー」, 加藤哲郎·井川充雄『原子力と冷戦 日本とアジアの原発導入』, 花伝社 2013.
高坂正尭「現実主義者の平和論」, 北岡伸一 編『戦後日本外交論集』, 中央公論社 1995.
坂本義和「中立日本の防衛構想」,『核時代の国際政治』, 岩波書店 1981.
________『軍縮の政治学』, 岩波新書 1982.
________『人間と国家(下)』, 岩波新書 2012.
高橋哲哉『犠牲のシステム 福島·沖縄』, 集英社新書 2012.
南原繁「民族の危機と将来」〔1950.11〕,『南原繁著作集』7, 岩波書店 1995.

丸山真男「超国家主義の論理と心理」,『増補版 現代政治の思想と行動』, 未来社 1964.
________「三たび平和について」(1950),『丸山真男集』5, 岩波書店 2003.
広瀬隆·明石昇二郎『原発の闇を暴く』, 集英社新書 2012.
細谷雄一『国際秩序』, 中公新書 2012.
山崎正勝『日本の核開発: 1939-1955 原爆から原子力へ』, 積文堂 2011.
山本義隆『福島の原発事故をめぐって―いくつか学び考えたこと』, みすず書房 2011.
吉田茂「日本外交の歩んできた道」(1957), 北岡伸一 編,『戦後日本外交論集』, 中央公論社 1995.
李孝徳 編『高史明·高橋哲哉対談 いのちと責任』, 大月書店 2012.

6장

게오르그 루카치『역사와 계급의식』, 박정호·조만영 옮김, 거름 1986.
블라디슬라프 M. 주보크『실패한 제국 1: 냉전시대 소련의 역사』, 김남섭 옮김, 아카넷 2016.
칼 슈미트『현대의회주의의 정신사적 상황』, 나종석 옮김, 길 2012.
________『정치신학』, 김항 옮김, 그린비 2010.
Katz, M., *Foreign intelligence: Research and Analysis in the Office of Strategic Service 1942-45*, Harvard UP 1989.
Willoughby, Charles A.,『ウィロビー報告: 赤色スパイ団の全貌―ゾルゲ事件―』, 福田太郎 訳, 東西南北社 1953.
伊藤淳『父·伊藤律: ある家族の「戦後」』, 講談社 2016.
伊藤律『伊藤律回想録: 北京幽閉二七年』, 文藝春秋 1993.
尾崎秀樹『生きているユダ』, 角川書店 1976.
ジェームス·小田『スパイ野坂参三追跡: 日系アメリカ人の戦後史』, 彩流社 1995.
加藤哲朗『情報戦と現代史: 日本国憲法へのもうひとつの道』, 花伝社 2007.
________『ゾルゲ事件: 覆された神話』, 平凡社 2014.

小林俊一·加藤昭『闇の男: 野坂参三の百年』, 文藝春秋 1993.
下斗米伸夫『日本冷戦史: 帝国の崩壊から55年体制へ』, 岩波書店 2011.
伴野準一『全学連と全共闘』, 平凡社 2010.
丸山真男『現代政治の思想と行動』, 未来社 1964.
明神勲『戦後史の汚点: レッド·パージ』, 大月書店 2013.
山本義隆『私の1960年代』, 金曜日 2015.
渡部富哉監修『生還者の証言: 伊藤律書簡集』, 五月書房 1999.

7장

노르베르토 보비오『민주주의의 미래』, 윤홍근 옮김, 인간사랑 1989.
다미야 다까마로『우리사상의 혁명』(1988), 코리아미디어 2005.
파트리샤 스타인호프『적군파: 내부 폭력의 사회심리학』, 임은정 옮김, 교양인 2013.
Friedrich, Carl J., *The Pathology of Politics: Violence, Betrayal, Corruption, Secrecy and Propaganda*, Harper and Row 1972.
Koselleck, Reinhart, *Critique And Crisis: Enlightenment and the Pathogenesis of Modern Society*, The MIT Press 1988.
Schmitt, Carl, *Gespräche über die Macht und den Zugang zum Machthaber*, Klett-Cotta 2017.
蔵田計成『安保全学連』, 三一書房 1969.
小阪修平『思想としての全共闘世代』, ちくま新書 2006.
島田滋敏『「よど号」事件最後の謎を解く: 対策本部事務局長の回想』, 草思社文庫 2016.
島成郎·島ひろ子『ブント私史』, 批評社 1990.
絓秀実『革命的な、あまりに革命的な: 「1968年の革命」史論』, 作品社 2003.
西岡力『横田めぐみさんたちを取り戻すのは今しかない』, PHP研究所 2015.
伴野順一『全学連と全共闘』, 平凡社新書 2010.
三浦俊一 編,『追想にあらず: 1969年からのメッセージ』, 講談社 2019.

山中明『戦後学生運動史』, 青木新書 1961.
NHK報道局「よど号と拉致」取材班『よど号と拉致』, NHK出版 2004.

에필로그

Samuels, Richard J.,『3·11 震災は日本を変えたのか』, 英治出版 2016.
亀井静香·又市征治·宮崎学,『排除社会の現場と暴対法の行方』, 同時代社 2012.
柄谷行人「解説」, 宮崎学『法と掟と』, 角川文庫 2009.
酒井哲哉「未完の新左翼政治学?」,『現代思想』2014年8月臨時増刊号.
志村嘉一郎『東電帝国ーその失敗の本質』, 文藝春秋 2011.
広瀬隆·明石昇二郎『原発の闇を暴く』, 集英社新書 2012.
高橋哲哉『犠牲のシステム 福島·沖縄』, 集英社新書 2012.
高橋哲哉·徐京植『奪われた野にも春は来るか』, 高文研 2015.
武田晴人『談合の経済学: 日本的調整システムの歴史と論理』, 集英社文庫 1999.
筆坂秀世·宮崎学『日本共産党部落解放同盟』, モナド新書 2010.
中野晃一『私物化される国家』, 角川新書 2018.
丸山眞男『丸山眞男集』, 岩波書店 1996.
________『現代政治の思想と行動』, 未来社 1964.
三宅弘『監視社会と公文書管理』, 花伝社 2018.
宮崎学『ヤクザと日本ー近代の無頼』, ちくま新書 2008.
______『談合文化』, 祥伝社 2014.
森政稔『戦後「社会科学」の思想』, NHKブックス 2020.
山本義隆『近代日本一五〇年ー科学技術総力戦体制の破綻』, 岩波新書 2018.

찾아보기

ㅂ

ㅎ